Ist es normal, nur weil alle es tun?

Marco Boehm

Ist es normal, nur weil alle es tun?

Marco Boehm (iD)
Hallig/WerkHUS (ngd)
TestWerk
Husum, Deutschland

ISBN 978-3-662-73189-5   ISBN 978-3-662-73190-1   (eBook)
https://doi.org/10.1007/978-3-662-73190-1

Die Deutsche Nationalbibliothek verzeichnet diese Publikation in der Deutschen Nationalbibliografie; detaillierte bibliografische Daten sind im Internet über https://portal.dnb.de abrufbar.

Springer ist ein Imprint der eingetragenen Gesellschaft Springer-Verlag GmbH, DE und ist ein Teil von Springer Nature.
Die Anschrift der Gesellschaft ist: Heidelberger Platz 3, 14197 Berlin, Germany

Wenn Sie dieses Produkt entsorgen, geben Sie das Papier bitte zum Recycling.

Geleitwort

Das Buch arbeitet mit vielen Begriffen und Konzepten, die so bisher nicht im allgemeinen Diskurs zu finden sind. Sie entspringen der täglichen Praxis – nicht als Theoriekonstrukte, sondern als Antwort auf das, was (mir) bisher gefehlt hat. Immer wieder wurde deutlich, dass es an der Sprache für das mangelt, was zwischen den Disziplinen geschieht. Dieses Buch möchte diese Lücke schließen – als innovativer Versuch Psychologie, Neurowissenschaften und Soziale Arbeit (Schulpädagogik und Erziehungswissenschaften sind explizit mit gemeint) in einer gemeinsamen Bewegung zu denken.

Am Ende des Buches befindet sich ein Glossar mit Begriffen, die hier erstmals vorkommen.

Ich habe mich ganz bewusst für die direkte Ansprache mit „du" und „ihr" entschieden. Dieses Buch richtet sich an Studierende der Sozialen Arbeit – aber ebenso an Menschen in transkonnektiven Professionen – an Psychologinnen und Psychologen, an Lehrkräfte, an Erzieherinnen und Erzieher, an Heilpädagoginnen und Heilpädagogen, an Fachkräfte in der Medizin, der Pflege und der Neurowissenschaften. Natürlich sind auch Eltern und andere Interessierte eingeladen, an dem Prozess teilzuhaben, den dieses Buch anstoßen möchte. Es geht um ein Mitdenken, Mitspüren und Mitfragen an der Schnittstelle zwischen Fachwissen und Lebenswelten.

Der *Cluster-Vortex* bildet dafür den gedanklichen Hintergrund. Es ist ein Modell, das sich nicht linear entfaltet, sondern dynamisch – wie die Realitäten der Professionen selbst.

Und warum diese Vielfalt an Themen, warum so viele kurze Kapitel? Reiner Egoismus. Ich bin selbst ein langsamer Leser. So schätze ich Bücher, die Raum lassen – zum Denken, zum Atmen, zum Innehalten, für eigene Konklusionen. Der Stil dieses Buches ist daraus entstanden – lesbar, knackig und fachlich zugleich. (siehe Abb. 1)

Abb. 1   Meditha – wenn du sieben Jahre durchhältst (Öl und Ölkreide auf Leinwand – C.J. Boehm)

Danksagung Dies ist nur eine homöopathische Auswahl an Menschen, denen ich danken möchte, die dieses Buch ermöglicht haben oder meine Ideen maßgeblich beeinflusst haben.

Mein Anker und meine Segel Etta Boehm und Lotta Boehm; der Dottore für das Feine und Grobe Marc Wehmeyer; die Bruderschaft der Macht Raffael Rheinsberg und Philipp Boehm; ALIES-Methode und Weltherrschaft Patrick Düppre und Susanne Ertl.

Meine Mentoren für den Bereich der Bindungstheorie (ich durfte mit ihnen dafür im Gegenzug über die zugehörigen Gehirnfunktionen diskutieren). Vielen Dank für das Augen öffnen an Michael Pade und Michael Kastl.

Schöne, entspannte und anstrengende pädagogische Diskussionen und Theorien durch die Jahre (chaotische Sammlung – nicht chronologisch oder alphabetisch oder relevanzbasiert): Sigi Knuth, Ute Kurok, Anna Lang, Monia Hertting-Ernst, Johannes Binn, Betina Carstens, Johann Koller, Wolfgang Jütte, Tatjana Harrs, Bente Jensen, Swantje Haase, Hans-Jürgen Vollrath, Jan-Henrik Schmidt, Daniela Hoffmann, Melvyn Lohmann, Telse Truhs.

Interessenkonflikt Der/die Autor*in hat keine relevanten Interessenskonflikte im Zusammenhang mit dieser Publikation.

Inhaltsverzeichnis

1

Einleitung – Ist es normal?

Ist es normal, nur weil alle es tun?

Diese Zeile stammt aus dem Song *Ganz normal* der FANTASTISCHEN VIER aus den frühen 1990er-Jahren. Eine Frage, die provokant ist – und zugleich der perfekte Einstieg für dieses Buch.

Denn „normal" ist eine der oft verwendeten, aber gleichzeitig undefinierten Kategorien, die wir Menschen benutzen. Normal ist das, was der Durchschnitt tut. Doch was, wenn dieser Durchschnitt aus problematischen oder einengenden Vorstellungen besteht? In vielen Gesellschaften galt es lange als „normal", dass Frauen nicht wählen durften, Menschen mit Behinderung ausgegrenzt oder psychische Erkrankungen als persönliche Schwäche angesehen wurden. Normalität ist kein statischer Zustand – sie ist ein kulturelles, soziales und historisches Konstrukt.

Und doch brauchen wir diese Einordnung, um uns in der Welt zurechtzufinden. Wir bewerten unser Gegenüber, Situationen, Verhaltensweisen – und zwar oft blitzschnell und unbewusst. Ist das Verhalten eines Kindes in der Kita noch altersgemäß? Ist der Jugendliche mit ADHS-Diagnose wirklich „auffällig" oder einfach nur individuell? Ist die alte Dame im Pflegeheim dement oder hat sie eine neurodiverse Wahrnehmung?

Die Frage nach dem „Normalen" zieht sich durch die gesamte Soziale Arbeit. Sie betrifft Diagnosen, gesellschaftliche Zuschreibungen und unsere eigene Wahrnehmung. Dieses Buch setzt genau hier an. Es geht um die Mechanismen, mit denen wir Menschen und Situationen bewerten. Es geht

© Der/die Autor(en), exklusiv lizenziert an Springer-Verlag GmbH, DE, ein Teil von Springer Nature 2026
M. Boehm, *Ist es normal, nur weil alle es tun?*,
https://doi.org/10.1007/978-3-662-73190-1_1

um Wahrnehmungsverzerrungen (Biases), um soziale und neurologische Entwicklungsprozesse und um das Zusammenspiel von (unter anderem) Neurowissenschaft, Psychologie und Sozialer Arbeit.

Die fantastischen vier Säulen dieses Buches

Um die Vielfalt der Themen zu ordnen, nutze ich das *Cluster-Vortex-Modell* (das ein paar Kapitel weiter beschrieben wird), das sich an den zentralen Dimensionen menschlicher Wahrnehmung und Entwicklung orientiert:

Ruach steht für den Keim und die Herkunft und stellt die Frage: *Was kann ich wissen?* Die Sensorik beschreibt Funktionen und Leistung und damit die Auseinandersetzung mit der Frage: *Was soll ich tun?* Die Kognition umfasst das Verhalten und den Verstand, verbunden mit der philosophischen Überlegung: *Was darf ich hoffen?* Schließlich bildet Kommunikation den Bereich der Vernunft und Urteilskraft und führt zur grundlegenden Frage: *Was ist der Mensch?*

Diese vier Bereiche, die sich auf zentrale Prozesse im Gehirn beziehen, begleiten uns durch das Buch. Sie bilden nicht nur eine Gliederung, sondern zeigen auf, dass unser Denken, Fühlen und Handeln immer in Wechselwirkung miteinander stehen.

Dieses Buch ist kein klassisches Fachbuch. Es ist eine Einladung zum Nachdenken, zum Hinterfragen und zum Verknüpfen verschiedener Perspektiven. Manche Kapitel werden anspruchsvoll sein, andere spielerisch – denn genau das ist auch das Wesen der Sozialen Arbeit. Sie bewegt sich zwischen Wissenschaft, Intuition und Praxis.

Und nun: Willkommen in der Welt der Normalität und Verrücktheit.

2

Syngnostik – eine diagnostische Haltung jenseits klassischer Grenzen

Die Syngnostik ist ein Begriff, der im Rahmen dieses Buches zur Beschreibung eines erweiterten diagnostischen Verständnisses eingeführt wird. Sie bildet einen zentralen Bestandteil des transkonnektiven Denkens in der Sozialen Arbeit. Der Begriff leitet sich aus den altgriechischen Wurzeln „*syn*" (gemeinsam, zusammen) und „*gnosis*" (Erkenntnis) ab – und betont damit die Notwendigkeit einer kooperativen, vielperspektivischen Herangehensweise aller Formen der Diagnostik.

Ursprünglich als *synaptische Diagnostik* gedacht, wurde der Begriff im Laufe praktischer und theoretischer Auseinandersetzungen weiterentwickelt. Syngnostik geht über klassische diagnostische Konzepte hinaus. Sie zielt darauf ab, medizinische, psychologische, psychiatrische und soziale Perspektiven nicht nur nebeneinander zu stellen, sondern methodisch zu verweben, um eine neue Qualität der Erkenntnis zu ermöglichen.

In der Praxis bedeutet dies eine bewusste Grenzüberschreitung (siehe Abb. 2.1). Diagnostische Verfahren werden nicht nach Disziplin getrennt betrachtet, sondern als Elemente eines fluiden, integrativen Prozesses. Dabei werden etikettierende Persönlichkeitsdiagnosen minimiert und der Mensch in seiner situativen Entwicklung hervorgehoben.

Syngnostik bezeichnet eine diagnostische Haltung, die starre Kategorisierungen überwindet und stattdessen dynamische, kontextbezogene Perspektiven entwickelt. Sie reduziert die Gefahr stigmatisierender Persönlichkeitszuschreibungen – und eröffnet zugleich den Raum für differenzierte, passgenaue Unterstützung.

M. Boehm, *Ist es normal, nur weil alle es tun?*, https://doi.org/10.1007/978-3-662-73190-1_2

Abb. 2.1 Syngnostik – Grenzen überschreiten (Tinte auf Bütten – C.J. Boehm)

Wissen statt Stigma

Damit löst sich eine große Sorge der Sozialen Arbeit in Wohlgefallen auf; Die Angst vor Stigmatisierung und Schubladendenken durch Diagnosen. Ein einfaches Mittel hilft gegen diese weitverbreitete Sorge: Wissen.

Gut diagnostisch ausgebildete Sozialarbeitende werden befähigt, Arztbriefe und Krankenhausberichte zu lesen und für die tägliche Arbeit zu interpretieren. Dies ermöglicht eine transdisziplinäre Hypothesenbildung, die professionsübergreifend diskutiert werden kann – stets im Sinne der Klientinnen und Klienten.

Fehlendes Wissen über diagnostische Konzepte führt derzeit oft zu Unsicherheiten oder sogar zu einer übermäßigen Vermeidung von Begriffen, die als stigmatisierend empfunden werden könnten. Doch gerade diese Unsicherheit verstärkt ungewollt stereotype Annahmen und Vorurteile. Eine fundierte diagnostische Kompetenz hingegen schafft Klarheit, ermöglicht eine informierte Auseinandersetzung mit individuellen Bedarfen und erleichtert die Zusammenarbeit mit anderen Professionen. Wer weiß, was eine Diagnose bedeutet – und was nicht – wird sie nicht als Stigma, sondern als Werkzeug zur besseren Unterstützung verstehen.

Methodisches Prinzip

Die Syngnostik ist somit keine neue Disziplin im klassischen Sinne, sondern ein methodisches Prinzip: die bewusste Vernetzung, der kontinuierliche Austausch und die kritische Reflexion über disziplinäre Grenzen hinweg. Sie ist das erkenntnistheoretische Rückgrat der transkonnektiven Sozialen Arbeit.

3

Transkonnektive Soziale Arbeit – ein neuer Denkansatz

Die transkonnektive Soziale Arbeit ist ein Denkansatz, der ebenfalls im Rahmen dieses Buches erstmals vorgestellt wird. Er stellt einen möglichen Paradigmenwechsel dar, ohne bereits ein feststehender Fachbegriff zu sein. Die Idee ist, dass es mehr als interdisziplinäre Zusammenarbeit braucht – nämlich eine tiefgreifende Verknüpfung von Denk- und Handlungssystemen, die bislang oft unverbunden nebeneinanderstehen.

Während *Interdisziplinarität* den Austausch zwischen bestehenden Disziplinen beschreibt und *Transdisziplinarität* das bewusste Überschreiten fachlicher Grenzen ermöglicht, geht *Transkonnektivität* einen Schritt weiter. Sie meint die aktive, systematische Verbindung unterschiedlicher *Denklogiken, Handlungsmuster und professioneller Perspektiven* – über Disziplinen hinweg, aber auch innerhalb komplexer Fallarbeit.

Die Soziale Arbeit ist keine isolierte Disziplin. Sie berührt Philosophie, Soziologie, Psychologie, Pädagogik, Medizin und Neurowissenschaften. In der Praxis jedoch, bleibt die Zusammenarbeit oft fragmentiert – sei es durch Zuständigkeiten, Definitionsbarrieren oder methodische Trennungen. Der transkonnektive Ansatz fordert eine tiefere Integration: Theorien und Methoden sollen nicht nebeneinanderstehen, sondern miteinander in Beziehung treten. Diagnostik, Therapie, Beratung und Bildung greifen ineinander. Die Fachkraft wird zur aktiven Mitgestalterin transdisziplinärer Prozesse – mit Blick auf das Ganze, nicht nur auf das Zuständige.

M. Boehm, *Ist es normal, nur weil alle es tun?*,
https://doi.org/10.1007/978-3-662-73190-1_3

Von der Profession zur Gestalterin gesellschaftlicher Prozesse
Ein wichtiger Bezugspunkt für diese Entwicklung ist das *Dreifache Mandat* nach Silvia Staub-Bernasconi. Sie definierte neben dem klassischen Spannungsfeld der Sozialen Arbeit – der Hilfe und Unterstützung für Einzelpersonen und der Wahrung des Gemeinwohls – ein drittes Mandat: das der wissenschaftlichen Fundierung und Fachlichkeit. Diese Ergänzung war ein entscheidender Schritt in der Emanzipation der Sozialen Arbeit als eigenständige Wissenschaft und nicht nur als ausführendes Organ angrenzender Disziplinen. Ihr Werk „Soziale Arbeit als Handlungswissenschaft" (1983) bot über Jahrzehnte hinweg Orientierung und eine klare Abgrenzung zu anderen Professionen.

Die transkonnektive Soziale Arbeit setzt genau hier an – statt „Leitplanken" zur klareren Definierung, geht es um das Überwinden von selbst gesetzten Grenzen, um den nächsten Schritt der Professionalisierung zu gehen. Wenn Staub-Bernasconi den Boden für eine eigenständige Sozialarbeitswissenschaft geebnet hat, dann ist es nun an der Zeit, die darin enthaltenen Potenziale auszuschöpfen. Die Soziale Arbeit darf und muss sich als *gesellschaftliche Gestalterin* verstehen, die über ihre bisherigen Rollen hinaus Verantwortung übernimmt. Dies bedeutet nicht nur eine stärkere Verknüpfung wissenschaftlicher Erkenntnisse mit der konkreten Praxis, sondern auch eine neue Positionierung innerhalb gesellschaftlicher Entscheidungsprozesse.

Die Notwendigkeit der Konnektivität
Neben dieser horizontalen Grenzüberschreitung der Professionen braucht es eine vertikale Grenzüberschreitung in die Blickrichtungen der biografisch-organischen Arbeit, der sozio-emotionalen Entwicklung, den neurowissenschaftlichen Bezügen und der systemischen Arbeit. Die Wechselwirkung innerhalb der Methodiken nennt sich dann „Konnektivität". Diese beschreibt die Notwendigkeit, nicht nur Fachwissen aus unterschiedlichen Disziplinen zu verbinden, sondern auch verschiedene Ebenen des Menschseins in ihrer Ganzheit zu betrachten. Die konnektive Arbeitsweise erfordert eine reflektierte, analytische und gleichzeitig praxisnahe Denkweise, die klassische Trennlinien zwischen Wissenschaft, Praxis und individueller Lebenswelt auflöst (siehe Abb. 3.1).

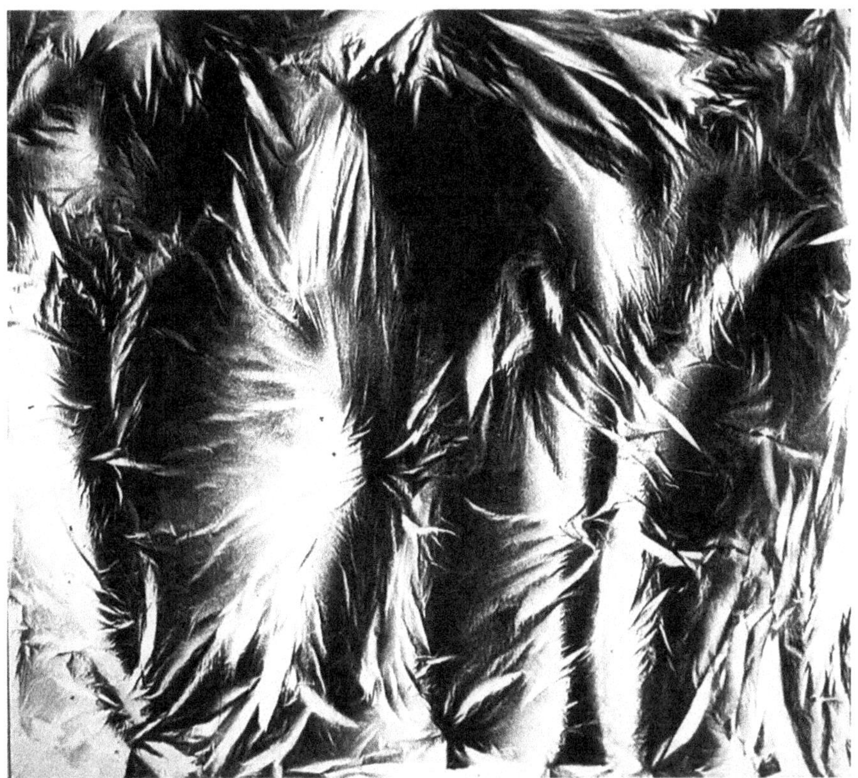

Abb. 3.1 Die drei Grazien – transkonnektiv, gemeinsam (Dispersion auf Leinwand 300x400cm   –   C.J.   Boehm)   https://youtu.be/la9tz5FU3ls?si=kc0YFivWnd5pMN67 (Entstehung des Bildes – 30minütige Performance – 1982 – Diplomarbeit C.J. Boehm)

Eine Bewegung, keine Methode

Die transkonnektive Soziale Arbeit ist daher kein feststehendes Konzept, sondern eine Bewegung – eine dynamische Antwort auf die Herausforderungen einer sich stetig wandelnden Gesellschaft. Sie fordert ein radikales Umdenken, eine Neuausrichtung der Profession und eine tiefere Auseinandersetzung mit den Grundlagen der eigenen Arbeit. Wer sie ernst nimmt, begibt sich auf eine Reise, die über die Grenzen des Bekannten hinausführt – hin zu einer Sozialen Arbeit, die nicht nur hilft, sondern mitgestaltet.

4

Das Gehirn als Cluster-Vortex-Modell

Die klassische Vorstellung des Gehirns als streng voneinander abgegrenzte Areale mit festen Funktionen ist längst überholt. Stattdessen zeigt sich immer deutlicher, dass unser Denken, Fühlen und Handeln in dynamischen, überlappenden Netzwerken organisiert ist.

Das hier vorgestellte *Cluster-Vortex-Modell* wurde im Rahmen dieses Buches als Denkmodell entwickelt. Es versteht sich als ein Beitrag zur *transkonnektiven Syngnostik* – also zu einer Diagnostik, die komplexe Prozesse nicht voneinander trennt, sondern systematisch verwebt. Ziel ist es, ein neurophilosophisches Strukturmodell anzubieten, das sowohl pädagogisch, psychologisch und neurowissenschaftlich im diagnostischen Blick anschlussfähig ist.

Das Modell begreift das Gehirn als *zirkuläres, vernetztes System,* in dem vier große funktionale Dimensionen miteinander interagieren. Diese Cluster sind keine exakt lokalisierbaren Areale, sondern fließende Funktionsräume, deren Übergänge bewusst offen gedacht sind.

Jede der vier Dimensionen wird mit einer der Kant'schen Grundfragen verknüpft, um nicht nur neurowissenschaftliche, sondern auch erkenntnistheoretische Bezüge zu ermöglichen:

Ergänzende Information Die elektronische Version dieses Kapitels enthält Zusatzmaterial, auf das über folgenden Link zugegriffen werden kann [https://doi.org/10.1007/978-3-662-73190-1_4].

M. Boehm, *Ist es normal, nur weil alle es tun?,*
https://doi.org/10.1007/978-3-662-73190-1_4

- **Ruach**

  - **Keim und Herkunft**
  - Objekthirn/Rhombencephalon
  - *Was kann ich wissen?*

- **Sensorik**

  - **Funktionen und Leistung**
  - Schwarmhirn/Limbisches System
  - *Was soll ich tun?*

- **Kognition**

  - **Verhalten und Verstand**
  - Subjekthirn/Neocortex
  - *Was darf ich hoffen?*

- **Kommunikation**

  - **Vernunft und Urteilskraft**
  - Kollektivhirn/Frontallappen
  - *Was ist der Mensch?*

Das Modell setzt sich damit bewusst von linearen oder eindimensionalen Betrachtungen des Gehirns ab. Es zeigt, dass sich Wissen, Wahrnehmung, Verhalten und soziale Interaktion in einem sich wechselseitig verstärkenden Netzwerk entfalten. Gedankenimpulse entstehen, wandern, transformieren sich – und kehren in neuer Form zurück.

Diese Zirkularität ist essenziell für die Art, wie wir Informationen verarbeiten, Entscheidungen treffen und uns als Menschen in der Welt verorten.

Neurowissenschaftliche Grundlagen und die Rolle der sozio-emotionalen Entwicklung

Neurobiologisch betrachtet bilden die vier Groß-Cluster funktionale Netzwerke, die mit spezifischen Aufgaben in der Informationsverarbeitung verknüpft sind. Das Objekthirn verarbeitet basale Reflexe und Körperfunktionen, das Schwarmhirn reguliert emotionale Reaktionen, das Subjekthirn ermöglicht komplexe kognitive Prozesse und das Kollektivhirn steuert abstrakte Kommunikation und soziale Urteilsbildung.

Diese Interaktionen sind nicht nur für die individuelle kognitive Entwicklung relevant, sondern auch für Affektkontrolle, Empathie und kognitive Flexibilität. Besonders in der frühen Kindheit zeigt sich, dass emotionale Entwicklung und neuronale Vernetzung untrennbar miteinander verbunden sind. Erfahrungen aus den ersten Lebensjahren prägen die Architektur des Gehirns nachhaltig.

Wenn ein Neugeborenes oder ein kleines Kind in dieser Zeit zu wenig Nahrung erhält, entstehen irreversible Veränderungen an Körper und Gehirn. Dasselbe gilt auf neuro-emotionaler Ebene, wenn Nähe, Resonanz und Bindung fehlen. Auch hier entstehen strukturelle Spuren im Gehirn, die sich in Affektregulation, Selbstwahrnehmung und sozialem Verhalten niederschlagen. Beide Formen des Mangels – der physische wie der emotionale Hunger – sind Ausdruck derselben biologischen Grundbedingung: Entwicklung braucht Versorgung, Schutz und Beziehung.

Eine sichere Bindung führt zu einer stärkeren Vernetzung der limbischen Strukturen mit dem präfrontalen Kortex, was die Fähigkeit zur Selbstregulation und sozialen Interaktion fördert. Mangelnde emotionale Sicherheit hingegen bedeutet, dass das Kind zwar überlebt, aber nicht integriert heranreift. Die seelische Unterversorgung ist damit kein „Erst-Welt-Phänomen", sondern eine universelle Entwicklungsfrage. Körperliche und seelische Integrität gehören zusammen. In allen Kulturen und sozialen Milieus gilt – wer hungert, verliert nicht nur Energie, sondern auch Vertrauen in die Welt.

Praktische Anmerkung
In diesem Buch sind die Abbildungen klein. Die Abb. 4.1 wird als elektronisches Zusatzmaterial in hoher Auflösung zur Verfügung gestellt.

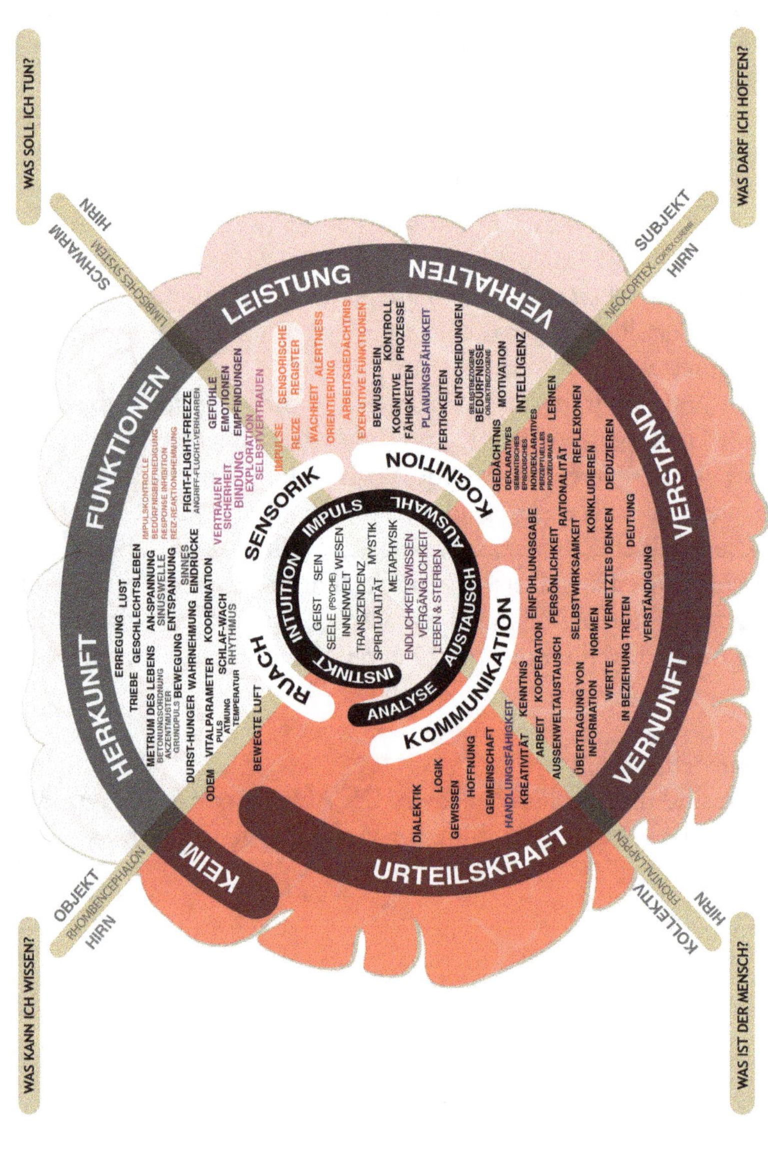

CLUSTER-VORTEX-MODELL (im BEAM-STREAM) - BOEHM 2026

Abb. 4.1   Cluster-Vortex-Modell als Übersichtsgrafik

5

Der Beam-Stream als grobe Einteilung des Buches

Das Cluster-Vortex-Modell ist nicht nur eine Übertragung für das menschliche Denken, sondern bildet auch die Struktur dieses Buches. Die vier Dimensionen dienen als Grundlage für die Kapitelaufteilung, sodass jedes Thema einer dieser zentralen Fragen zugeordnet werden kann.

Dabei werden die Inhalte nicht streng voneinander getrennt, sondern interagieren – genau wie im Gehirn. Die Kapitel fließen ineinander, nehmen Aspekte aus anderen Bereichen auf und verknüpfen sie neu. Dieses Prinzip nenne ich *Beam-Stream* (siehe Abb. 5.1). Inhalte werden nicht linear abgearbeitet, sondern bilden ein dynamisches Netzwerk von Konzepten, die sich gegenseitig verstärken und weiterentwickeln.

Diese Buchstruktur spiegelt wider, dass Wissen nicht in starren Kategorien existiert, sondern in einem stetigen Wechselspiel aus neuen Erkenntnissen, erprobten Methoden und reflektierten Erfahrungen. Die Leserinnen und Leser sollen sich nicht nur durch festgelegte Kapitel bewegen, sondern die Themen in ihrer Vielschichtigkeit erfassen und miteinander in Verbindung setzen.

Das Cluster-Vortex-Modell ist damit mehr als eine einfache Gliederung – es ist ein Rahmen für ein vernetztes Denken, das über disziplinäre und methodische Grenzen hinausgeht. Der Beam-Stream als Strukturprinzip sorgt dafür, dass sich diese Vernetzung im Aufbau des Buches widerspiegelt. Die Themenbereiche verweben sich, fließen ineinander und bilden zusammen ein kohärentes Ganzes.

© Der/die Autor(en), exklusiv lizenziert an Springer-Verlag GmbH, DE, ein Teil von Springer Nature 2026
M. Boehm, *Ist es normal, nur weil alle es tun?*,
https://doi.org/10.1007/978-3-662-73190-1_5

Abb. 5.1   Beam-Stream der Dimensionen (Acryl auf Glas – C.J. Boehm)

6

RUACH – Keim und Herkunft

Die Frage *„Was kann ich wissen?"* bildet den Ausgangspunkt für jede Form des Erkennens und Forschens. Im Cluster-Vortex ist dieser Bereich dem Objekthirn (Rhombencephalon) zugeordnet – der evolutionär ältesten Struktur unseres Gehirns, die grundlegende Prozesse wie Atmung, Reflexe und die sensorische Verarbeitung steuert (siehe Abb. 6.1). Doch Wissen beginnt nicht mit komplexer Kognition, sondern mit der Wahrnehmung fundamentaler Reize.

Philosophische Auseinandersetzung – Die Grenzen und Möglichkeiten des Wissens

Die KANT'SCHE Frage nach dem Wissen ist eng mit der Erkenntnistheorie verbunden. KANT selbst unterschied zwischen dem, was wir *a priori* (also unabhängig von Erfahrung) und *a posteriori* (durch Erfahrung) wissen können. Ruach, das biblische Konzept von bewegter Luft, Atem, Odem und Geist, erweitert diese Perspektive. Es steht für den Ursprung des Wissens. Es ist das erste Berühren der Welt durch unsere Wahrnehmung. Und es ist unsere schöpferische Herkunft (mystisch, metaphysisch und physikalisch). Doch welche Grenzen sind diesem Wissen gesetzt?

Während KANT in der Vernunft eine zentrale Instanz für das Erkennen sah, zeigt uns die moderne Kognitionsforschung, dass unser Wissen durch biologische Grenzen strukturiert wird. Unser Objekthirn filtert über die Register und verarbeitet Informationen lange bevor sie unser bewusstes Denken erreichen. Hier entstehen erste Muster, aus denen später Kategorien, Konzepte und schließlich Theorien erwachsen. Dies führt zur essenziellen Frage: Ist

M. Boehm, *Ist es normal, nur weil alle es tun?*, https://doi.org/10.1007/978-3-662-73190-1_6

Objekthirn

(Rautenhirn / Rhombencephalon)

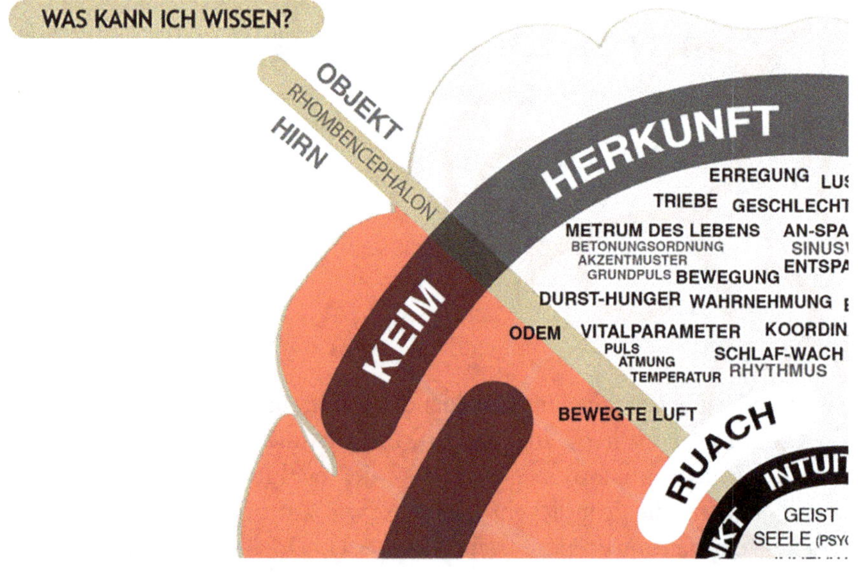

Abb. 6.1 Cluster-Vortex-Modell – Ausschnitt Ruach; Keim, Herkunft

Wissen wirklich etwas, das sich nur über bewusste Kognition erschließt, oder beginnt es bereits auf einer tieferen, körperlichen Ebene?

Neurobiologische Perspektive – Das Objekthirn als Grundlage des Erkennens

Das Rhombencephalon, auch als Rautenhirn bekannt, steuert viele unserer unbewussten Prozesse. Es ist das Fundament, auf dem höhere kognitive Strukturen aufbauen. Seine Funktionen erinnern an Ruach – dem Prinzip von Atem und Bewegung, das dem Leben erst seinen Fluss verleiht. Reflexe, sensorische Integration und unbewusste Reaktionen sind die erste Stufe des Erkennens. Ohne diese Prozesse wäre keine differenzierte Wahrnehmung der Welt möglich.

Wissen beginnt also nicht mit Sprache oder abstrakter Reflexion, sondern mit sensorischer Erfahrung. Ein Säugling erfährt die Welt zunächst über Berührung, Geschmack, Temperatur. Erst später werden diese Erfahrungen kategorisiert und benannt. Unser Objekthirn stellt sicher, dass dieser Übergang nahtlos verläuft – es erschafft die ersten Ordnungen, auf denen höhere Denkprozesse beruhen.

Ruach als Konzept – Keim und Herkunft des Wissens
Ruach verbindet die Idee des Ursprungs mit der Bewegung des Geistes. In diesem Zusammenhang bedeutet Wissen nicht nur das Sammeln von Fakten, sondern auch das Einordnen in einen größeren Zusammenhang. Ruach als **Keim** verweist auf das Potenzial des Erkennens – auf das erste Erfassen einer Idee. **Herkunft** hingegen betont den Ursprung des Denkens, die Bedingungen, unter denen Erkenntnis möglich wird, sowie die Vergangenheit. Der familiäre „seidene Faden", der zur immer fester werdenden eigenen Biografie bis hin zur eigenen Identität anwächst.

Dies spiegelt sich auch in der Sozialen Arbeit wider. Wer mit Menschen arbeitet, muss anerkennen, dass Wissen nie isoliert existiert. Es wächst aus Erfahrungen, Prägungen, Biografie, Bindung und nicht immer (bisher) wissenschaftlich erklärbaren Mechanismen heraus. Die Frage „Was kann ich wissen?" ist daher nicht nur eine theoretische Überlegung, sondern ein praktisches Prinzip. Erkenntnis entsteht im Austausch. Es ist ein Prozess und wird durch Begegnungen gefestigt. So wie der Atem das Leben bewegt, bewegt die Suche nach Erkenntnis unsere Welt.

7

Gott und solche Konstrukte

Die Frage nach Göttlichkeit ist vermutlich eine der ältesten, die die Menschheit beschäftigt. Sie wird ähnlich früh entstanden sein, wie Kunst und Musik. Seit Menschen in Höhlen Bilder an die Wände malten und sich mit basaler Sprache Geschichten erzählten, seit sie das Verlangen hatten ihre Toten zu bestatteten, muss es die Idee von etwas geben, das zu suchen, das größer ist als sie selbst. Der Himmel, das Universum, das Unfassbare, das Unverfügbare, das Unbesuchbare – nennen wir es Transzendenz, eine Lücke im Verstehen oder die Sehnsucht nach Erfüllung. Vielleicht ist es ein Konstrukt, vielleicht aber eine tiefe Wahrheit. Oder es ist einfach nur ein ziemlich hartnäckiger neuronaler Trick, den unser Gehirn uns spielt.

Wozu also Gott?
Manche behaupten, Gott sei nichts als eine kulturelle Erfindung, ein Trostpflaster gegen die eigene Sterblichkeit. Andere sehen in ihm/ihr/es die tiefste Wahrheit des Seins. Der Sinn hinter allem, den unerschaffenen Schöpfer, der den Dingen eine Ordnung gibt. Und dann gibt es dazwischen viele Grautöne. Den Agnostizismus, der feststellt, dass wir es schlicht nicht wissen können, und den Deismus, der sich Gott als eine Art kosmischen Uhrmacher vorstellt – eine Macht, die die Dinge angestoßen und sich dann dezent zurückgezogen hat.

Und natürlich gibt es den Atheismus, der nüchtern feststellt: „Es gibt keine Beweise, also weg damit." Auch wenn Religionen seit Jahrtausenden versuchen, den Ursprung des Seins zu deuten, erscheint mir die Sprache der Natur-

M. Boehm, *Ist es normal, nur weil alle es tun?*,
https://doi.org/10.1007/978-3-662-73190-1_7

wissenschaft schlüssiger. Sie gründet auf Beobachtung, auf Wiederholbarkeit und auf dem Mut, sich selbst zu korrigieren.

Doch selbst der Atheismus bleibt nicht frei von glaubensähnlichen Strukturen. Die Überzeugung, dass das Universum rein zufällig entstanden ist, ist letztlich ebenfalls eine Annahme – so wie der Glaube an eine göttliche Ordnung. Der Unterschied liegt darin, dass die Naturwissenschaft ihre eigenen Grenzen kennt und benennt. Sie ersetzt Glauben nicht durch Gewissheit, sondern durch die Bereitschaft, das Unbekannte mit Vernunft zu erkunden. Was am Anfang war, bleibt auch für sie eine offene Frage – aber eine, die sie nicht mit Dogmen beantwortet, sondern mit Neugier.

Was hat das mit Sozialer Arbeit zu tun?

Mehr als man auf den ersten Blick denkt. Soziale Arbeit ist keine wertfreie Wissenschaft. Sie berührt Lebensfragen. Wer mit Menschen arbeitet, begegnet ihnen in ihren verletzlichsten Momenten, wenn sie nach Sinn suchen, voller Zweifel sind oder neue Hoffnung schöpfen. Oft schwingt dabei, ob bewusst oder unbewusst, eine spirituelle Ebene mit.

Jeder Mensch hat eine Vorstellung davon, was jenseits des Sichtbaren existiert. Manche sprechen von Gott oder einer höheren Existenz. Andere nennen es Energie oder sagen schlicht: „das Universum". Religion und Spiritualität können eine Quelle der Stärke, Orientierung und Hoffnung sein, besonders in Krisenzeiten. Gleichzeitig können sie aber auch als Begrenzung, Zwang oder dogmatische Einengung empfunden werden – je nachdem, wie sie gelebt und vermittelt werden.

In der Sozialen Arbeit bedeutet das: Man kann das Thema nicht einfach ausklammern, nur weil es nicht in das wissenschaftliche Raster passt. Es gehört zum Menschen dazu – und damit auch in die Reflexion über professionelle Begleitung.

Die Psyche und das Göttliche – ein ewiger Tanz

Die Idee des Göttlichen ist tief in der Psyche des Menschen verankert. C.G. JUNG sprach vom „Gottes-Archetyp" – eine universelle Idee, die in den Tiefen des kollektiven Parabewussten existiert. Neurowissenschaftler wie ANDREW NEWBERG untersuchten, wie spirituelle Erfahrungen das Gehirn beeinflussen und fanden heraus, dass Meditation, Gebet und mystische Erfahrungen messbare neurobiologische Veränderungen hervorrufen.

Ist Religion also einfach ein Trick des Gehirns, ein neuronaler Effekt? Oder ist es genau andersherum? Ist das Gehirn das Medium, durch das wir das Göttliche überhaupt erst wahrnehmen können?

Manche Philosophen sagen: Gott ist tot. Andere sagen: Gott ist in uns. Vielleicht ist beides richtig.

Transzendenz im Cluster-Vortex

Im Cluster-Vortex-Modell steht Transzendenz, Spiritualität und Metaphysik genau in der Mitte (siehe Abb. 7.1). Es ist das, was sich nicht greifen lässt, aber dennoch all-beeinflussend dasteht. Der Mensch ist kein rein rationales Wesen. Sein Denken ist durchzogen von Intuition, Instinkt, Emotion – und eben auch von einer tiefen Sehnsucht nach etwas, das größer ist als er selbst.

Was heißt das für die Soziale Arbeit?

Es bedeutet, dass Fachkräfte lernen müssen, ihre eigenen Konstruktionen von Wirklichkeit zu reflektieren. Wer glaubt, rein wissenschaftlich und objektiv zu sein, übersieht, dass Wissenschaft selbst eine Form des Glaubens ist – an Rationalität, an Beweisbarkeit, an Logik.

Wer aber blindlings alles ins Spirituelle hebt, verliert den Boden unter den Füßen. Die Balance liegt darin, das eine nicht gegen das andere auszuspielen, sondern zu erkennen, dass beides Teil des Menschen ist: das Bedürfnis nach Evidenz und das Bedürfnis nach Sinn.

Gott als soziale Realität

Vielleicht ist Gott keine metaphysische Entität, sondern eine soziale Konstruktion. Vielleicht ist Gott aber auch genau das, was Menschen seit Jahr-

Abb. 7.1 Cluster-Vortex-Modell – Ausschnitt der Mitte; Das Nicht-Greifbare

tausenden erfahren, wenn sie in tiefster Stille sitzen und in die Sterne schauen. Vielleicht ist Gott wiederum nur in der Vorstellung der Menschen real – oder vielleicht existiert er/sie/es gar unabhängig davon.

Soziale Arbeit muss diese Fragen nicht beantworten. Aber sie muss sie aushalten können.

Denn wenn wir Menschen in ihrer Ganzheit begegnen wollen, dann nicht nur als biologische Maschinen, sondern als Wesen mit einer Innenwelt; Mit Sehnsüchten, Ängsten und Hoffnungen. Und ob man es nun Spiritualität nennt oder nicht – es gehört zum Menschsein dazu. (siehe Abb. 7.2)

Glaube an Gott existiert

Ob Gott existiert oder nicht, ist für viele Menschen die wichtigste Frage. Die für uns wichtigere Aussage ist jedoch, dass der *Glaube* an Gott existiert. Und das allein ist Grund genug, sich damit auseinanderzusetzen.

Abb. 7.2 Spiritualität – biologische Maschinen (Leinwand-Faltentechnik mit Dispersion – C.J. Boehm)

8

Der identische Moment für Photonen

Voyager 1 – Ein Echo aus der Vergangenheit
Als ich diese Gedanken aufschrieb, wachte *Voyager 1* gerade wieder auf – nach Monaten wirrer Datenübertragungen. Diese Sonde, gestartet, als ich noch nicht einmal eingeschult war, trägt einen Bordcomputer mit lächerlichen 70 Kilobyte Speicherplatz. Sie wurde gebaut, bevor Computer in Privathaushalten Einzug hielten. Solartechnik existierte zwar bereits, doch die Mission sollte sie immer weiter von der Sonne wegführen. Also erhielt sie eine Radionuklidbatterie – eine Isotopenbatterie, die auf Plutonium-238 basiert und Wärme in elektrische Energie umwandelt. Noch heute sendet sie schwache Signale – gespeist von einer Technologie, die bereits in den 1970er-Jahren in Herzschrittmachern getestet wurde (für eine strahlende Zukunft).

Voyager hat längst ihren primären Auftrag erfüllt. Jetzt treibt sie weiter ins interstellare Nichts – ein Relikt der Vergangenheit, das weiterhin Daten in Richtung Erde funkt. Doch jede dieser Informationen braucht mittlerweile 24 h für den Weg zu uns – und weitere 24 h für eine Antwort. Selbst Lichtgeschwindigkeit reicht nicht aus, um eine zeitnahe Kommunikation mit dieser Sonde zu ermöglichen. Sie ist mittlerweile einen Lichttag entfernt.

Doch das ist nichts im Vergleich zur nächsten Sonne. Alpha Centauri, unser direkter Nachbarstern im Universum, ist 4,3 Lichtjahre entfernt. Würde Voyager diese Strecke mit ihrer aktuellen Geschwindigkeit zurücklegen, bräuchte sie 70.000 Jahre. Der Weltraum ist nicht nur groß – er ist unvorstellbar riesig.

M. Boehm, *Ist es normal, nur weil alle es tun?*,
https://doi.org/10.1007/978-3-662-73190-1_8

Zeitdilatation – Die Relativität von Zeit

An diesem Punkt führt kein Weg an EINSTEINS spezieller Relativitätstheorie vorbei. Denn eines ist sicher: Zeit ist nicht absolut. Es gilt, je schneller sich ein Objekt bewegt, desto langsamer vergeht für es die Zeit. Für ein Objekt, das mit Lichtgeschwindigkeit reist, steht die Zeit sogar still.

Für uns Menschen ist das unmöglich. Wir haben Masse, und um uns auf Lichtgeschwindigkeit zu beschleunigen, bräuchten wir unendliche Energie – eine physikalische Unmöglichkeit. Doch für Licht selbst gilt diese Grenze nicht. Jedes Photon reist mit Lichtgeschwindigkeit. Für jedes Photon existiert daher keine Zeit.

Das bedeutet, dass ein Lichtstrahl, der uns von der Sonne erreicht, aus der „eigenen" Perspektive keine Zeit benötigt hat. ein Photon, das vor zweieinhalb Millionen Jahren in der Andromeda-Galaxie emittiert wurde und nun zu uns gelangt ist, erlebt diesen Zeitraum nicht – für das Photon vergeht kein einziger Moment. Für das Licht gibt es weder Vergangenheit noch Zukunft, sondern nur einen einzigen Zustand der unmittelbaren Existenz.

Das Licht der Andromeda-Galaxie, das wir heute Nacht sehen, wurde also vor zweieinhalb Millionen Jahren ausgesendet. Und doch, für das Photon, das diesen Weg zurückgelegt hat, geschah alles in einem identischen Moment.

Die Illusion der Zeit

Das wirft tiefgehende philosophische Fragen auf. Wenn Licht von einem Punkt A zu einem Punkt B reist, dabei jedoch keine Zeit vergeht, stellt sich die Frage, was das für unser Verständnis von Zeit bedeutet. Könnte es sein, dass das Universum eine statische Struktur ist, in der Zeit lediglich eine Illusion unserer Wahrnehmung darstellt? Und was, wenn unser Sterben nicht das endgültige Ende ist, sondern vielmehr ein Übergang auf eine andere Frequenz der Existenz?

In der Quantenphysik und Kosmologie gibt es Theorien, die darauf hindeuten, dass unser Universum möglicherweise keine lineare Zeitstruktur besitzt, sondern dass alle Zeitpunkte bereits existieren – Vergangenheit, Gegenwart und Zukunft. Wir erleben sie nur nacheinander, weil unser Bewusstsein an diese Wahrnehmung gebunden ist.

Wenn das stimmt, dann wäre der Tod nicht das Ende, sondern nur ein Perspektivenwechsel.

Abb. 8.1   Was bedeutet es zu existieren? (Acryl auf Gips – C.J. Boehm)

Lichtgeschwindigkeit und Unendlichkeit

Könnte das ewige Leben nicht in einem biologischen Körper, sondern in einem bewusstseinsähnlichen Zustand existieren, der sich mit Lichtgeschwindigkeit fortbewegt und damit immer – und zugleich nie – ist? (Abb. 8.1)

Die Vorstellung, dass unser „Ich" (unsere Bewusstseins-Essenz) nach dem Tod weiterreist, vielleicht mit (so etwas wie) Lichtgeschwindigkeit, ist nicht so absurd, wie sie klingt. Im Gegenteil: Sie würde bedeuten, dass wir zeitlos bereits überall – und hier – zugleich sind. Ein Photon ist unendlich, solange es nicht absorbiert wird. Was, wenn unser Bewusstsein eine ähnliche Qualität besitzt?

Die spirituelle Dimension der Physik

Viele werden sagen: „Das gehört nicht hierher." Doch genau das ist der Punkt: Es gehört sehr wohl hierher. Die Fragen nach **Leben, Tod, Geist, Seele und Sein** sind nicht nur theologische oder philosophische Spekulationen – sie sind integraler Bestandteil der Sozialen Arbeit. In einer transkonnektiven Perspektive müssen wir uns folgenden Fragen stellen:

- **Woher kommen wir?**
- **Wohin gehen wir?**
- **Was bedeutet es, zu existieren?**

Diese Fragen sind so alt wie die Menschheit selbst. Doch während Religionen versuchen, Antworten zu geben, erlaubt uns die Wissenschaft, die richtigen Fragen zu stellen. Und manchmal liefern uns Konzepte wie die *spezielle Relativitätstheorie* oder *Quantenmechanik* eine völlig neue Perspektive darauf, was Leben und Bewusstsein bedeuten könnten.

Das ist kein esoterischer Firlefanz. Es ist eine ernsthafte Auseinandersetzung mit den Grenzen unseres Wissens. Und genau diese Offenheit brauchen wir in der Sozialen Arbeit – denn wir begleiten Menschen an den tiefsten Schnittstellen des Lebens: Geburt, Bindung, Identität, Krisen, Trauer, Tod.

Keine Angst vor unbequemen Fragen. Sie sind das, was uns wirklich weiterbringt.

Licht ist mehr als eine Metapher

Licht ist nicht nur eine physikalische Erscheinung – es ist eine Grenze des Universums. Eine Grenze zwischen dem, was wir kennen, und dem, was wir vielleicht nie verstehen werden. Für uns vergehen Jahre, Jahrhunderte, Jahrmillionen. Für das Licht existiert nur ein einziger Moment.

Vielleicht ist das Sterben einfach nur „schwarz und aus" oder es ist ganz anderes (auch ganz anders als wir es religiös präsentiert bekommen). Vielleicht folgt die Zeit einer Ordnung, die sich unserer Wahrnehmung entzieht und ganz eventuell bewegt sich unser Geist längst durch Räume, nur schneller (oder „andersdimensional") als wir es begreifen können.

9

„Zeit eilt, teilt, heilt" – Das subjektive Vergehen der Lebenszeit

Auf der alten Standuhr meines Urgroßvaters stand dieser Satz: „Zeit eilt, teilt, heilt." Er fasst in drei einfachen Worten zusammen, was die Zeit mit uns macht. Sie läuft – oft viel zu schnell. Sie hinterlässt Spuren in Form von Erinnerungen, Erfahrungen und Wandel. Und sie hilft uns auch dabei, Wunden zu schließen (oder zumindest mit „Zeitstaub" zu überdecken), indem sie uns von alten Schmerzen entfernt.

Doch warum scheint sie in unserer Kindheit langsam zu laufen, während sie sich mit jedem weiteren Lebensjahr beschleunigt?

Warum Zeit mit dem Alter schneller vergeht

Unser Zeitempfinden ist nicht objektiv. Es ist an unsere Wahrnehmung gekoppelt, an das, was wir erleben, und an das, woran wir uns erinnern.

Nehmen wir ein Beispiel: Wenn ihr sechs Jahre alt seid, dauert ein Jahr gefühlt ewig – es macht ja ein Sechstel eures gesamten Lebens aus! Alles ist neu, aufregend und ist voller Überraschungen. Ihr zählt die Tage bis zum nächsten Geburtstag, bis Weihnachten oder den Sommer. (siehe Abb. 9.1)

Mit 66 Jahren ist ein Jahr dagegen nur noch ein Sechsundsechzigstel eures Lebens. In dieser Perspektive ist ein Jahr kaum mehr als ein flüchtiger Moment. Routinen haben sich gefestigt. Die meisten Dinge sind nicht mehr neu, sondern vorhersehbar. Ihr müsst nicht mehr darauf warten, etwas zum ersten Mal zu erleben, sondern könnt es schon durch eure Erfahrungen einsortieren. (siehe Abb. 9.2)

M. Boehm, *Ist es normal, nur weil alle es tun?*,
https://doi.org/10.1007/978-3-662-73190-1_9

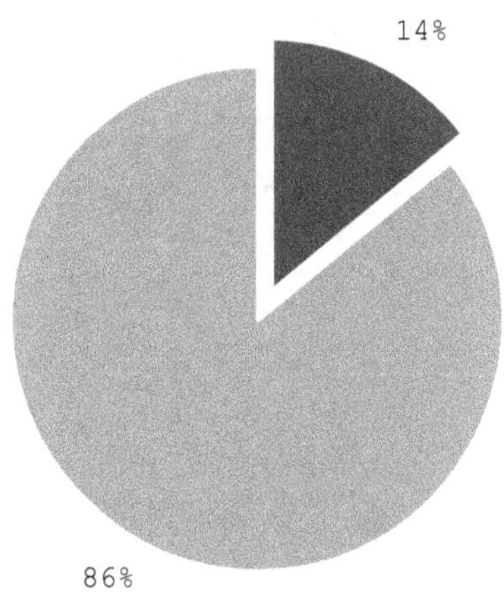

Abb. 9.1 Tortengrafik – subjektive Lebenszeit mit 6 Jahren

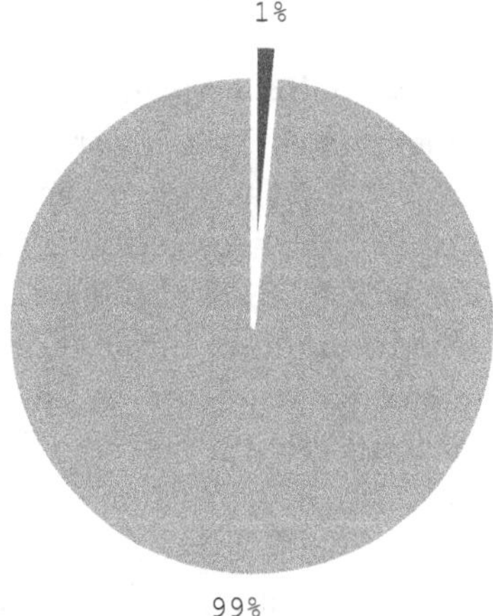

Abb. 9.2 Tortengrafik – subjektive Lebenszeit mit 66 Jahren

Diese subjektive Zeitwahrnehmung bedeutet, dass ihr innerhalb eurer ersten drei Lebensjahrzehnten bereits die Hälfte eurer gefühlten/subjektiven Lebenszeit durchlebt habt. Ein nüchterner Gedanke? Vielleicht. Aber auch eine Einladung, die Zeit bewusst zu gestalten.

Routine – der Zeitturbo im Gehirn

Unser Gehirn ist ein Effizienzmeister. Alles, was vorhersehbar ist, was in Mustern abläuft, braucht weniger bewusste Aufmerksamkeit. Das ist praktisch für den Alltag – aber schlecht für unser Zeitempfinden.

Je routinierter (oder negativ: gleichtöniger) unser Leben wird, desto weniger neue Eindrücke speichert unser Gehirn aktiv ab. Und was nicht bewusst verarbeitet wird, existiert für uns rückblickend kaum. Diese „fehlenden Anker" lassen ganze Jahre im Rückblick wie in Zeitraffer erscheinen.

Ein Beispiel: Die Schulzeit fühlt sich (auch im Rückblick) sehr lang an, weil jedes Jahr mit neuen Themen, Menschen und vor allem außerschulischen Erlebnissen gefüllt ist. Doch die letzten zehn Jahre im Berufsleben, in denen der Tagesablauf fast gleich aussieht? So nah und doch kaum greifbar.

Neue Erfahrungen bremsen die Zeit

Wenn wir unser Zeitempfinden verlangsamen wollen, müssen wir unser Gehirn austricksen. Der Schlüssel liegt in neuen Erfahrungen.

Reisen, spannende Gespräche, unerwartete Herausforderungen – all das zwingt unser Gehirn, aktiv zu vernetzen und Erinnerungen zu speichern. Mit diesen Gedächtnisclustern verlängern wir unsere Lebenszeit.

Deshalb wirkt die Kindheit so lang – sie ist eine Zeit voller Premieren. Das erste Mal auf einem Fahrrad fahren, der erste Kuss, der Wechsel in einen neuen Ort, der Einstieg ins Berufsleben. Jede Erfahrung ist neu, unverbraucht und hinterlässt tiefe Spuren. Mit zunehmendem Alter haben wir immer weniger dieser „ersten Male". Doch wir können sie uns bewusst schaffen – indem wir Routinen durchbrechen und uns selbst überraschen.

Der Wert der positiven Anker

Erlebnisse, die Spuren hinterlassen, können wir aktiv setzen. Natürlich kommen negative Erfahrungen oft von selbst – Krisen, Verluste, Umbrüche. Aber positive Anker lassen sich bewusst gestalten.

Vielleicht ein unvergessliches Konzert, ein spontaner Roadtrip, ein schräger Abend mit Freunden, eine spannende Fortbildung. All das eröffnete neue Perspektive. Diese Anker verlängern gefühlt unser Leben, denn sie verhindern, dass die Jahre sich zu einem gleichförmigen Strom auflösen.

Und das Schöne daran ist, dass wir nicht nur selbst solche Erinnerungen sammeln können, sondern auch für andere zu einem positiven Anker werden.

Denn egal, wie schnell die Zeit vergeht, was bleibt, sind die Geschichten, die wir hinterlassen – in den Erinnerungen der Menschen, die uns begleiten.

10

Chunks und die 7er-Regel – Wie unser Denken strukturiert wird

Die Verarbeitung von Informationen im menschlichen Gehirn folgt spezifischen Prinzipien, die durch die kognitive Kapazität verschiedener Bereiche des Gedächtnisses begrenzt werden. Eine zentrale Erkenntnis hierzu ist die sogenannte 7er-Regel (Millersche-Zahl), die von dem Psychologen GEORGE A. MILLER in den frühen 1950er-Jahren formuliert wurde und 1953 im Artikel „The Magical Number Seven, Plus or Minus Two: Some Limits on Our Capacity for Processing Information" beschrieben wurde. Diese Regel besagt, dass das menschliche Kurzzeitgedächtnis im Durchschnitt sieben Informationseinheiten (Chunks) [plus/minus zwei] gleichzeitig speichern und verarbeiten kann. Doch was genau sind Chunks, warum ist die 7er-Regel so wichtig für unser Denken und Lernen und warum die Millersche-Zahl wissenschaftlich schon lange überholt ist (und es dennoch ein hilfreiches Modell ist)?

Was sind Chunks?

Chunks sind kleine Informationseinheiten, die unser Gehirn in einem größeren Kontext wahrnimmt und verarbeitet. Ein Chunk kann ein einzelnes Element sein, wie eine Zahl oder ein Buchstabe, aber auch eine Kombination von Informationen, die als Einheit verstanden wird. MILLER nannte als Kapazitätsgrenze sieben Zahlen, sechs Buchstaben und fünf Wörter – also schon eine ungenaue Definition. ALAN DAVID BADDELEY brachte zur Menge noch den Zeitaspekt. Er sprach von Chunks in einer sprechbaren Zeit von zwei Sekunden als Kapazität des Kurzzeitgedächtnisses. Er ging noch weiter und erweiterte die Kapazität zusammenhängender Chunks, wie in einem logischen Satz auf bis zu 15 Wörter, die korrekt wiedergeben werden können.

© Der/die Autor(en), exklusiv lizenziert an Springer-Verlag GmbH, DE, ein Teil von Springer Nature 2026
M. Boehm, *Ist es normal, nur weil alle es tun?*,
https://doi.org/10.1007/978-3-662-73190-1_10

Unter dem Begriff des „Mehrkomponentenmodell des Arbeitsgedächtnisses" stellte er mit GRAHAM J. HITCH 1974 eine Präzisierung der Modellvorstellung der Funktionsweise des Kurzzeitgedächtnisses vor. Obwohl die Millersche-Zahl bis heute mit Vorliebe zitiert wird, war sie bereits in der Mitte der 1970er-Jahre nicht mehr Standard. Und trotzdem wird sie bis heute – sogar ohne viel Augenbraunhochziehen – weiter genutzt. Das liegt vor allem an den Möglichkeiten der plastischen Darstellung der Chunks-Regeln, die natürlich einmal mehr – wissenschaftliche Basierung ist ja ohnehin nicht so die Stärke der Wirtschaft – im Vertriebswesen und Management genutzt wird. Na, dann mache ich das auch mal. Also, zurück zur Millerschen-Zahl.

Chunks, ganz praktisch

Eine Telefonnummer wie „4-15-6-91" wird in vier Chunks aufgeteilt, um sie sich leichter zu merken. Wer kennt es? Wenn am Telefon ein Anrufer die eigene Telefonnummer bestätigt und dabei ein anderes „Chunk-System" verwendet (zum Beispiel „41-5-69-1"), kommen wir bereits damit ins Straucheln, da wir eine Simultan-Erfassung verwalten müssen.

Ein Wort wie „Huhn" wird als Einheit (Chunk) wahrgenommen, während die Buchstaben „H-U-H-N" einzeln in vier Chunks gespeichert werden, wobei sie noch nicht direkt eine gemeinsame Sinneinheit ergeben und zusammengeführt werden müssen (Alphabetisierung vorausgesetzt). Das Gruppieren einzelner Informationen zu größeren Einheiten nennt sich „Chunking".

Im Sport könnten Bewegungsabläufe in ein bis fünf Chunks abgespeichert werden, wonach geübt werden kann. Dafür müssen sich die Abläufe auf einem hohen Niveau befinden, Bewegungen bereits sehr stark automatisiert sein, anderenfalls ist es, wie mit der Buchstabierung des Wortes „Huhn". Es werden nur einzelne Elemente einer Bewegung als Chunks verarbeitet. Die unterschiedlichen Einzelbewegungen zu einem gesamten Ablauf zusammenzusetzen bedeutet eine Simultan-Erfassungs-Überlastung und damit eine Behinderung der Visualisierung und des exakten mentalen Trainings. An der *University of Chicago* führte bereits in den 1950er-Jahren JUDD BIASIOTTO Versuche zur Wirksamkeit von mentalem Training, insbesondere durch Visualisierung, durch. In dem Versuch sollten sich die Probanden (zunächst professionelle Basketballspieler) „vorstellen", wie sie von der Freiwurflinie erfolgreich den Basketball im Korb versenken. Ein Freiwurfablauf, bei den Profis, waren wenige Chunks. Nach vielen Durchläufen am Tag, über einen Zeitraum von 30 Tagen, wurde die Verbesserung der Trefferquote analysiert. Eine Kontrollgruppe führte das Experiment, unter den sonst identischen Bedingungen, physisch durch. Es zeigte sich eine signifikante Steigerung der Trefferquote – bei beiden Gruppen. Sie lag im Bereich von über 20 % Treffersteigerung, sehr ähnlich bei beiden Gruppen. Dies war ein frühes Experiment, das die Ergänzung von physischem Training mit mentalem Training bestätigte. Die Abläufe dürfen jedoch dabei nicht zu komplex werden und bekannt sein, da ansonsten die Signifikanz leidet. In den Forschungen wird somit postuliert, dass die Größe der „Häppchen" eine wichtige Rolle des Visualisierungs-Trainings bildet und wie die Chunks-Verarbeitung optimiert werden kann. Doch nicht nur Sportler können physische Abläufe in Bewegungsmuster bündeln, zur klareren Visualisierung. Auch bei Gedankenvorgängen funktioniert das. Schach-Profis sehen typische Zugmuster (Chunks) und können somit viele Zugkombinationen im Voraus sehen, während Anfänger jeden Zug isoliert betrachten müssen und dennoch dabei eine ähnliche Gehirn-Rechenoperationsleistung umsetzen.

Die 7er-Regel – Millersche-Zahl
Willkommen, liebe „psychologischen Artefakte" (siehe dazu ein eigenes Kapitel). Das war die gesamte Wissenschaftlichkeit der Chunks – und sogar bereits ein wenig darüber hinaus. Wieso ich dann den Chunks dennoch ein ganzes Kapitel widme? Da man mit der Idee der Chunks so schön Vorträge auflockern und gleichzeitig Chunking betreiben kann. Das wird auch der Grund sein, weshalb sie ohne Reliabilität und Validität in der Wirtschaft eingesetzt wird.

Ich fange erst einmal so an, dass es fast wissenschaftlich klingt
Die Begrenzung der Kapazität des Kurzzeitgedächtnisses hängt nicht von der Größe der Chunks ab, sondern von ihrer Anzahl. Das Chunking (also das Gruppieren) ist eine Überlebensstrategie des Gehirns, um die begrenzte Kapazität des Kurzzeitgedächtnisses zu optimieren. Es ermöglicht uns die Komplexität zu reduzieren, indem wir Informationen handhabbarer durch Gruppen gestalten. Wir können effizienter denken. Mit wenigen Chunks können wir komplexe Zusammenhänge verstehen, ohne uns von der Menge an Details überwältigen zu lassen. Und wir lernen zu vereinfachen. Lernprozesse wie das Einprägen neuer Begriffe oder Vortragsinhalte, mathematische Formeln oder Bewegungsabläufe werden durch das Chunking erleichtert. Bei komplexen Aufgaben zerlegt unser Gehirn die Informationen in kleinere, handhabbare Chunks. Erfolgreiches Lernen basiert auf der Bildung von sinnvollen Chunks. Anstatt eine lange Liste auswendig zu lernen, gruppieren und vernetzen wir die Inhalte. Informationen in übersichtlichen Chunks zu

präsentieren, erleichtert das Verstehen. So sind Präsentationen oder Texte, die in kurze Abschnitte gegliedert sind, leichter aufzunehmen.

Mit der Sieben durch die Geschichte

Na, habt ihr – trotz meiner vorherigen Ankündigung – innerlich leicht genickt und die Aussagen bestätigt. Kann ich verstehen, denn die Aussagen sind doch wahr. Oder? Na ja, schon irgendwie. Das ist aber ein schlechter akademischer Satz. Und somit sind Chunks und die 7er Regel eine Krücke, um weiche Fähigkeiten mit Trail-and-Error (Versuch und Irrtum) auf die Seite der harten Fertigkeit (wissenschaftliche Basierung) zu ziehen. Und GEORGE A. MILLER war nicht der erste Mensch, der über 7er Systeme sprach. Die Sieben als Primzahl und neben der Drei, 12 und 13 eine der wichtigen kleinen Zahlen im numerologischen Aberglaube – je nach Kultur als Glücks- oder Unglückszahl. Als Summe aus der Drei (Symbol für das Göttliche) und der Vier (Symbol für Ordnung und das Rationale) steht die Sieben für Vollkommenheit; die sieben Tage der Schöpfung, Siebenmeilenstiefel, Siebensachen, sieben Zwerge, „Sieben auf einen Streich". Irgendetwas muss doch mit der Sieben sein. Und auch JOHN LOCKE (1632–1704) als englischer Arzt und Vordenker der Aufklärung sprach über das „Seven Phenomenon". Diesmal sind wir wieder zurück bei der Neurologie. Ihm fiel auf, dass sich die meisten Menschen sieben Gegenstände merken können, die ihnen kurz gezeigt werden. Beim achten Gegenstand gibt es einen schlagartigen Abfall der Erfolgsquote. FREDMUND MALIK (er ist nicht der Einzige), als österreichischer Wirtschaftswissenschaftler mit Schwerpunkt Managementlehre, bedient sich somit auch heute der 7er Regel beim Zerlegen von komplexen Systemen in überschaubare Einheiten (damit sind wir wieder in der Wirtschaft angekommen …).

Bedeutung der 7er-Regel für unser Denken

Die 7er-Regel kann als ein Grundprinzip, das unsere Denkweise prägt, beschrieben werden. Sie ist ein bildliches Hilfsmittel, dass unser Gehirn nicht dafür gemacht ist, unendlich viele Informationen gleichzeitig zu verarbeiten. Stattdessen müssen wir lernen, effizient mit den begrenzten Ressourcen umzugehen.

In Bildung, Kommunikation und Problemlösung ist die Beachtung der 7er-Regel hilfreich. Indem wir Inhalte strukturiert und chunkweise präsentieren, können wir komplexe Themen zugänglicher machen und die Speicherprozesse unseres Gehirns unterstützen.

Das Verstehen von Chunking und der 7er-Regel bietet daher nicht nur eine Erklärung für die Funktionsweise unseres Gedächtnisses, sondern auch praktische Ansätze, um effektiver zu denken, zu lernen und zu handeln. All das ist dabei jedoch nicht wissenschaftlich bewiesen. Somit ist die Nutzung legitim. Ihr dürft sie nur nicht unreflektiert als feststehende Fakten nutzen oder verkaufen. Es muss in Betracht gezogen werden, dass die Theorie ein psychologisches Artefakt darstellt. In der Sozialen Arbeit kann es trotzdem als eine Methode zur Verdeutlichung von Lernprozessen genutzt werden. Ich wollte aber einfach einige Hintergründe aufzeigen. Da wir das nun klar haben, folgt noch eine schicke Aufzählung mit allen möglichen ungeprüften Aussagen.

- Wenn du eine (abschließende) Frage gestellt hast, warte 7 Sekunden Stille ab, wechsele dann erst zum nächsten Thema.
- Ab 7 Teilnehmenden muss ein Referent/eine Referentin (vor der Gruppe) stehen.
- Auf eine Moderationskarte/Chart gehören höchstens jeweils 7 Wörter in 3 Zeilen.
- Die Effektivität von Gruppen/Teams nimmt exponentiell ab, bei einer Größe von mehr als 7 Personen.
- Gliederungen/Mindmaps sollten nicht mehr als 7 Überschriften besitzen, (die wiederum nicht mehr als 7 Unterpunkte besitzen sollten.)
- Es sollten nicht mehr als 7 Ziele definiert werden (Hilfeplan/ Betriebsstrukturierung)

11

Unser Gehirn und das Bewusstsein

Was ist Bewusstsein? Ist es die Welt um uns herum, voller Eindrücke, Geräusche, Gerüche? Ein multisensorisches, mehrdimensionales, innerliches Kino? Oder ist es viel mehr die Summe unserer Erinnerungen, Emotionen und Erwartungen – ein andauernder innerer Monolog, der uns suggeriert, eine kohärente, einheitliche Identität zu besitzen? Das Bewusstsein ist für viele die ultimative Grenze des Verstehens, eine fragile Illusion von Selbstsein, die in einem endlosen Wechselspiel aus Wahrnehmung und Interpretation entsteht.

Das Gehirn – blind, taub und gefühllos
Um dem Geheimnis des Bewusstseins weiter auf die Spur zu kommen, stellt euch vor, ihr seid ein Gehirn. Eine unbequeme Vorstellung. Ihr seid eingesperrt in einer dunklen, abgeschotteten Kammer aus Knochen. Es gibt dort keine Farben, keine Klänge, keine Gerüche, keine direkte Berührung. Alles, was ihr über die Welt wisst, kommt in Form von elektrischen Impulsen über Nervenbahnen zu euch.

Doch diese Signale sind nicht die Realität – sie sind nur ihre verschlüsselten Botschafter. Das Gehirn selbst „sieht" nicht. Es „hört" nicht. Es „fühlt" nicht. Es entschlüsselt lediglich Muster von Aktivierungen und konstruiert daraus eine kohärente Welt. Aber ist diese Welt real? Oder ist sie nur ein bestmöglich berechnetes Modell, eine Simulation, die sich an früheren Erfahrungen orientiert?

© Der/die Autor(en), exklusiv lizenziert an Springer-Verlag GmbH, DE, ein Teil von Springer Nature 2026
M. Boehm, *Ist es normal, nur weil alle es tun?*,
https://doi.org/10.1007/978-3-662-73190-1_11

Wahrnehmung – ein fundiertes Raten

Die meisten Menschen halten ihre Wahrnehmung für objektiv. Doch tatsächlich ist sie ein interpretativer Akt. Unser Gehirn füllt ständig Lücken mit bereits bekannten Mustern und Schlussfolgerungen. Es gleicht sensorische Signale mit gespeicherten Kategorien ab, um eine bestmögliche Vermutung zu treffen. Alles, worauf ihr euch – als Gehirn – verlassen müsst, sind Datenströme an elektrischen Impulsen, die bei genauer Betrachtung nur indirekt mit den Dingen in der Außenwelt verbunden sind. Ihr spielt sozusagen „Stille Post" mit den Sinnen (genauer sensorischen Registern) und die wiederum mit der Außenwelt. Das bedeutet, das große Wort „Wahrnehmung" ist nichts anderes als ein Prozess des *fundierten Vermutens,* in dem das Gehirn die sensorischen Signale kombiniert. Dies geschieht ausschließlich über frühere Erwartungen und einer Annahme, wie die Außenwelt ist, durch erlernte Kategorien. Es ist die *bestmögliche Vermutung* der gemittelten Werte, was die empfangenen elektrischen Signale ausgelöst haben könnten.

Das Kanizsa-Dreieck (optische Illusion)

Stellt euch drei schwarze Kreissegmente und drei kleine Dreiecke vor, die scheinbar willkürlich angeordnet sind. Die meisten Menschen sehen darin ein weißes, nach unten zeigendes Dreieck, das über einem großen schwarzen Dreieck und den Kreisen zu schweben scheint. Dieses Dreieck existiert jedoch nicht. Euer Gehirn hat entschieden, dass es da sein muss, weil es der wahrscheinlichsten Interpretation eurer bisherigen Erfahrungen entspricht. (siehe Abb. 11.1)

Dieses Prinzip gilt für alle sensorischen Eindrücke. Unser Gehirn rekonstruiert die Welt nach eigenen Regeln. Doch diese Regeln sind weder universell noch unfehlbar – sie sind biografisch geprägt und sozial erlernt.

Abb. 11.1 Kanizsa-Dreieck

Erfahrungshorizonte und Reizinterpretationen
Nicht jeder sieht das gleiche Bild. Unterschiedliche Erfahrungen führen zu unterschiedlichen Interpretationen. Wer sich mit optischen Täuschungen auskennt, durchschaut sie schneller. Wer ein geschultes Auge für Grafikdesign hat, bemerkt vielleicht die feinen Unregelmäßigkeiten, dass es keine geraden gedachten Linien sind. Vielleicht ist euch aufgefallen, dass die Kreise gar nicht rund sind, sondern leicht oval. Dies sind alles Details, die für den Inhalt der optischen Täuschung unwichtig sind und somit werden sie von vielen Menschen völlig übersehen, da das Gehirn, diese Reize als unwichtig einstuft, ignoriert und mit der nächsten Reiz-Flut löscht.

Diese individuellen Wahrnehmungsunterschiede sind nicht auf visuelle Illusionen beschränkt – sie betreffen jede Form der Interaktion mit der Umwelt. Unsere Erwartungen beeinflussen, was wir hören, wie wir Gerüche interpretieren, welche Berührungen wir als angenehm oder bedrohlich empfinden. Wahrnehmung ist nie neutral.

Das zeigt sich besonders in der zwischenmenschlichen Kommunikation.

Kommunikation – eine Serie von Missverständnissen
Jede Interaktion durchläuft mehrere Stufen der Verarbeitung. Zunächst formt das eigene Gehirn eine Idee, die dann in Sprache oder Ausdruck codiert wird. Diese Signale werden über verschiedene Sinneskanäle (Register) von einer anderen Person aufgenommen und in deren Gehirn decodiert. Dort werden sie mit eigenen Erfahrungen abgeglichen, wodurch eine individuelle Interpretation entsteht. Keine Sorge, diese entspricht niemals exakt dem, was ursprünglich gemeint war.

Dieser Prozess wiederholt sich unüberschaubar oft in sozialen Interaktionen. Jeder einzelne dieser Schritte ist ein Ort der Verzerrung, der subjektiven, biografischen Färbung und der fehlerhaften Übertragung. Wir kommunizieren niemals perfekt. Unsere Gespräche bestehen aus Annäherungen, dem Versuch, sich gegenseitig zu verstehen – nicht aus einer objektiven Direktübertragung von Inhalten.

Das macht jede Kommunikation zu einer Herausforderung, aber auch zu einem Wunder: Trotz all dieser Unschärfen gelingt es uns immer wieder, gemeinsame Bedeutungen zu schaffen, Beziehungen aufzubauen und die Welt zu gestalten.

Abb. 11.2   Was ist Bewusstsein?(Acryl auf Bütten – C.J. Boehm)

Die Konstruktion unserer Realität

Wenn das Gehirn nichts anderes tut, als Informationen aus der Umwelt zu verarbeiten, stellt sich die Frage: Ist das, was wir Realität nennen, wirklich real?

Neurowissenschaftler wie ANIL SETH argumentieren, dass Bewusstsein eine „kontrollierte Halluzination" sei – ein ständiger Versuch des Gehirns, eine konsistente, brauchbare Welt zu simulieren. Diese Simulation funktioniert erstaunlich gut, solange sie sich mit unseren Erwartungen deckt. Doch sobald sie aus dem Gleichgewicht gerät – durch Traumata, psychische Störungen oder extreme Erlebnisse – zeigt sich, wie fragil unsere Konstruktion von Wirklichkeit ist. (siehe Abb. 11.2)

Sozialisation und Realität

Unsere Vorstellung von „normal" wird nicht allein durch unsere Sinneswahrnehmung geformt, sondern auch durch unsere kulturelle Prägung. Ein Kind, das in einem musikalischen Haushalt aufwächst, nimmt harmonische Muster anders wahr als ein Kind, das nie mit Musik in Berührung kommt. Eine Person, die in einem Umfeld voller Misstrauen und Gewalt sozialisiert wurde, interpretiert neutrale Gesichter häufig als feindselig. Wer in einer akademisch geprägten Familie aufwächst, erlebt intellektuelle Diskussionen als anregend, während andere sie als bedrohlich empfinden.

Unsere Realität ist kein objektiver Raum, sondern das Produkt unserer (biographischen) Sozialisation, unserer Erfahrungen und unserer individuellen Wahrnehmungsmuster.

Was bedeutet das für die Soziale Arbeit?

Wenn wir diese Zusammenhänge in die tägliche Praxis übertragen, wird deutlich, wie schmal der Grat zwischen „eingeschränkt sein" und „normal sein" verläuft. Was für eine Person als psychische Erkrankung gilt, kann für eine andere eine alternative Art der Wahrnehmung sein. Was Fachkräften als „real" erscheint, entspricht nicht zwangsläufig der Wahrheit der Klient:innen. Zudem beeinflussen Wahrnehmungsverzerrungen – kognitive Biases – nicht nur die Menschen, mit denen wir arbeiten, sondern auch unser eigenes professionelles Handeln.

Jede soziale Intervention basiert auf Annahmen darüber, wie Realität funktioniert. Die Reflexion über diese Annahmen ist entscheidend für eine professionelle Haltung in der Sozialen Arbeit.

Die Wahrheit bleibt subjektiv

Unser Gehirn gibt uns das Gefühl, eine einheitliche, stabile Welt zu erleben – aber diese Welt ist eine Konstruktion. Sie basiert auf Kategorien, Erfahrungen und Erwartungen, die sich jederzeit verändern können. Wenn wir das zulassen, verändert sich unser Blick auf andere Menschen.

Was wir als „wahr" empfinden, ist oft nur die bestmögliche Interpretation unserer eigenen begrenzten Wahrnehmung. Was Realität ist, ist also komplizierter, als wir denken/glauben/meinen/wissen.

12

Kategorien und Erkenntnis – Warum wir nur sehen, was wir gelernt haben

Ohne Kategorien gibt es keine Erkenntnis.

Ihr erkennt, was ihr wisst. Oder anders gesagt: Ohne Wissen bleibt vieles unsichtbar. Die Fähigkeit, Muster und Zusammenhänge in der Welt zu erkennen, hängt unmittelbar davon ab, welche Kategorien ihr erlernt habt.

Ein erfahrener Chiropraktor (Grüße an Nils Hartmann) sieht auf den ersten Blick, wenn jemand eine minimale Gangveränderung hat. Vielleicht schleift die Person kaum merklich mit dem linken Fuß. Für Laien wäre dies unsichtbar, doch der Chiropraktor erkennt: Hier könnte ein Problem mit dem dritten Halswirbel vorliegen. Er hat diese Mustererkennung nicht durch bloßes Bauchgefühl, sondern durch erlernte Kategorien und jahrelange Erfahrung entwickelt.

Das Beispiel lässt sich auf viele Disziplinen übertragen. Psychologen, Therapeuten, Sozialarbeiter und Diagnostiker (da habe ich einmal auf das Gendern verzichtet) entwickeln mit der Zeit ein Gespür für soziale, emotionale und kognitive Muster. Doch auch dieses Gespür ist keine Magie. Es basiert auf Wissen, das in Kategorien organisiert ist. Erkennen ist das Anwenden von Kategorien.

Die Bedeutung von Kategorien für professionelles Handeln
In der Sozialen Arbeit wie in vielen anderen Disziplinen ist die Fähigkeit, Muster zu erkennen, essenziell. Ohne systematische Beobachtung und strukturierte Kategorien wäre professionelles Handeln kaum möglich.

M. Boehm, *Ist es normal, nur weil alle es tun?*,
https://doi.org/10.1007/978-3-662-73190-1_12

In der Praxis wird zuweilen von geschulter Intuition gesprochen. Doch was bedeutet das? Intuition ist nicht das Gegenteil von Analyse, sondern die schnelle Anwendung von erlernten Kategorien. Wer viele Fallgeschichten kennt und systematisch reflektiert hat, kann in neuen Situationen oft intuitiv reagieren, weil das Gehirn blitzschnell Parallelen zieht. Sabine Ader beschreibt dies 2021 als einen Schlüssel professioneller Sozialarbeit. Intuition ist nicht angeboren, sondern das Ergebnis jahrelanger Mustererkennung.

Kategorien können jedoch nicht nur helfen, sondern auch einschränken. Menschen neigen dazu, die Welt in bekannten Mustern zu interpretieren. Das bedeutet auch, dass das, was nicht in unsere erlernten Kategorien passt, unsichtbar bleibt. Eine Fachkraft, die oft mit aggressiven Jugendlichen arbeitet, könnte unbewusst Signale für Wut oder Widerstand verstärkt wahrnehmen – selbst dort, wo vielleicht Unsicherheit oder Angst die eigentlichen Ursachen sind. Kategorien helfen uns zu sehen, aber sie filtern auch unsere Wahrnehmung.

Fachkräfte müssen sich daher bewusst sein, dass ihre Wahrnehmung immer von ihren erlernten Kategorien beeinflusst wird. Ohne eine fundierte Ausbildung fehlen essenzielle Kategorien, und wichtige Details bleiben unsichtbar. Mit zunehmender Erfahrung kann sich die Wahrnehmung verengen, wenn nicht regelmäßig reflektiert wird, welche Kategorien aktiv sind. Wissen allein reicht also nicht aus. Es braucht eine kritische Reflexion der eigenen Kategorien (zum Beispiel durch Intra- und Supervision). Das gilt insbesondere für die professionelle Soziale Arbeit, in der es um das Erkennen komplexer sozialer und emotionaler Muster geht.

Kategorien aus philosophischer Sicht

Kategorien sind nicht nur in der Praxis von Bedeutung, sondern spielen auch in der Philosophie eine zentrale Rolle. Bereits Aristoteles legte mit seinen zehn Kategorien eine erste Systematik fest, um die Welt zu ordnen. Kant entwickelte diesen Gedanken weiter und beschrieb in seiner *Kritik der reinen Vernunft* Kategorien als die notwendigen Strukturen unseres Denkens. Nach Kant sind Kategorien keine objektiven Eigenschaften der Welt, sondern das, was unser Verstand braucht, um überhaupt etwas erkennen zu können. In der modernen Philosophie wird diskutiert, inwiefern Kategorien sozial konstruiert sind. Foucault etwa zeigt auf, dass gesellschaftliche Machtverhältnisse Einfluss darauf haben, welche Kategorien als „wahr" oder „objektiv" gelten. Das gilt heutzutage für die digitalen Welten umso mehr.

Wie viele Kategorien braucht die Wahrheit?

Unsere Wahrnehmung ist nicht objektiv. Sie ist durch das geprägt, was wir wissen. Wer keine Kategorie für ein bestimmtes Phänomen hat, kann es nicht bewusst wahrnehmen. Deshalb sind Wissen, Erfahrung und Reflexion die Grundpfeiler professionellen Handelns.

Das nächste Kapitel wird sich mit einer noch tieferen Frage beschäftigen. Wenn unser Wissen bestimmt, was wir wahrnehmen, wie viel von der Wahrheit einer Situation können wir dann wirklich erfassen. Oder: Was ist Realität?

13

Die Illusion der Wahrheit

Wahrheit scheint ein eindeutiges Konzept zu sein. Doch wer sich mit der Frage auseinandersetzt, stellt schnell fest: Wahrheit ist keine feste Größe, sondern eine Konstruktion unserer Wahrnehmung. Jede und jeder von uns betrachtet die Welt durch den Filter der eigenen Biografie, Erfahrungen und kulturellen Prägungen. Was als objektiv erscheint, ist oft nur die Summe vieler subjektiver Wahrheiten. PAUL WATZLAWICK formulierte es treffend: „Die Wirklichkeit ist die Erfindung einer Übereinkunft."

Wenn viele Menschen ein ähnliches Bild von der Welt teilen, nennen wir das „die Realität". Doch was geschieht, wenn sich diese Wahrnehmungen unterscheiden? Dann beginnt die Auseinandersetzung darüber, was als „wahr" gelten darf. In der Sozialen Arbeit ist dieses Bewusstsein essenziell. Wer mit Menschen arbeitet, muss sich darüber im Klaren sein, dass keine Realität absolut ist. Unsere eigene Wahrnehmung ist immer begrenzt, beeinflusst von unseren Kategorien und unserem Wissen.

Wahrheit und Realität in der Philosophie, Psychologie und Soziologie

Die Frage nach der Wahrheit begleitet das menschliche Denken seit jeher. In der Philosophie galt lange die *Korrespondenztheorie* als Maßstab. Eine Aussage ist wahr, wenn sie mit der „mehrheitlich umgebenden Realität" übereinstimmt. Doch spätestens mit KANT wurde klar, dass unsere Erkenntnis nicht unabhängig von unserem Verstand existiert. KANT postulierte, dass wir die Welt nur durch unsere subjektiven Kategorien erfassen können – wir sehen die „Dinge an sich" nie, sondern immer nur unsere Konstruktion davon.

© Der/die Autor(en), exklusiv lizenziert an Springer-Verlag GmbH, DE, ein Teil von Springer Nature 2026
M. Boehm, *Ist es normal, nur weil alle es tun?*,
https://doi.org/10.1007/978-3-662-73190-1_13

Später stellte NIETZSCHE ebenfalls die Idee der absoluten Wahrheit radikal infrage. Er sah Wahrheit als eine „bewegliche Metapher". Wahrheit sei eine von Menschen geschaffene Vereinbarung, um die Welt begreifbar zu machen. Für ihn gab es keine objektive Realität, sondern nur verschiedene Interpretationen dieser. In der modernen Wissenschaft greift diese Idee tief in die Psychologie ein. Was wir für wahr halten, ist stark durch unsere Wahrnehmung verzerrt.

Die Psychologie zeigt, dass unser Gehirn darauf ausgelegt ist, Muster zu erkennen und Lücken mit bereits vorhandenem Wissen zu füllen. DANIEL KAHNEMAN beschreibt in „Thinking, Fast and Slow" das Phänomen der kognitiven Verzerrungen. Unser Gehirn trifft schnelle Entscheidungen basierend auf vereinfachten Annahmen, ohne dass uns diese Prozesse bewusst sind, da sie auf dem tierisch Instinktiven beruhen. So entstehen verzerrte Wahrheiten, die je nach Erfahrung und Sozialisation sehr unterschiedlich sein können.

Die Soziologie betont die soziale Konstruktion der Wirklichkeit. BERGER und LUCKMANN argumentieren in „Die gesellschaftliche Konstruktion der Wirklichkeit", dass Realität nicht einfach gegeben ist, sondern durch soziale Prozesse erschaffen wird. Wahrheit ist also immer kontextabhängig. Die Medien, politische Diskurse und kulturelle Narrative beeinflussen, was als Realität wahrgenommen wird. Besonders in digitalen Zeiten werden diese Mechanismen sichtbar. Algorithmen kuratieren Informationen und verstärken bestimmte Sichtweisen, sodass sich immer kleinere, voneinander isolierte Wahrheitsräume bilden.

Wahrnehmungsverzerrungen – Was wir nicht sehen können, existiert nicht
Unser Gehirn verarbeitet Informationen effizient, aber nicht perfekt. Um die komplexe Welt zu ordnen, nutzen wir Kategorien. Diese sind notwendig, um Sinn zu erzeugen, aber sie begrenzen uns auch. Was außerhalb unserer Kategorien liegt, bleibt uns oft verborgen. Biases – also Wahrnehmungsverzerrungen – sind keine Ausnahme, sondern die Regel. Sie helfen uns, Entscheidungen schnell zu treffen, führen aber auch zu systematischen Denkfehlern.

Ein Beispiel ist der Bestätigungsfehler. Wir suchen unbewusst nach Informationen, die unsere bestehenden Überzeugungen stützen und ignorieren dem widersprechende Fakten. Dieses Phänomen ist in politischen Debatten gut sichtbar. Menschen neigen dazu, sich in Echokammern zu bewegen, in denen sie nur mit Meinungen konfrontiert werden, die ihre Sichtweise stärken. In der Sozialen Arbeit bedeutet das: Wer sich nicht regelmäßig selbst hinterfragt (notwendigerweise mit externer Unterstützung), wird immer nur das sehen, was er oder sie zu sehen erwartet.

Die KI als Spiegel unserer Wahrnehmungslücken

Ein verbreitetes Argument ist, dass Maschinen objektiv seien. Doch auch KI ist nicht frei von digitalen Wahrnehmungsverzerrungen. Sie kann nur auswerten, was ihr an Daten zur Verfügung steht – genau wie wir. Ein eindrückliches Beispiel dafür ist der – ich nenne es – „Smiling-Clock-Bias" (siehe Abb. 13.1). Wenn man einem LLM den Auftrag gibt, ein Bild mit vielen Uhren zu generieren, das zum Beispiel 12:04 Uhr anzeigen soll, zeigen die analogen Uhren überwiegend 10:10 Uhr an. Warum? Weil Uhren auf Werbeabbildungen

Abb. 13.1 „Smiling-Clock-Bias" (handgezeichnete Umsetzung des KI-Effekts – Lotta Boehm)

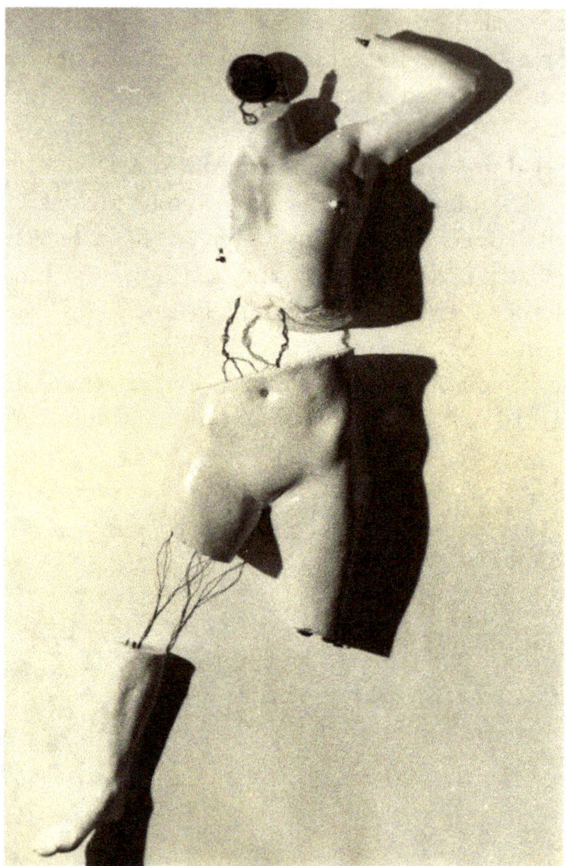

Abb. 13.2　Mensch und Maschine (Gips und Elektronik auf Holz – C.J. Boehm)

meist auf diese Zeit gestellt werden – alle Zeiger sind gut zu erkennen, die Uhren wirken symmetrisch, freundlich, einladend und sie lassen im Kopf ein Bild einer perfekten Zeit entstehen. Die KI erkennt dieses Muster als Norm und wendet es an, selbst wenn es nicht gewünscht ist. Ihre Realität ist von den ihr zur Verfügung stehenden Daten bestimmt – genau wie unsere (siehe Abb. 13.2). Eine differenzierte Reflexion ist im schnellen Impuls nicht möglich. Erst beim genaueren Definieren der Aufgabe durch uns (externe Reflexion/Rückmeldung) erhalten wir die analoge Uhrzeit, die wir in Auftrag gegeben haben.

Das führt zu einer weitreichenden Erkenntnis. Was wir als Realität akzeptieren, ist oft nur das Ergebnis einer begrenzten Wahrnehmung. Je nachdem, welche Informationen uns erreichen und welche Filter wir nutzen, formen wir unsere eigene Wahrheit. Die Vorstellung einer absoluten, objektiven Realität bleibt eine Illusion.

Manipulation durch Realitätsherrschaft

Diese Erkenntnis ist nicht nur eine philosophische Spielerei. Sie hat direkte gesellschaftliche Auswirkungen. Wer die Deutungshoheit über Realität besitzt, kann Macht ausüben. In der Geschichte gab es zahlreiche Beispiele dafür, wie Wahrnehmung gelenkt wurde, um politische Ideologien durchzusetzen. Der Nationalsozialismus konnte sich unter anderem deshalb etablieren, weil kontrollierte Medien ein einseitiges Bild der Welt vermittelten. Heute sehen wir ähnliche Mechanismen in sozialen Netzwerken (und leider auch klassischen Medien). Algorithmen verstärken bestimmte Inhalte, um das Interesse der Nutzenden (und durch views und clicks die Finanzen für werbende Unternehmen) zu maximieren – oft auf Kosten einer differenzierten Wahrnehmung.

Das überforderte Gehirn

Wer entscheidet denn, was wahr ist? Wenn jede Realität gleichwertig erscheint, kann gezielte Desinformation ungehindert wachsen. Unser Gehirn ist mit der digitalisierten Welt überfordert, hat es sich doch in den letzten 50.000 Jahren biologisch nur minimal weiterentwickelt. Wir befinden uns kontinuierlich in einem Diskurs zwischen tierisch Instinktivem und menschlich Logischem.

Was als umherziehende Horden sinnvoll war, stellt uns heutzutage vor Herausforderungen. Wiederholungen legitimieren. Unser Gehirn fragt nicht nach der Quellenlage, das müssen wir aktiv und bewusst tun. Wird etwas nur oft genug wiederholt (Idee von Werbung, Funktionsweise von Musik, Prinzip der Sozialen Medien, Mittel der Politik), dann „denkt" unser Gehirn, dass es wahr ist, dass es stimmt. Wir müssen dies aktiv und bewusst unserem Gehirn widerlegen, sodass es nicht als „Wahrheit" in unsere Wissensbasis eingebaut wird. Wer diesen Prozess nicht geht, ist sehr einfach und gezielt manipulierbar.

Ein bewusster Umgang mit Realität

Zu wissen, dass Realität nur ein Konstrukt ist, bedeutet nicht, in Beliebigkeit zu verfallen. Es bedeutet, die eigenen Wahrnehmungsverzerrungen zu hinterfragen, verschiedene Perspektiven einzubeziehen und sich der Verantwortung bewusst zu sein, mit der wir Realität mitgestalten. Wissenschaftliches Arbeiten, kritische Reflexion und ein bewusster Umgang mit Quellen sind essenziell, um nicht Opfer von Manipulation zu werden – sei es durch Werbung, politische Strömungen oder durch Algorithmen.

In der Sozialen Arbeit bedeutet das, dass es viele Wahrheiten gibt. Doch eine professionelle Haltung erfordert es, sie immer wieder zu hinterfragen.

14

Irrtum oder Fehler?

Ich bin ein bisschen in der Bredouille. Ich schreibe vom „Grundprinzip Irrtum", und im nächsten Kapitel geht es darum, dass es ohne „Fehler" keinen Fortschritt gibt und gab. Warum nicht einfach ein Wort für beides? Ich musste mir also Gedanken machen, was die Begriffe tatsächlich bedeuten. (siehe Abb. 14.1)

Ein *Fehler* ist etwas Messbares, ein objektivierbarer Zustand. Er ist konkret, sichtbar und in der Regel direkt korrigierbar. Fehler liegen auf der Sachebene – sie sind feststellbar, überprüfbar und können oft durch eine eindeutige Korrektur behoben werden.

Ein *Irrtum* dagegen ist etwas anderes: eine Fehleinschätzung, eine falsche Annahme oder ein verzerrtes Verständnis der Realität. Irrtümer entstehen durch unvollständiges Wissen, durch Wahrnehmungsverzerrungen oder durch tief verankerte Überzeugungen. Sie sind subjektiv, Teil des Denkens – und sie sind oft schwerer zu korrigieren. Denn die *Korrektur eines Irrtums braucht Einsicht und Reflexion* – sie setzt voraus, dass die betroffene Person ihre eigene Wahrnehmung hinterfragt.

Fehler gehören zur Naturwissenschaft – sie sind technisch, mechanisch, berechenbar. Irrtümer gehören zur Geisteswissenschaft – sie sind individuell, emotional und sozial eingebettet. Ein Irrtum kann Ursache eines Fehlers sein, aber nicht jeder Fehler basiert auf einem Irrtum.

© Der/die Autor(en), exklusiv lizenziert an Springer-Verlag GmbH, DE, ein Teil von Springer Nature 2026
M. Boehm, *Ist es normal, nur weil alle es tun?*,
https://doi.org/10.1007/978-3-662-73190-1_14

Abb. 14.1 Die Puzzleteile des Irrtums (Gips und beschichtetes Glas auf Holz – C.J. Boehm)

Da sich mein Buch auf die Subjektivität des Individuums bezieht, bleibt es beim Begriff *Irrtum*. Im nächsten Kapitel geht es jedoch um *Fehler* als naturwissenschaftliche Notwendigkeit – denn Fortschritt entsteht erst, wenn Fehler erkannt, korrigiert und genutzt werden.

So, wäre das auch geklärt.

15

Stärkenorientierung und die Evolution des Fehlers

Der Mythos der reinen Stärkenorientierung

Stärkenorientierung klingt doch so schön. Ein Konzept, das niemandem weh-tut, das menschlichen Irrtum und Defizite einfach ignoriert, weil es doch „weh tut" und so den Menschen auf dem Weg der Selbstbestimmung unterstützt. Die modernen Konzepte der Sozialen Arbeit – Assessments, ICF-Basierungen, Bildungssysteme, ressourcenorientierte Berichte – arbeiten mit diesem einseitigen Grundgedanken. Aber wie entstehen Stärken?

Sie wachsen nicht aus dem Nichts. Sie entstehen durch Erfahrungen, durch Lernen, durch Anpassung an Herausforderungen – und damit durch Fehler. Wer eine Fähigkeit wirklich verinnerlicht, musste sie zuvor unzählige Male ausprobieren, verfeinern und genügend scheitern. Das Grundprinzip jeder Entwicklung ist nicht Perfektion, sondern es ist ein fortwährender Prozess aus Versuch und Irrtum.

Etwas angepasst trifft es ein alter Sinnspruch recht genau: *„Es ist noch keine Stärke vom Himmel gefallen."*

15.1 Biologisches Leben und die „molekulare Schablone"

Lassen wir großzügig die ersten zehn Milliarden Jahre nach dem Urknall einmal beiseite. Nachdem unsere Erde entstand, verfügte sie über brillante Bedingungen, dass etwas Neues, Zerbrechliches entstehen konnte – biologisches

M. Boehm, *Ist es normal, nur weil alle es tun?*,
https://doi.org/10.1007/978-3-662-73190-1_15

Leben. Obwohl wir Menschen, wie alle Lebensformen, ein riesiger Haufen an Atomen und Molekülen sind, ist der geniale Kniff der Lebewesen nicht das Individuum zu stabilisieren und zu sichern, sondern die Blaupause oder das Schnittmuster. Diese molekulare Schablone, die all diese Informationen zu jedem Lebewesen trägt, nennt sich DNA. Sie speichert, wie Leben entsteht und funktioniert. Und sie kopiert sich selbst.

DNA – Hochgradig unvollkommen und „lernend"

Warum gibt es nicht nur eine einzige, unveränderliche Bakterienform? Weil DNA hochgradig unvollkommen ist. Während sie sich kopiert, baut sie in jede milliardste Sprosse einer Doppelhelix einen Fehler ein. Faktisch bedeutet das, dass DNA „lernt". Manche dieser Fehler sind irrelevant, viele eine Sackgasse, andere sind tödlich – aber einige führen zu Fortschritt. Diese zufälligen Veränderungen (Mutationen) sind der Motor der biologischen Evolution.

Der lange Weg der „natürlichen Selektion"

Diese evolutionäre Veränderung benötigt Zeit. Über drei Milliarden Jahre lang dominierten Einzeller die Erde. Erst vor 700 Mio. Jahren entwickelten sich komplexere Zellstrukturen, später Pilze, Fische, Amphibien, Reptilien, Dinosaurier, Vögel – und schließlich, vor etwa 150 Mio. Jahren, die Säugetiere.

Lange lebten diese Säugetiere im Schatten der Dinosaurier, evolutionär betrachtet waren sie ein Nebenschauplatz. Doch das änderte sich radikal, als vor 65 Mio. Jahren ein Meteoriteneinschlag im heutigen Yucatán das Ökosystem der Erde umkrempelte. Plötzlich wurden kleine, soziale Lebewesen mit ausgeprägtem Nestverhalten zur dominanten Art. Die Karten der Evolution wurden neu gemischt. (siehe Abb. 15.1)

Das Gehirn – Lernen über den eigenen Tod hinaus

Säugetiere entwickelten ihre Schaltzentrale weiter: das Gehirn. Sie konnten Fehler erkennen, Lernprozesse optimieren und ihre Umwelt flexibler gestalten. Das Problem? Ein individueller Lernerfolg war biologisch nur so lange nutzbar, wie das Individuum lebte. Mit dem Tod verging das Wissen.

Hier setzt die nächste große evolutionäre Revolution an: die Übertragung von Wissen über Generationen hinweg.

Abb. 15.1 Visualisierung der Zeit mit Meer (Öl auf Holz – C.J. Boehm)

Die Rolle der Sprache und kollektiven Reflexion

Vor etwa zwei Millionen Jahren entwickelte sich der *Homo habilis* – ein Meilenstein in der Evolution. Mit ihm kamen Werkzeuge zum Einsatz und die ersten Formen abstrakter Kommunikation entstanden. Wissen konnte erstmals weitergegeben werden, nicht nur durch unmittelbare Beobachtung, sondern durch Sprache, Symbole und Reflexion.

Das bedeutete, dass nicht mehr alle Fehler selbst erlebt werden mussten. Ein erlebter Fehler konnte zur Warnung für andere werden. Das Kollektiv konnte aus dem Individuum lernen – und damit eine exponentielle Beschleunigung des Fortschritts bewirken.

Fehlertoleranz als Grundlage der Menschheitsgeschichte

Die gesamte Menschheitsgeschichte basiert auf Fehlern. Vom Feuer zur Dampfmaschine, vom Buchdruck zum Internet – jede Erfindung war ein Experiment mit unvorhersehbaren Konsequenzen. Fehler bedeuteten dabei nicht Stillstand, sondern Weiterentwicklung.

Doch genau hier steckt die Ironie der Geschichte. Während Fehler uns voranbringen, sind sie gleichzeitig die Ursache für neue, unvorhersehbare Probleme. Die Menschheit hat sich eine eigene Evolution geschaffen – eine, die uns voranbringt, aber uns auch zerstören kann.

15.2 Fehler in der Sozialen Arbeit – Bindung und sozio-emotionale Entwicklung

Eine Fehlertoleranz ist die Grundlage des menschlichen Miteinanders. In der Bindungsforschung ist lange bekannt, dass sichere Bindungen nicht durch perfekte Eltern entstehen, sondern durch „good enough parenting" (DONALD WINNICOTT). Fehler gehören zur sozialen Interaktion – entscheidend ist nicht, dass sie vermieden werden, sondern dass sie wieder gutgemacht werden.

Ein Kind, das erlebt, dass Bezugspersonen auf Fehler reagieren, sie reflektieren und entschuldigen, entwickelt ein stabiles Bindungsmuster. Unsicher gebundene Kinder hingegen erleben Fehler als Bedrohung – weil sie nicht korrigiert, sondern bestraft oder ignoriert werden.

Von der Defizitorientierung zur konstruktiven Fehlerkultur
Die Soziale Arbeit begleitet Menschen, die scheitern – an sich selbst, an gesellschaftlichen Normen oder an den Erwartungen anderer. Traditionell wird Scheitern als Defizit betrachtet, sogar als individuelles Versagen. Doch aus einer ganzheitlichen Perspektive ergibt sich eine andere Sichtweise. Fehler offenbaren Entwicklungsmöglichkeiten. Sie ermöglichen Reflexion und Neuorientierung und helfen dabei, eigene Grenzen zu erkennen und zu erweitern.

Die Aufgabe der Sozialen Arbeit besteht darin, Menschen eine sichere Umgebung zu geben, in der Fehler als Teil des Lernprozesses verstanden werden. Das bedeutet nicht, Fehlentscheidungen zu verharmlosen – sondern sie zu nutzen, um Wachstum zu ermöglichen.

Fehler als Teil der gesellschaftlichen Evolution
Wir leben in einer Welt, die Fehler als Makel betrachtet, die Perfektion suggeriert und Menschen in Erfolg oder Misserfolg einteilt. Doch aus biologischer, psychologischer und sozialer Sicht ist genau das Gegenteil führend.

Alles, was Fortschritt erzeugt, beruht auf Fehlern
Unsere Gesellschaft, unser Wissen, unsere Kultur – alles ist ein System aus fehlerhaften Annahmen, die sich mit der Zeit korrigieren. Das gilt für die Entwicklung eines Kindes ebenso wie für die Geschichte der Menschheit.

Die Frage ist nicht, ob wir Fehler machen, sondern wie wir mit ihnen umgehen.

Fehler als Wachstumsmöglichkeit

Die Soziale Arbeit sollte daher eine Kultur der Fehlerfreundlichkeit fördern. Nicht die naive Stärkenorientierung, sondern ein reflektiertes Verständnis, dass Lernen, Leben und Wachsen immer mit Irrtümern und Fehlern verbunden sind. Denn nur wer Fehler akzeptiert, kann wirklich wachsen.

(Dieses Kapitel wurde diskutiert nach DAVID CHRISTIAN, amerikanisch-australischer Historiker; Gründer und wichtigster Vertreter der *Big History*.)

16

Ressource und Enssource

Ressource – eines dieser Worte, die überall auftauchen. In der Sozialen Arbeit, in der Pädagogik, in der Psychologie. „Welche Ressourcen bringt die Klientin mit?" – „Wo liegen die Ressourcen der Organisation?" – „Wie können wir ressourcenorientiert arbeiten?" Klingt gut, oder? Fast zu gut.

Es lohnt sich, das Wort einmal aufzubrechen – vielleicht ist es gar nicht so offensichtlich, wie es scheint. Dies ist meine Sichtweise, es gibt dazu keine Quellenbasierung – eine neurophilosophische Fingerübung … oder doch tiefer?

Res – das äußere Wirken

Das lateinische *res* bedeutet „Sache, Ding, Angelegenheit". In der Rechtswissenschaft begegnet es uns als „res publica" (die öffentliche Angelegenheit, der Ursprung unseres Wortes für „Republik"). In der Ontologie steht „res" für das, was *äußerlich* existiert, das, was direkt wahrgenommen werden kann.

Setzen wir das mit „Ressource" in Beziehung, ergibt sich eine erste Deutung: Eine Ressource ist etwas, das nach außen tritt, etwas, das nutzbar wird.

Es geht um sichtbare Handlungsmöglichkeiten, um Kompetenzen, die in der Interaktion mit der Umwelt zur Verfügung stehen. Das kann sich in greifbaren Formen wie Geld, einem Netzwerk oder bestimmten Fähigkeiten zeigen, aber auch in abstrakten Aspekten wie Selbstwertgefühl, Problemlösungskompetenz oder dem Vertrauen in die eigenen Stärken. Doch genau hier setzt die entscheidende Differenzierung ein.

M. Boehm, *Ist es normal, nur weil alle es tun?*,
https://doi.org/10.1007/978-3-662-73190-1_16

Ens – das innere Wirken

Gegenüber von „res" steht in der Ontologie das Konzept des *ens* – das „Seiende", die *innere* Realität, die nur mittelbar wahrnehmbar ist.

Während „res" die äußere Welt beschreibt, verweist „ens" auf das, was im Inneren existiert, aber möglicherweise nicht sichtbar wird.

Wenn also eine Person über herausragende Stärken, über immense Talente oder über eine tiefe Resilienz verfügt – aber diese nicht in die äußere Realität überführen kann, dann ist das kein Defizit, sondern eine Enssource.

Die Enssource – verstecktes Potenzial statt Defizit

Das ist eine entscheidende Unterscheidung: Ein *Defizit* ist ein Urteil von außen – eine Zuschreibung, eine Kategorisierung, eine plumpe Feststellung, wie: „Da fehlt bei dir was!"

Eine Enssource hingegen ist ein inneres Potenzial, das (noch) nicht (für die Außenwelt) zur Verfügung steht, aber dennoch existiert.

Das bedeutet, dass jemand, der sich nicht gut verbal ausdrücken kann, aber im Kopf komplexe Strukturen durchdenkt, keine „fehlende Kommunikationsfähigkeit" hat, sondern eine *kommunikative Enssource,* die möglicherweise individuelle Wege braucht, um sich zu zeigen.

Eine Person, die sich in Krisensituationen nicht sofort stabilisieren kann, ist nicht „schwach", sondern besitzt eine *stabilisierende Enssource,* die nur unter bestimmten Bedingungen fassbar wird. Und ein Kind, das im Unterricht keine schulisch erwartete Leistung zeigt, ist nicht zwangsläufig „leistungsschwach". Vielleicht liegt seine Enssource in einer anderen Art des Denkens, die im aktuellen Schulsystem unsichtbar bleibt.

Soziale Arbeit und der Irrtum der Defizitorientierung

Gerade in der Sozialen Arbeit begegnen uns Menschen, die von außen als „problematisch" beschrieben werden. Sie „können nicht", „wollen nicht", „verweigern sich", „sind nicht fähig".

Hier liegt eine große Gefahr. Wenn wir nur auf die sichtbaren Ressourcen blicken, laufen wir Gefahr, ihre Enssourcen – und damit einen riesigen Bereich an Potenzialen – zu übersehen.

Als „Defizite" werden oftmals Potenziale beschrieben, die sich nicht in das Raster der Erwartungshaltung einfügen oder die in gegebenen Rastern nicht aktiviert werden können.

Abb. 16.1 Res und Ens – U-Mobil (Ölkreide und Grafit auf Papier – C.J. Boehm)

Ein Mensch, der nicht sprechen kann, kommuniziert durch Blicke. Wer keinen Schulabschluss hat, kann dennoch ein tiefes Verständnis für soziale Dynamiken entwickeln und komplexe Netzwerke steuern. Jemand mit Lernschwierigkeiten mag durch eine außergewöhnliche Intuition (Spiegelneuronen und Empathie) beeindrucken, die selbst Fachkräfte überrascht.

Doch solange wir nur nach Ressourcen suchen, die sich ins „res"-Schema fügen, übersehen wir das „ens" – und damit die Möglichkeiten, die im Inneren bereits angelegt sind und somit existieren. (siehe Abb. 16.1)

Warum das wichtig ist

Der Begriff „Ressource" ist inzwischen ein fast mechanischer Begriff geworden: *Was ist da? Was kann genutzt werden?*

Aber das ist nur die halbe Wahrheit. Enssourcen sind keine leeren Räume oder fehlenden Ressourcen, sondern Potenziale, die unter den richtigen Bedingungen zur Entfaltung kommen können. Menschen funktionieren nicht wie Maschinen, bei denen Ressourcen einfach „aktiviert" werden. Oft braucht es eine Brücke – eine bestimmte Erfahrung, eine neue Form der Kommunikation oder eine vermittelnde Person –, um den Übergang von einem verborgenen Potenzial zu einer sichtbaren Fähigkeit zu ermöglichen. Die Soziale Arbeit muss erkennen, dass vieles, was aus Zeit- oder Wissensmangel als „Defizit" beschrieben wird, in Wirklichkeit eine unerkannte Enssource sein kann.

17

Amy und Ip und die Sinnes-Register

Mal ehrlich, die neurologische Struktur der Sensorischen Register, Impulssteuerung und weitere Funktionen sauber in einem so tüddeligen Buch darzustellen ist nicht möglich. Mit geschwellter Brust und gehobenen Augenbrauen und Zeigefinger dürfte ich es ohnehin nur, wenn ich wissender, wissenschaftlicher Neurowissenschaftler wäre.

Das bin ich nicht. Die Kenntnis, um die Funktionsweise, wie Daten ins Gehirn kommen, encodiert, gespeichert, decodiert und wieder ausgegeben werden, ist aber spannend. Es ist aufschlussreich für eine passgenaue Diagnostik mit Hypothesenbildung und für die Kommunikation und Verhaltensweisen in der Interaktion der Sozialen Arbeit.

Das alles ist ein kleiner Teilbereich des Cluster-Vortex-Modell, aber ein wichtiger Bereich der Funktionsweisen des eigenen Lebens. (siehe Abb. 17.1)

Daher lasse ich mir bei Workshops und Veranstaltungen lieber durch Amy und Ip helfen und bin selbst einen Moment raus. Bevor es zu den Folien ins elektronische Zusatzmaterial geht, bekommen sie aber die Möglichkeit sich einmal selbst vorzustellen.

Das ist Amy. Amy heißt mit vollem Namen **Amygdala** (siehe Abb. 17.2). Das ist griechisch und bedeutet „Mandelchen". Der Name kommt daher, dass dieser Bereich im Gehirn ein wenig wie eine kleine Mandel aussieht. (Wie bei fast allen Strukturen gibt es die Amygdala zweimal – einmal in der rechten und einmal in der linken Hemisphäre.)

Ergänzende Information Die elektronische Version dieses Kapitels enthält Zusatzmaterial, auf das über folgenden Link zugegriffen werden kann [https://doi.org/10.1007/978-3-662-73190-1_17].

M. Boehm, *Ist es normal, nur weil alle es tun?*,
https://doi.org/10.1007/978-3-662-73190-1_17

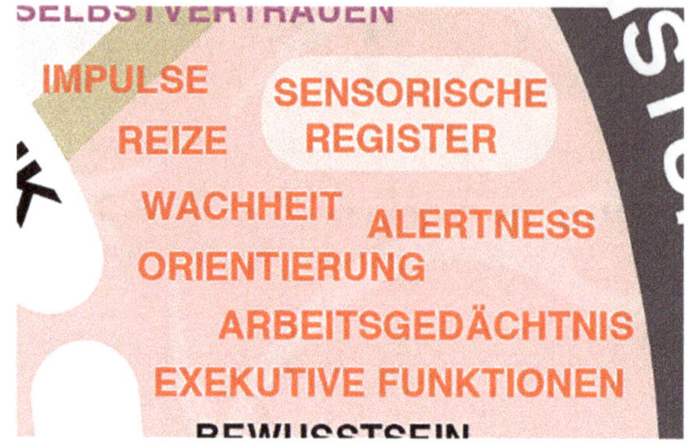

Abb. 17.1 Cluster-Vortex-Modell – Ausschnitt Sensorische Register

Abb. 17.2 „Amy" – die Amygdala

Amy ist meist mies drauf. Kein Wunder. Amy ist die *Alarmzentrale des Gehirns*. Alle Reize aus der Außenwelt müssen an Amy vorbei. Sie entscheidet – ohne Umwege – ob etwas lebensbedrohlich ist und reagiert sofort oder leitet die Information zur nächsten Station weiter.

Dabei braucht sie keine Rücksprache mit dem restlichen Gehirn.

Amy ist maßgeblich verantwortlich für Wut, Angst, Flucht und Angriff. Bei den Steinzeitmenschen hatte Amy eine hohe Trefferquote. Doch in der modernen Welt liegt sie oft falsch – kein Wunder bei all der komplexen

Abb. 17.3 „Ip" – der Hippocampus

Kommunikation, die sie verarbeiten muss. Das kann ganz schön verwirrend für unser Steinzeitgehirn sein, das wir noch immer haben.

Amy steht somit am Beginn der Impulsverwaltung des Gehirns. Am Ende des komplexen Vorgangs wartet Ip.

Ip heißt mit vollem Namen **Hippocampus** (siehe Abb. 17.3). Der Name setzt sich aus den Begriffen für „Pferd" und „Seeungeheuer" zusammen und ist gleichzeitig die lateinische Bezeichnung für das Seepferdchen. Das liegt daran, dass dieser Bereich im Gehirn ein bisschen wie ein Seepferdchen aussieht.

Ip spielt eine zentrale Rolle in der *Gedächtniskonsolidierung,* also der Überführung von Informationen aus dem Kurzzeit- in das Langzeitgedächtnis. Zudem ist Ip ein wichtiger Knotenpunkt für die *räumliche Orientierung.* Bei starken Stressoren wie Depression oder Trauma kann sich das Volumen des Hippocampus verringern.

Ip ist die *Übergabestation zum Großhirn* nach der vorgelagerten Impuls-Register-Steuerung. Somit steht Ip in enger Verbindung mit Amy (der Alarmzentrale), der Insula (dem Ekelzentrum), dem Hypothalamus (dem Stresszentrum) und dem Nucleus Accumbens (dem Belohnungssystem für Glück und Sucht). (siehe Abb. 17.4)

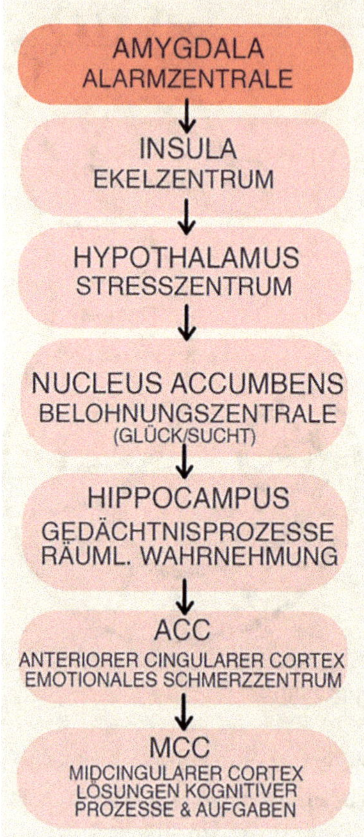

Abb. 17.4 Cluster-Vortex-Modell – Ausschnitt der Register-Impulsverwaltung (ausgelagerter Bereich)

Viel Spaß mit den beiden und den neurokognitiven Dimensionen im elektronischen Spin-Off.

18

Unser Gehirn – ein lebendes Fossil

Obwohl unsere menschliche Gesellschaft in den letzten 50.000 Jahren einen rasanten Wandel durchlaufen hat – von Jäger-und-Sammler-Gemeinschaften hin zu einer technologisierten und hochkomplexen Welt –, ist unser Gehirn in seiner biologischen Struktur weitgehend unverändert geblieben.

[Ich spreche gerne von 50.000 Jahren, aber das ist ein reiner Platzhalter. Die Zeit soll darstellen, dass wir in einem Spannungsfeld stehen. Evolutionsbiologisch gesehen ist das keine Zeit, aber in der zivilisatorischen Menschwerdung sind wir bei den Höhlenmalereien und in der Altsteinzeit, noch 40.000 Jahre entfernt von Ackerbau und Sesshaftigkeit im Fruchtbaren Halbmond.]

Die neuronalen Schaltungen, das endokrine System und die grundlegenden Verhaltensmuster, die unsere Entscheidungen und Handlungen steuern, sind weiterhin tief in unserer evolutionären Vergangenheit verwurzelt. Unser Gehirn ist, vereinfacht gesagt, ein biologisches Erbe, das für das Überleben in einer völlig anderen Welt ausgelegt war, als der, in der wir heute leben. (siehe Abb. 18.1)

Instinkte, Intuitionen und Impulse

Unser Gehirn ist keine homogene Einheit, sondern ein mehrschichtiges System, das sich über Millionen von Jahren entwickelt hat. Die tiefen Strukturen – der Ursprungskern – sind vor allem für Instinkte, Intuitionen und Impulse verantwortlich. Diese Bereiche haben sich evolutionär als besonders effizient erwiesen, um schnelle Entscheidungen in lebensbedrohlichen Situationen zu treffen. Die dünne Schicht, die wir als Großhirnrinde oder Neocortex kennen, repräsentiert hingegen die logische, analysierende Seite

M. Boehm, *Ist es normal, nur weil alle es tun?*,
https://doi.org/10.1007/978-3-662-73190-1_18

Abb. 18.1 Cluster-Vortex-Modell – Ausschnitt Instinkt versus Logik

unseres Denkens. Sie ermöglicht uns bewusste Reflexion, komplexe Analysen und gibt uns die Fähigkeit zur Sprache.

Auswahl, Austausch und Analyse

Im Cluster-Vortex-Modell lassen sich diese beiden Seiten treffend beschrieben: Auf der einen Seite stehen das „Objekthirn" und das „Schwarmhirn", die stark instinkt- und impulsgesteuert sind. Sie reflektieren die animalische Basis unseres Verhaltens. Auf der anderen Seite finden wir das „Subjekthirn" und das „Kollektivhirn", die durch Auswahl, Austausch und Analyse geprägt sind und die menschliche Fähigkeit zur Logik und Reflexion verkörpern. Doch trotz dieser scheinbaren Trennung sind wir Menschen weit weniger rational, als wir gerne glauben. Unsere Entscheidungen werden oftmals von der instinktiven Seite unseres Gehirns gelenkt, während die logische Seite lediglich die Illusion schafft, wir hätten bewusste und wohlüberlegte Entscheidungen getroffen.

Die Bedeutung für die Soziale Arbeit

Dieses neurowissenschaftliche Wissen eröffnet neue Perspektiven für die Soziale Arbeit. Wenn wir verstehen, dass viele unserer Reaktionen biologisch und instinktiv gesteuert sind, können wir Kommunikationsmissverständnisse reduzieren und Beziehungen passgenauer gestalten. Ein Beispiel hierfür ist die

Bindungstheorie von JOHN BOWLBY und MARY AINSWORTH, die betont, wie grundlegend frühe Bindungserfahrungen für die *sozio-emotionale Entwicklung* eines Menschen sind. Auch neuere Ansätze wie das Entwicklungsmodell von ANTON DOŠEN basieren auf der Erkenntnis, dass unser Verhalten von neurologischen Fundamenten geprägt ist.

Bindung, Instinkt und sozio-emotionale Entwicklung hängen eng zusammen und beeinflussen, wie wir miteinander interagieren. Die Instinkt-Ebene des Gehirns spielt eine entscheidende Rolle bei der Gestaltung von Beziehungen und der Deutung von Emotionen. Wenn sich Fachkräfte der Sozialen Arbeit dieser Dynamik bewusst sind, können sie besser auf die Bedürfnisse der Menschen eingehen, die sie unterstützen, und gezielt darauf reagieren, was hinter offensichtlichem Verhalten liegt.

Ein Zusammenspiel aus Vergangenheit und Gegenwart

Unser Gehirn ist das Produkt einer evolutionären Vergangenheit, die weit in die Tierwelt zurückreicht. Gleichzeitig leben wir in einer Welt, die von Technologie, Logik und Reflexion geprägt ist. Die Balance zwischen Instinkt und Logik, zwischen Impuls und Analyse ist nicht nur eine Herausforderung, sondern auch eine Chance. Wenn wir dieses Wissen in die Praxis der Sozialen Arbeit integrieren, können wir ein tieferes Verständnis für menschliches Verhalten entwickeln und Kommunikationsräume schaffen, die weniger von Missverständnissen und mehr von Verständnis geprägt sind.

19

Toleranzfenster

Das Konzept des „Window of Tolerance" kann gut mit dem sozio-emotionalen Entwicklungsansatz verknüpft werden. Das Toleranzfenster, wie es erstmals von D. J. SIEGEL (1999) in „The Developing Mind: Toward a Neurobiology of Interpersonal Experience" ausführlich beschrieben wurde, fasst zusammen, dass wir uns in einem optimalen Zustandsbereich befinden, in dem wir auf herausfordernde Situationen angemessen reagieren können. Liegen wir innerhalb dieses Toleranzfensters, fühlen wir uns sicher, stabil und in der Lage, unsere Emotionen zu regulieren. Die Arbeiten von LEVINE, OGDEN UND SIEGEL (2006) betonen zudem, dass dieses Fenster nicht nur eine rein psychologische, sondern auch eine neurobiologische Basis hat, die unsere Reaktionen auf Stress tief in unserem Nervensystem verankert.

Fight-Flight-Freeze-Reaktionen
Steigt der Stresspiegel jedoch zu stark an, aktiviert sich unser sympathisches Nervensystem. Dieses System ist verantwortlich für die typischen Fight-Flight-Freeze-Reaktionen (Angriff-Flucht-Verharren) – Mechanismen, die evolutionär bedingt unsere Überlebensfähigkeit sichern sollten (siehe Abb. 19.1). Im Zustand der Überregulierung können wir in den Kampfmodus schalten, wenn die Flucht als Option ausscheidet. Scheint das Überleben mit Angriff noch Flucht nicht gesichert, gibt es als dritten Modus den Zustand des „Erstarrens" oder „Totstellens".

© Der/die Autor(en), exklusiv lizenziert an Springer-Verlag GmbH, DE, ein Teil von Springer Nature 2026
M. Boehm, *Ist es normal, nur weil alle es tun?*,
https://doi.org/10.1007/978-3-662-73190-1_19

Abb. 19.1 Cluster-Vortex-Modell – Ausschnitt Fight-Flight-Freeze

Stress-Angst-Impulsdurchbrüche

Dabei überlagert die Sozialisation diese instinktiven Reaktionen. Gesellschaftliche Normen und Erziehungsprozesse wirken als Puffer, die verhindern sollen, dass unsere unmittelbaren, tierischen Impulse unkontrolliert zum Tragen kommen. Man könnte sagen, dass die moderne Zivilisation diese uralten, biologisch verankerten Mechanismen mit einer zusätzlichen Schicht kultureller Regulation überzieht – Die Ausprägungen verändern sich in unser modernen Zivilgesellschaft. Das Verharren wird im Gehirn zu Angst umgedeutet. Die Flucht wird nicht aktiv umgesetzt und zeigt sich in Stressreaktionen. Und Angriff ist selten handgreiflich, sondern entlädt sich in verbale Impulsdurchbrüche oder unüberlegtes Handeln. Viele der modernen Erkrankungen (von Herz-Kreislauferkrankungen bis „Burn-Out" und Angststörungen) basieren auf den sozialisierten – und damit ungesund gedeckelten – Fight-Flight-Freeze-Reaktionen. [Achtung, es liest sich wie ein Fakt: Es ist keine gesicherte Aussage. Es ist eine Vermutung, die ich hier nicht belegen kann.]

Rest and Digest

Zur vollständigen Darstellung kann nach extremen Erregungszuständen auch die Möglichkeit eintreten, dass der Parasympathikus dominiert. Dieser Teil des autonomen Nervensystems, sorgt für eine massiv bahnbrechende Regeneration und Erholung durch eine Absenkung der neurologischen Systeme. Dieser Vorgang wird als „Rest and Digest" (ausruhen und verdauen) bezeichnet. Die „Systeme" können so weit in einen Sicherheitsmodus gebracht werden, dass sich Wahrnehmungsgefühle der Taubheit und Unwirklichkeit

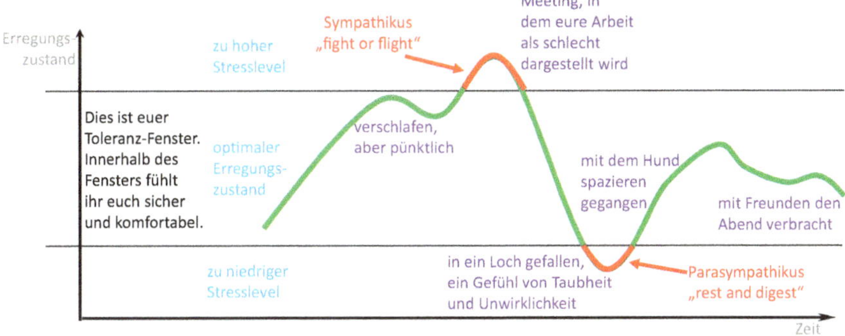

Abb. 19.2 Toleranzfenster. (Eigene Darstellung)

entwickeln können. Ein solch tiefes Eintauchen in die „andere Seite" des Kampfmodus kann dabei ebenso problematisch sein wie eine Überregulierung. In diesem zu niedrigen Stressbereich fällt es schwer, eine angemessene emotionale Resonanz zu entwickeln, was zu einer Art innerer Starre führt. Dieses Verhalten ist wiederum sozial nicht angepasst und auffällig. Oft werden diese Verhaltensformen nicht mit dem Toleranzfernster in Verbindung gebracht (siehe Abb. 19.2). Ein ungewöhnliches Ausruh-Bedürfnis, Abwesenheit mit offenen Augen, emotionale Abwesenheit sollten auch im Hinblick auf das Verlassen eines optimalen Erregungszustandes betrachtet werden.

Sympathische und parasympathische Leitplanken
Diese duale Dynamik – einerseits die Gefahr der Überstimulation und andererseits die der Unterstimulation – bildet die Grundlage dafür, wie wichtig es ist, das eigene Stressniveau zu erkennen und zu regulieren. Die Erkenntnisse aus der Neurowissenschaft zeigen, dass sowohl der sympathische als auch der parasympathische Zweig des autonomen Nervensystems integraler Bestandteil unserer emotionalen Verarbeitung sind. Die „Leitplanken" der Systeme (also das Fenster) bestimmen in hohem Maße, wie wir auf Herausforderungen reagieren, wie wir kommunizieren und letztlich auch, wie wir in sozialen Beziehungen agieren.

Im Rahmen der Sozialen Arbeit ist es daher von zentraler Bedeutung, das Wissen um das „Window of Tolerance" in die Praxis zu integrieren. Fachkräfte sollten verstehen, dass viele Konflikte und Kommunikationsmissverständnisse nicht nur auf individuellen Defiziten oder Enssourcen beruhen, sondern auf einem Zusammenspiel biologischer und emotionaler Prozesse. Indem ihr Klient:innen dabei unterstützt, innerhalb ihrer Toleranzfenster zu bleiben, könnt ihr dazu beitragen, dass die Menschen sich sicher fühlen und ihre Emotionen basal regulieren können – ein Ansatz, der weit über rein kognitive Strategien hinausgeht.

Instinktive Reaktionen, sozialisiert überlagert
Die Arbeit mit diesem Konzept eröffnet auch neue Wege in der Bindungstheorie. JOHN BOWLBY und MARY AINSWORTH haben gezeigt, wie essenziell stabile, sichere Bindungen für die emotionale Entwicklung sind. Das „Window of Tolerance" bietet einen neurobiologischen Rahmen, der erklärt, warum Menschen Situationen als überfordernd erleben und in dysfunktionale Verhaltensmuster verfallen. Nur wenn die Fachkräfte diese Mechanismen kennen, können sie gezielt intervenieren und präventiv wirken.

Unser Gehirn und unser Nervensystem sind das Produkt einer langen evolutionären Geschichte, in der instinktive Reaktionen überlebenswichtig waren. Trotz der enormen gesellschaftlichen Entwicklungen der letzten Jahrtausende hat sich unser biologisches Fundament kaum verändert. Es ist dieser scheinbare Widerspruch – ein nahezu unverändertes neuronales System in einer sich rasant wandelnden Welt –, der die Basis für das „Window of Tolerance" bildet. Das Verständnis dieser Mechanismen ist nicht nur für die Neurowissenschaften, sondern auch für die Praxis der Sozialen Arbeit von unschätzbarem Wert, um Kommunikationsmissverständnisse zu verringern, individuell angepasste Unterstützungsangebote zu entwickeln und letztlich das Wohlbefinden der Klient:innen nachhaltig zu fördern.

20

Menschen-Gehege

Hunde haben einen außergewöhnlich sensiblen Geruchssinn und können auf vielfältige Weise trainiert werden – ob zur Erkennung von Drogen, Sprengstoffen oder vermissten Personen nach Katastrophen. Doch auch ohne spezielle Ausbildung identifizieren sie nicht nur ihr eigenes Frauchen oder Herrchen an charakteristischen Botenstoffen, sondern sie erkennen die Spezies *Mensch* als solche. Ein Lawinenhund erschnüffelt Überlebende unter Schnee, ein Suchhund kann menschliche Spuren über Kilometer hinweg verfolgen.

Wer in der Sozialen Arbeit mit aufsuchenden Diensten arbeitet – sei es in der Obdachlosenhilfe, bei ambulanten Hilfen oder im Strafvollzug – kennt möglicherweise ein Phänomen, das an einen Zoo-Besuch erinnert: Noch bevor das eigentliche Umfeld sichtbar wird, liegt ein charakteristischer Geruch in der Luft. Der olfaktorische Code eines Milieus vermittelt oft mehr als Worte es könnten. Tiere haben ihn: Pinguine mit ihrem fischig-meerigen Guano-aroma, Pferde mit ihrer markanten, warm-erdigen Note, Affen mit ihrem strengen Körpergeruch. Und Menschen haben ihn auch, den eigenen Geruch.

Doch während Tiere ihre Ausdünstungen unverändert in die Umgebung abgeben, hat der Mensch in modernen Gesellschaften eine eigene Kultur der Geruchsregulation entwickelt. Der individuelle Körpergeruch wird zunehmend überlagert – durch tägliches Duschen, Deodorants, Parfüms, künstliche Duftstoffe in Kleidung, Raumerfrischer. Unsere Umgebung riecht nicht mehr nach Menschen, sondern nach chemischen Konzepten von Frische. Das ist Teil eines sozialen Codes: Der „neutrale" Körpergeruch gilt als gesellschaftliche Norm. Doch was passiert, wenn diese Überlagerung wegfällt?

© Der/die Autor(en), exklusiv lizenziert an Springer-Verlag GmbH, DE, ein Teil von Springer Nature 2026
M. Boehm, *Ist es normal, nur weil alle es tun?*,
https://doi.org/10.1007/978-3-662-73190-1_20

Der Geruch der Sozialen Exklusion

Menschen, die langfristig in Wohnungslosigkeit leben oder aus anderen Gründen nicht regelmäßig Zugang zu Hygiene haben, durchlaufen eine bemerkenswerte Transformation: Nach einigen Wochen ohne Seife oder Shampoo verschwindet der scharfe, stechende Schweißgeruch – die aggressiven Bakterien der Achselhöhlen sterben ab, der natürliche Säureschutzmantel der Haut stabilisiert sich. Es bleibt der *eigene* Körpergeruch. Und dieser ist erstaunlich einheitlich.

Wer als Sozialarbeitende:r in solchen Kontexten arbeitet, muss sich bewusst machen, dass Geruch nicht nur eine biologische, sondern auch eine soziale Kategorie ist. Er kann identitätsstiftend wirken, aber auch stigmatisierend. In unserer kulturellen Prägung wird Körpergeruch oft mit Armut, Verwahrlosung oder mangelnder Selbstkontrolle assoziiert. Doch ist es wirklich der Geruch, der soziale Distanz schafft – oder unsere Reaktion darauf?

Vom „funky smell" zum Funk

Ein Exkurs in die Kulturgeschichte zeigt, wie eng Geruch und soziale Bedeutung verknüpft sind. Der Begriff *funky,* heute positiv als Synonym für cool, modern oder rhythmisch aufgeladen genutzt, hat eine dunklere Geschichte. Während der Zeit der Sklaverei in den USA wurde er abschätzig für den intensiven Körpergeruch überwiegend afroamerikanischer Leibeigener verwendet, die unter ausbeuterischen bis unmenschlichen Bedingungen schuften mussten.

Nach der harten Tagesarbeit versammelten sich viele in improvisierten Gottesdiensten oder Gemeinschaftsräumen, um zu singen, zu tanzen und ihre Realität für einen Moment zu vergessen oder herauszuschreien. Aus diesen musikalischen Traditionen entstanden der Gospel, der Blues – und viel später der Funk. Die einst herablassende Bezeichnung wurde in den 1960er-Jahren von Musiker:innen unterschiedlicher kultureller Herkunft selbstbewusst umgedeutet: *Funk* wurde zum Inbegriff von Energie, Lebendigkeit und musikalischer Rebellion.

Sozialarbeit im „Menschen-Gehege"

Die Sozialarbeit bewegt sich in einem Spannungsfeld. Sie begegnet Menschen oft dort, wo gesellschaftliche Systeme sie längst abgeschrieben haben. Körperlichkeit spielt eine Rolle – ob sichtbar oder unsichtbar, ob durch Geruch, Kleidung oder körperliche Präsenz. Die Art, wie Fachkräfte mit diesen Dimensionen umgehen, sagt viel über ihre Haltung aus.

Abb. 20.1 Menschen-Gehege (Grafit und Dispersion auf Karton, digitale Überarbeitung – C.J. Boehm)

Denn letztlich sind wir alle Tiere im „Menschen-Gehege" (siehe Abb. 20.1). Doch während wir in Zoos lernen, exotische Düfte als „typisch Tier" zu akzeptieren, haben wir oft Schwierigkeiten, uns mit unserem eigenen, natürlichen Geruch auseinanderzusetzen. Das zeigt, wie sehr wir uns von uns selbst entfremdet haben.

In der Sozialen Arbeit braucht es eine professionelle Distanz, aber auch eine tiefgehende Reflexion: *Wie gehe ich mit körperlicher Nähe oder Distanz um? Wie beeinflusst meine eigene Biografie meine Wahrnehmung von anderen? Und was sagt unser gesellschaftlicher Umgang mit Körperlichkeit über die Normen aus, die wir unbewusst reproduzieren?*

Wer in den „Menschen-Gehegen" der Sozialen Arbeit arbeitet, muss sich auf mehr als nur Gerüche einstellen. Man muss lernen, jenseits des Offensichtlichen zu sehen – und das Menschliche auch dort zu erkennen, wo andere vielleicht nur „Gestank" wahrnehmen.

21

SENSORIK – Funktionen und Leistung

Die Frage **„Was soll ich tun?"** berührt einen der zentralen Aspekte menschlichen Handelns. Im Cluster-Vortex-Modell ist sie mit dem **Schwarmhirn (Limbisches System)** verknüpft – jener Region, die Emotionen verarbeitet, motivationale Prozesse steuert und unser Verhalten in soziale Kontexte einbettet (siehe Abb. 21.1). *Sensorik* ist weit mehr als die bloße Wahrnehmung von Umweltreizen; sie ist die Schnittstelle zwischen inneren Zuständen und äußeren Handlungen.

Philosophische Auseinandersetzung – Zwischen Reflex und bewusster Entscheidung

Seit jeher fragen Philosophen, wie der Mensch Entscheidungen trifft. ARISTOTELES betrachtete die Ethik als eine Lehre des praktischen Handelns, KANT betonte die Autonomie des Willens und NIETZSCHE hinterfragte die moralischen Grundlagen unseres Tuns. In der modernen Neurobiologie wissen wir, dass viele unserer Handlungen nicht rational, sondern stark durch emotionale und sensorische Reize geprägt sind.

Das **Schwarmhirn** (Limbisches System) spielt dabei eine Schlüsselrolle. Es ist das Zentrum unserer emotionalen Reaktionen, verarbeitet Belohnung und Bestrafung und ist maßgeblich an der Bildung von Motivation beteiligt. Hier entscheidet sich, ob eine Handlung als notwendig, wünschenswert oder vermeidbar wahrgenommen wird. Unser Handeln ist also kein Produkt reiner Vernunft, sondern eine Balance aus Reflexen, Emotionen und bewussten Überlegungen – oder was sagen Sie, Herr KANT?

© Der/die Autor(en), exklusiv lizenziert an Springer-Verlag GmbH, DE, ein Teil von Springer Nature 2026
M. Boehm, *Ist es normal, nur weil alle es tun?*,
https://doi.org/10.1007/978-3-662-73190-1_21

Schwarmhirn
(Limbisches System)

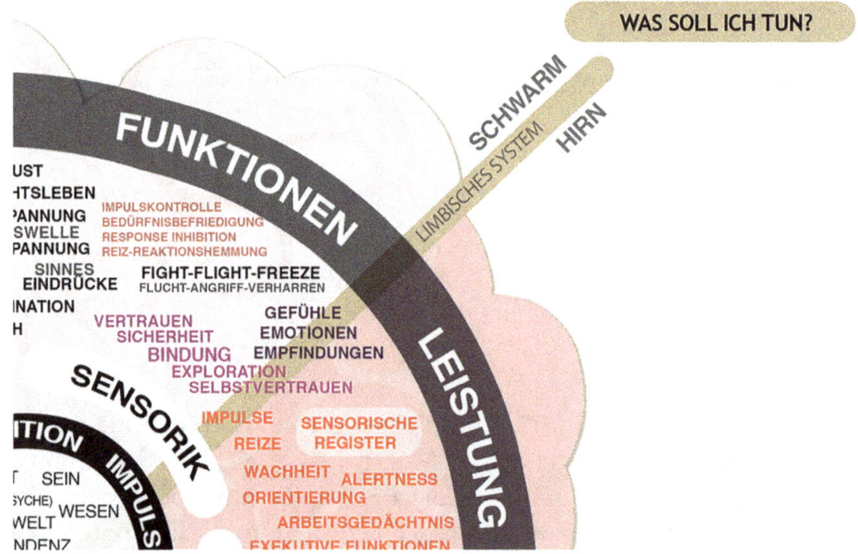

Abb. 21.1 Cluster-Vortex-Modell – Ausschnitt Schwarmhirn; Funktionen, Leistung

Neurobiologische Perspektive – Das Limbische System als Steuerzentrale des Verhaltens

Das **Limbische System** umfasst Strukturen wie den Hippocampus, die Amygdala und den Hypothalamus. Diese Bereiche sind entscheidend für Gedächtnisbildung, emotionale Verarbeitung und die Regulation von Aufmerksamkeit. Sie ermöglichen es uns, auf Umweltreize nicht nur zu reagieren, sondern sie zu bewerten und unser Verhalten entsprechend anzupassen.

Während das Objekthirn Reize zunächst verarbeitet, gibt das Limbische System ihnen eine emotionale Bedeutung. Erst dadurch entsteht Motivation – der Antrieb, zu handeln oder eben nicht zu handeln. Dies zeigt sich in der Sozialen Arbeit besonders deutlich. Menschen treffen Entscheidungen nicht nur aufgrund rationaler Abwägung, sondern weil bestimmte Reize aus der eigenen Vergangenheit emotionale Reaktionen hervorrufen.

Sensorik als Konzept – Die Verbindung von Wahrnehmung und Handlung

Im Cluster-Vortex-Modell steht **Sensorik** für die Art und Weise, wie wir Informationen aufnehmen, interpretieren und daraus Handlungen ableiten.

Funktionen verweisen dabei auf die biologischen und psychischen Prozesse, die unsere Entscheidungen steuern. **Leistung** hingegen beschreibt die Fähigkeit, diese Prozesse in konkrete Handlungen zu überführen.

Das Zusammenspiel von Sensorik und Handlung ist essenziell für die menschliche Existenz. In der Sozialen Arbeit bedeutet dies, dass Fachkräfte nicht nur das Verhalten von Klient:innen bewerten, sondern auch verstehen müssen, welche sensorischen, emotionalen und motivationalen Prozesse diesem Verhalten zugrunde liegen. Die Frage „Was soll ich tun?" ist daher nicht nur eine ethische Reflexion, sondern ein biologisch verankerter Prozess, der unser gesamtes Handeln bestimmt (siehe Abb. 21.2).

Abb. 21.2 Erfahrungshorizonte durch Sozialisation (Ölkreide und Grafit auf Karton, digital koloriert – C.J. Boehm)

22

Sozialisation und Erfahrungshorizonte

An dieser persönlichen Geschichte baue ich das Kapitel auf. Ich bin dick – und damit meine ich nicht den üblichen Spielkram, nicht die „Pölsterchen", die Schmächtige vergnügt, aber psychisch labil, von einer Trend-Diät zur nächsten tragen. Ich bin massiv. Mein Körperbau ist so breit, dass ich nicht in die vorgeformten Schalensitze der Bahn passe, so groß, dass ich mich im Flugzeug immer fühle wie auf den Bildern der ersten bemannten Apollo-Weltraumflüge – eingepfercht in eine Kapsel, ohne Bewegungsfreiheit. Wenn ich mich irgendwie in den Sitz gequält habe, drücken meine weit stehenden Beckenknochen gegen die Armlehnen. Direkt vor meiner Nase beginnt der Vordersitz. Zudem bin ich ja stark übergewichtig, sodass ich bisweilen nach einer Gurtverlängerung fragen muss und den Klapptisch nur im 45-Grad-Winkel aufklappen kann.

Schublade auf, Person rein

Mein Leben lang habe ich die Erfahrung einer Behinderung gemacht – nicht im medizinisch-diagnostischen Sinne, sondern als permanentes Anecken an ein standardisiertes Umfeld. Öffentlicher Verkehr, Konferenzsitze mit Lehnen, Kleidung, Hotelmatratzen – alles ist für eine Durchschnittsfigur gemacht, nicht für mich. Meine Fettleibigkeit und mein massiver Körperbau sind Teil meiner Sozialisation. Ich habe Dinge erlebt, die vielen Menschen verborgen bleiben. Und diese Situation mag ich sehr.

Gleichzeitig werde ich regelmäßig unterschätzt und in mindestens drei Schubladen gesteckt. Schublade eins: „Der muss ja gemütlich sein. Den bringt nichts aus der Ruhe, der geht alles entspannt an." Schublade zwei: „Fett ist

© Der/die Autor(en), exklusiv lizenziert an Springer-Verlag GmbH, DE, ein Teil von Springer Nature 2026
M. Boehm, *Ist es normal, nur weil alle es tun?*,
https://doi.org/10.1007/978-3-662-73190-1_22

dumm. Von ihm kann ich keine klugen Aussagen erwarten. Wahrscheinlich liegt er dem Sozialsystem auf der Tasche – Bürgergeld und Dauergast im Krankensystem." Schublade drei: „Wer dick ist, hat sich gehen lassen. Seine Körperfülle ist der Spiegel seiner Arbeitseinstellung. Ohne Zielstrebigkeit, ohne Biss, von ihm ist nichts zu erwarten."

Alle diese Zuschreibungen sind geprägt durch Wahrnehmungsverzerrungen, manche durch jahrelange gesellschaftliche Indoktrination verfestigt (ähnlich der Schwarzen Pädagogik in der Kindererziehung), andere entspringen tief verwurzelten tierischen Instinkten wie dem Beauty-Bias (siehe dazu eigenes Kapitel). Meine bevorzugte Antwort auf Fremde, die mein Körpervolumen kommentieren, ist daher gerne ein wenig stichelnd: „Ich bin intelligent, humorvoll, gut aussehend und wohlhabend. Da brauche ich nicht auch noch schlank in meinem Portfolio." Manchmal ergänze ich noch: „Körperlich fit sein überlasse ich denen, die sonst nichts haben." Je nach Gegenüber kann das nicht nur als Sarkasmus gewertet werden, sondern als Ausdruck stiller Unzufriedenheit (die ich ja vielleicht habe).

Hypothesenbildung light

Ein kurzer Ausflug in die Hypothesenbildung – diesmal mit mir als Fallbeispiel, ganz therapeutisch gedacht. Die zentrale Frage ist: „Warum bin ich seit der Pubertät massiv übergewichtig?" Und die daran anschließende Überlegung lautet: „Wie habe ich es geschafft, diese vermeintliche Einschränkung in einen Vorteil zu verwandeln?"

Keine Sorge, das wird keine tiefgehende biografische Analyse. Ich bleibe an der Oberfläche – genug Raum für Reflexion, ohne allzu persönlich zu werden.

Übergewicht und Agilität passt zusammen

Schon früh habe ich beobachtet, dass Übergewicht und Agilität weit häufiger korrelieren, als es das gängige Bild vermittelt. Ich kenne viele dicke Menschen, die sowohl körperlich als auch geistig enorm beweglich sind – und ebenso schlanke Menschen, die überraschend träge, unbeholfen oder in ihren Denkmustern erstarrt wirken.

Diesen Widerspruch habe ich für mich genutzt, oft ganz bewusst. Manchmal, weil ich unterschätzt wurde – und das egoistisch für mich ausgespielt habe. Manchmal, weil meine Agilität, meine Kreativität und mein Ideenreichtum schlicht größer waren als bei meinen Mitstreitern.

Strukturen nutzen – eigene Regeln finden

Wie im Sportunterricht der Oberstufe musste ich lernen, meine Stärken und Schwächen zu erkennen – und vor allem: sie strategisch einzusetzen. Viele

Menschen haben mir auf diesem Weg geholfen, doch der entscheidende Punkt war, dass ich die Strukturen für mich selbst umdeuten konnte.

Basketball und Volleyball lagen mir, weil sie Koordination und Teamgeist erforderten. Doch dann kam Leichtathletik – mit all ihren starren Benchmarks. Der fünf Kilometer Lauf? Eine Qual. Ich zog es durch, um nicht als Leistungsverweigerer dazustehen, doch eine Stärke würde das nie werden. Beim Kugelstoßen hingegen war ich schnell in den oberen Bewertungsbereichen – ein klarer Vorteil meiner Masse, kombiniert mit ein wenig Technik.

Ich wagte den Blick in die Kursvorgaben und stellte fest, dass mich niemand zwang hoch oder weit zu springen – das war mit meinem fest angebrachten Fat-Suit sowieso keine sinnvolle Option. Ich durfte auch Dinge weit weg werfen. Also fragte ich den Lehrer, ob ich statt Weitsprung und Hochsprung nicht Diskus, Speer und Hammerwurf machen könne. Er zögerte kurz, kramte aus irgendeiner Ecke die alten Sportgeräte hervor und meinte nur: „Na, dann los."

Am Ende des Halbjahres hatte ich eine solide „2" (oder war es nur eine „3"?) – und die Gewissheit, dass „Leichtathletik" nicht über meine Fähigkeiten entschied, sondern nur die Art, wie ich mit den Vorgaben umging. Ich hatte eine vermeintliche Einschränkung in eine Stärke verwandelt, nicht durch Anpassung, sondern durch einen Perspektivwechsel.

Eigentlich war das eine frühe Form von inklusivem Denken – lange bevor mir das Konzept überhaupt begegnete. Nach dem Verständnis der Internationalen Klassifikation der Funktionsfähigkeit (ICF) ist eine Behinderung nicht einfach ein Merkmal oder Attribut einer Person, sondern das Ergebnis gesellschaftlicher Wechselwirkungen. Einschränkungen entstehen nicht im Individuum, sondern in der Art, wie die Umwelt mit individuellen Gegebenheiten umgeht. Ich habe die Struktur nicht akzeptiert – ich habe sie für mich angepasst.

Behindert werden, nicht sein

Die Aussage klingt modern und schlüssig, doch dahinter verbirgt sich ein komplexes Interdependenzmodell. Es geht nicht nur um das Individuum, sondern um das Zusammenspiel von Umwelt und Mensch – eine wechselseitige Abhängigkeit, die bestimmt, ob eine Einschränkung überhaupt als Behinderung wahrgenommen wird.

Das bedeutet: Nicht der Mensch ist „behindert", sondern die Strukturen, die ihn ausbremsen behindern. Entscheidend ist also nicht, dass sich Individuen an bestehende Gegebenheiten anpassen müssen, sondern dass ein gesellschaftliches Umdenken stattfindet – eine Veränderung in Haltung und Perspektive. Teilhabe darf nicht von Kompensationsstrategien des Einzelnen abhängen, sondern muss durch eine inklusive Gestaltung der Umwelt selbstverständlich möglich sein. Das ist auch die verdampfte Idee der ICF. (Die ICF ist eine internationale Klassifikation zur Beschreibung von Gesundheit und Funktionsfähigkeit, die auf einem bio-psycho-sozialen Modell basiert. Sie strukturiert Informationen in einem mehrachsigen System und wird je nach Anwendungsfeld mit unterschiedlichen Begriffen und Schwerpunkten beschrieben – im medizinischen, pädagogischen und sozialarbeiterischen Kontext. Später wird die ICF genauer betrachtet.)

„Sport" ist nicht zwingend „athletisch"

Wie im Sportunterricht habe ich auch in meinem Leben Strukturen so angepasst, dass ich nicht behindert war und nicht behindert wurde. Durch meine ehrenamtliche Arbeit im Kreissportverband Schleswig-Flensburg seit 1989, meine „Jugend bewegen"-Maßnahmen zur Förderung von Aufmerksamkeit durch körperliche Aktivierung, Jonglier-Aktionen für Menschen mit besonders herausforderndem Verhalten und die „Kreativ-Oasen" für Kinder mit Rhythmus und Bewegung auf Musik-Festivals, habe ich über Jahrzehnte hinweg alternative Zugänge zu Bewegung geschaffen. 2021 wurde mir dafür die Sportverdienstnadel des Landes Schleswig-Holstein verliehen – nicht für sportliche Höchstleistungen *im* Sport, sondern für Verdienste *um* den Sport.

Ich leite „Sport" an, ohne „athletisch" zu sein. Als Mensch mit Adipositas Typ II habe ich eine völlig andere Sozialisation als Trainerinnen oder Trainer, die den Sport seit jeher als Lebensmittelpunkt begreifen. Diese Differenz führt dazu, dass ich oft Menschen erreiche, die durch klassische Methoden nicht abgeholt werden. Warum ist das so? Ich nenne es die „Hin-Zu-Von-Weg-Problematik".

Trainerinnen und Trainer sehen Sport als etwas Positives, als etwas, das Menschen stärkt und ihnen gut tut. Für sie ist Sport nicht nur eine Aktivität, sondern eine fast schon sinnstiftende Erfahrung. Sie sind „Hin-Zu-Personen" – sie wollen den Sport leben und ihn weitergeben. Doch für viele Menschen mit schlechten Erfahrungen in Bewegungskontexten, ist Sport genau das Gegenteil. Sie wollen möglichst schnell weg davon, sind die Turnbeutelvergesser, fühlen sich unwohl oder haben schlicht kein Interesse daran. Sie sind „Von-Weg-Personen".

Diese beiden Gruppen sprechen nicht dieselbe Sprache. Doch genau hier entsteht ein Raum, in dem neue Ansätze wirken können. Indem ich nicht aus der klassischen Sportwelt komme, sondern eine eigene Perspektive mitbringe, gelingt es mir, Zugänge zu schaffen, die außerhalb des üblichen Leistungsgedankens liegen.

Hin-Zu-Von-Weg-Problematiken

Ein kleiner Exkurs. Kennt ihr weitere *Hin-Zu-Von-Weg-Problematiken?* (siehe Abb. 22.1) Ein offensichtliches Beispiel ist die Schule. Lehrkräfte durchlaufen einen geschlossenen Kreislauf – sie beginnen als Schüler:innen, wechseln an die Hochschule oder Universität und kehren anschließend als Lehrkräfte in die Schule zurück. Warum tun sie das? Weil sie *Hin-Zu-Personen* sind – Menschen, die intrinsisch vom Wert des Wissensaufbaus, des Lernens und der Erkenntnis überzeugt sind.

Doch warum scheitert diese Überzeugung oft an der Realität im Klassenzimmer? Weil Schüler:innen gerade in der Schulzeit Lernen besonders individuell erleben – und in der Adoleszenz oft mit einer instinktiven *Von-Weg-Haltung* reagieren. Sie empfinden Schule nicht als natürliche Umgebung, sondern als Zwangsrahmen. Wird Schule dann auch noch gesellschaftlich oder im Elternhaus negativ dargestellt, verstärkt sich dieser Effekt. Hin-Zu-Personen und Von-Weg-Personen sprechen in diesem System völlig unterschiedliche Sprachen – oft ohne sich wirklich zu verstehen. (Hier wäre eigentlich der Moment für Schulz von Thun, aber ich lasse ihn bewusst aus – obwohl ich ihn schön plastisch finde.)

Das Schulsystem bräuchte interdisziplinäre Teams, in denen *Wissensvermittler:innen* (Lehrkräfte, Fachkräfte) und *Bindungsverstärker:innen* (Sozialarbeitende) gleichwertig zusammenarbeiten. Solange dies nicht geschieht, wird weiterhin eine pädagogische Methode nach der anderen durchs Schulsystem getrieben, in der Hoffnung, dass sich dadurch grundlegende Veränderungen einstellen. Doch seit Comenius hat sich das Prinzip Schule strukturell kaum verändert. Eine echte Weiterentwicklung würde eine andere schulische Infrastruktur, eine neue Ausbildung der Lehrkräfte und eine deutlich bessere finanzielle Ausstattung erfordern.

Die wenigen *Vorzeige-Lehrkräfte,* denen es gelingt, Bildung und Bindung gleichermaßen zu leben, sind heute eine Ausnahme. Sie haben sich ihre schulpädagogische Kompetenz angeeignet und gleichzeitig eine sichere Bezie-

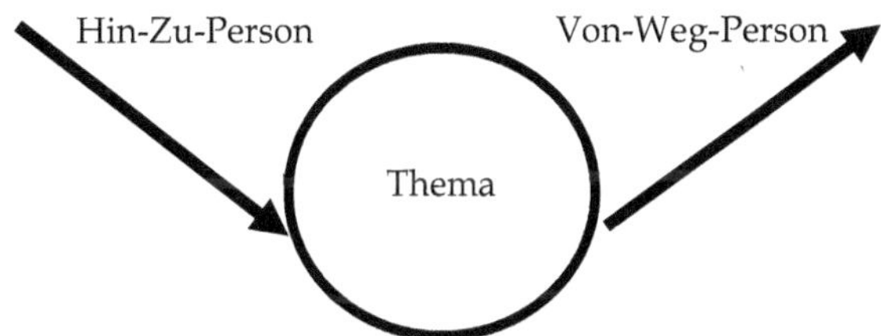

Abb. 22.1 Hin-Zu-Von-Weg-Problematik. (Eigene Darstellung)

hungsarbeit entwickelt. Ihnen gelingt es, die natürliche *Von-Weg-Reaktion* ihrer Schüler:innen zumindest zu verlangsamen. Sie schaffen in Schulen (manchmal nur in Räumen/Klassen) „Nester", in denen nicht die Lehrpläne, sondern die individuellen Persönlichkeiten im Vordergrund stehen – und die Bildung ist die Zugabe.

Da das *Sender-Empfänger-System* durch Bindungsarbeit eine wesentlich höhere „Datenrate" besitzt, erleben Schüler:innen in solchen Räumen oft eine erstaunliche Lernentwicklung – häufig sogar schneller und intensiver als in klassischen, methodisch überladenen Unterrichtsmodellen.

Sichere, inhaltsfreie Zeiten und Blinde Flecken

Da habe ich eine weite Schleife gezogen – und ich bin noch nicht fertig. Werfen wir nun einen Blick auf die Hin-Zu-Von-Weg-Problematik in der Sozialen Arbeit. Auch hier gibt es sie.

Wenn ich eine Supervision in einer neuen Einrichtung durchführe, versuche ich zunächst, ein wenig die Luft dort zu „schnuppern". Ich könnte es auch esoterischer ausdrücken: „Ich versuche, die Schwingungen der Einrichtung aufzunehmen." Klingt das vage genug? Mein eigentliches Ziel ist es, den Hausmeister oder eine Reinigungskraft zu treffen und sie in einen Schnack (norddeutsch für Gespräch) zu verwickeln.

Es geht mir nicht darum, dass die Einrichtungsleitung mir etwas verschweigt oder dass Fachkräfte bewusst Schönfärberei betreiben. Vielmehr interessieren mich die „Blinden Flecken" der Pädagogik und Sozialen Arbeit (siehe im Johari-Fenster Kapitel). Die Menschen mit der geringsten pädagogischen Ausbildung haben oft die besten (intuitiven) Zugänge zu den Personen einer Einrichtung. Warum? Weil hier nicht alles durchpädagogisiert, durchstrukturiert und sozialarbeiterisch weichgespült ist. Ihre Rolle erlaubt es ihnen, authentische, nicht kontrollierte Begegnungen mit den betreuten Menschen zu haben.

Hausmeister und Reinigungskräfte sind keine sozialpädagogischen Fachkräfte – und genau das ist ihr Vorteil. Sie sind sozialarbeiterisch-inhaltsbefreit, sie führen keine Fallakten, keine Zielvereinbarungen und keine pädagogischen Maßnahmen durch. Sie sind beständige, verlässliche Figuren des Alltags, die durch ihre bloße Präsenz ein dynamisches Ritual darstellen (siehe Kapitel Kakao-Kultur).

Möchte ich damit den sozialen und pädagogischen Fachkräften die Kompetenz absprechen? Ganz im Gegenteil. Euer verknüpftes Fachwissen und eure intuitive Entscheidungsfähigkeit sind die Basis für gute Soziale Arbeit. Meine Aufforderung ist lediglich: Seid euch bewusst, dass auch ihr „Blinde Flecken" habt – Aspekte eurer Arbeit, die ihr selbst nicht seht, die aber von außen sichtbar sind.

Und vor allem: Erkennt den Wert von „sicheren, inhaltsfreien Zeiten". Diese Zeiten – in denen nicht aktiv diagnostiziert, analysiert oder interveniert wird – sind entscheidend. Sie schaffen natürliche Begegnungsräume, die die tägliche Arbeit erleichtern und einen echten Bindungsprozess enorm beschleunigen.

Nicht Nicht-Normal

Diese „sicheren, inhaltsfreien Zeiten" dürfen nicht falsch verstanden werden. Sie sind keine „Safe-Spaces" im klassischen Sinne – keine geschützten Räume, die von emotionaler Sicherheit, Diskriminierungsfreiheit und klaren Grenzen geprägt sind. Natürlich ist das wünschenswert und sollte umgesetzt werden, aber hier geht es um etwas anderes: um Zeiten, die nicht durchpädagogisiert sind, in denen Menschen einfach sein dürfen, ohne sofort analysiert oder optimiert zu werden. (siehe Abb. 22.2)

Warum lege ich darauf so viel Wert?

Zurück zu meiner Fettleibigkeit. Wenn mir ein Arzt sagt, dass ich stark übergewichtig sei, es ge-sünder wäre abzunehmen und er mir ein Seminar empfiehlt, bei dem die Zuckerstücke neben eine Cola und eine Tafel Schokolade gestapelt werden, und alle „ohhh" sagen müssen, dann denke ich an „sichere, inhaltsfreie Zeiten" für mich. Der Arzt spult sein Standardprogramm ab, mit seinem statistischen, doktrinären Wissen, das bei 75–90 % der Fälle passt. Eine individuelle Auseinandersetzung findet nicht statt.

Und dann denke ich an meine durchtrainierten, plötzlich verstorbenen Freunde und Bekannten – aus idiopathischen oder genetischen Gründen. Kein Rauchen, kein Alkohol, seit der Midlife-Crisis sogar Marathonläufe als Life-Goal. Zack. Vorbei.

Wenn ich die Wahl habe zwischen 100 % Lebenszeit mit 80 % Lebensfreude oder 70 % Lebenszeit mit 100 % Lebensfreude, dann bin ich egoistisch – und entscheide mich für das zweite Modell. Ich verbringe meine Zeit lieber mit meiner Familie, verreise oder schreibe belletristische Romane, die sich nicht verkaufen, als Stunden im Fitnessstudio abzuleisten. Das ist *meine* Lebensqualität.

Also frage ich mich: Ist normal nur, wer das tut, was „alle" tun (wollen/sollten)?

Wenn der schnittige Ernährungsberater mir voller Überzeugung sagt, dass mein Leben viel schöner wäre, wenn ich schlanker wäre, dann überlege ich still, wie viel geiler meine letzten fünf Jahre im Vergleich zu seinem ganzen Leben wohl waren. (Entschuldigung, ich bin ein Kind der 1970er- und 1980er-Jahre. Da war der *Terminus technicus* für „großartig" eben „geil".

Wobei mir meine Deutschlehrerin 1985 sagte, ich möge aufhören „geil" zu sagen, da es „geschlechtsanregend" heiße.)

Diese Erfahrung von Übergriffigkeit, die sich als „Hilfe" tarnt, begegnet mir auch in der Sozialen Arbeit und Pädagogik. Nur weil wir Fachkräfte sind, heißt das noch lange nicht, dass wir individuelle Lebenskonzepte wirklich verstehen. Nur weil unsere Hilfsangebote gut gemeint sind und überwiegend unterstützend wirken, heißt das nicht, dass sie für alle passen. Und vor allem; Nur weil Menschen unsere Hilfe nicht so annehmen, wie wir sie anbieten, sind sie nicht „nicht-normal".

Unsere Aufgabe ist es nicht, Menschen nach unserem Bild von „normal" zu formen – selbst nicht nach bestem Wissen und Gewissen. Unsere Aufgabe ist es, gemeinsam herauszufinden, was Selbstbestimmung für jede einzelne Person bedeutet. Die Kernaufgabe der Sozialen Arbeit – von den Leistungserbringern bis zu den Leistungsträgern – ist es, Menschen zufriedener werden zu lassen, indem sie mehr Sinnhaftigkeit in ihrem Leben erkennen und ihre eigenen Lebensbereiche mit Leben füllen können.

Und genau dafür brauchen wir „sichere, inhaltsfreie Zeiten". Zeiten, in denen nicht kategorisiert, nicht sofort geholfen, nicht analysiert wird – sondern in denen wir einfach da sind und andere auch einfach „sein können". Sie sind der stille Schlüssel zur funktionierenden Bindungsarbeit.

Abb. 22.2 Nicht „Nicht-Normal" (Ölkreide auf Karton – C.J. Boehm)

23

Die Stufen der Eskalation – Ein Taschen-DEFCON für die Soziale Arbeit

Als Mediator in Erziehung und Bildung arbeite ich in meiner Lehre gerne mit der neunstufigen *Konflikteskalation* nach FRIEDRICH GLASL, um Eskalationsstufen zu veranschaulichen. Sein Buch *„Konfliktmanagement: Ein Handbuch für Führungskräfte, Beraterinnen und Berater"* ist 2024 mittlerweile in der 13. Auflage erschienen.

Diese Stufen sind universell. Sie helfen nicht nur, Verhaltensmuster in der Arbeit mit Kindern in Tagesgruppen zu kategorisieren oder den Umgang mit herausfordernden Klient:innen einzuordnen, sondern auch, um geopolitische Entwicklungen, politische Strategien und Machtspiele besser zu verstehen. GLASLS Modell ist so etwas wie ein Taschen-DEFCON für Pädagog:innen – also ein Frühwarnsystem für sich zuspitzende Konflikte.

DEFCON (Defense Readiness Condition) ist die fünfstufige Alarmbereitschaft der US-Streitkräfte: Je niedriger die Zahl, desto größer die Bedrohung. Von DEFCON 5 *(friedlich)* bis DEFCON 1 *(unmittelbar bevorstehender Krieg)*.

Die Kenntnis von Eskalationsstufen ist in der Sozialen Arbeit entscheidend. Sie hilft dabei, Situationen frühzeitig einzuordnen und gegebenenfalls deeskalierend einzugreifen. Doch Eskalationen verlaufen nicht linear. Je nach persönlicher Biografie, Bindungsmustern und sozio-emotionalem Entwicklungsstand reagieren Menschen unterschiedlich auf Konfliktdynamiken.

Die Eskalationsstufen – von Win-Win zu Lose-Lose

Die ersten drei Stufen sind noch *Win-Win*-Stufen. Beide Seiten können den Konflikt ohne Gesichtsverlust lösen.

M. Boehm, *Ist es normal, nur weil alle es tun?*,
https://doi.org/10.1007/978-3-662-73190-1_23

1. **Verhärtung:** Unterschiedliche Meinungen prallen aufeinander. Die Spannungen sind spürbar, aber noch nicht destruktiv.
2. **Polemik:** Es werden Strategien entwickelt, um andere von der eigenen Sichtweise zu überzeugen. Erste Stereotypisierungen setzen ein.
3. **Taten statt Worte:** Die direkte Kommunikation wird reduziert oder ganz eingestellt. Gesten, Verhalten und Handlungen ersetzen die Worte. Empathie schwindet.

In den nächsten drei Stufen beginnt das *Win-Lose*-Spiel. Eine Seite beginnt zu dominieren.

4. **Koalition:** Es wird aktiv nach Verbündeten gesucht, um die eigene Position zu stärken. Die Gegenseite wird zunehmend abgewertet.
5. **Gesichtsverlust:** Es geht nicht mehr nur um die Sache, sondern um die Person selbst. Der Gegner soll moralisch abgewertet werden.
6. **Drohstrategien:** Die Kontrolle über den Konflikt soll durch Drohungen und Machtdemonstrationen gesichert werden.

Nun folgt die Lose-Lose-Zone. Ab hier gibt es nur noch Verlierer.

7. **Begrenzte Vernichtungsschläge:** Dem Gegner soll empfindlich geschadet werden. Dabei wird in Kauf genommen, dass man selbst Verluste erleidet. Die Kontrahenten werden nicht mehr als Menschen gesehen, sondern als Hindernisse, die beseitigt werden müssen.
8. **Zersplitterung:** Die Unterstützungsstrukturen des Gegners werden gezielt zerstört – oft ohne Rücksicht auf eigene Verluste. Das Ziel ist nicht mehr der Sieg, sondern die Zerschlagung der gesamten Gegenseite.
9. **Gemeinsam in den Abgrund:** Das absolute Ende des Konflikts. Die eigene Zerstörung wird in Kauf genommen, solange der Gegner mit untergeht.

Diese letzten Stufen sind die *No-Exit-Stufen*. Ein Konflikt an diesem Punkt ist kaum noch umkehrbar, da keine rationale Lösungsstrategie mehr vorhanden ist.

Eskalation aus Sicht der Psychologie – Warum geht es so weit?
Warum lassen sich Menschen überhaupt so tief in Eskalationen hineinziehen? (siehe Abb. 23.1)

Die Antwort liegt in den neurobiologischen Grundmechanismen von Stress und Aggression. In hoch eskalierten Situationen übernimmt nicht mehr

Abb. 23.1 Eskalationen (Mikro-Art – Foto – C.J. Boehm)

der präfrontale Kortex – das Verwaltungszentrum für Vernunft und Reflexion – die Steuerung, sondern das limbische System (insbesondere die Amygdala) und der Neocortex. Hier greifen dann urzeitliche Programme wie der „Fight-Flight-Freeze"-Modus.

So absurd es erscheinen mag, auf Eskalationsstufe 8 oder 9 befinden sich Menschen in einer *biologisch determinierten Überlebensreaktion,* die in der Steinzeit vielleicht sinnvoll war, aber in sozialen oder politischen Konflikten verheerend ist.

Dieses Phänomen lässt sich auch in Supervisions- und Konfliktanalysen beobachten: Menschen, die sich in einem eskalierten Konflikt befinden, sind kaum noch für rationale Argumente zugänglich. Sie erleben ihre Situation als eine Art „Geisterfahrer-Syndrom". Sie bemerken zwar, dass sie in die falsche Richtung unterwegs sind, beschleunigen aber trotzdem weiter, in der Hoffnung, doch noch „irgendwie" aus der Situation herauszukommen.

Daher ist frühes Eingreifen so entscheidend. Eskalationen lassen sich auf den unteren Stufen oft noch deeskalieren – aber je höher sie steigen, desto schwieriger wird es, die Konfliktparteien logisch zu erreichen. Hier müssen wir dann versuchen mit der non-verbalen Kommunikation in niedrigen sozio-emotionalen Entwicklungsstufen zu agieren.

Deeskalation in der Sozialen Arbeit – Wo setzen wir an?

In der täglichen Arbeit können eskalierende Konflikte an vielen Stellen auftreten. Sie zeigen sich in *Familiengesprächen und Erziehungssituationen,* ebenso wie in *Jugendhilfe-Settings oder Schulen.* Besonders herausfordernd wird es in der Arbeit mit *traumatisierten oder psychisch belasteten Personen,* deren Erleben oft von hoher emotionaler Intensität geprägt ist. Auch in *sozialen Brennpunkten* oder im Umgang mit *radikalisierten Gruppen* können Konflikte schnell eskalieren und ein professionelles Deeskalationsmanagement erfordern.

Der Schlüssel liegt in der frühzeitigen Intervention. Methoden wie gewaltfreie Kommunikation (nach MARSHALL ROSENBERG), Supervision, Mediationsstrategien oder systemische Beratung sind essenziell, um Eskalationen früh zu erkennen und abzupuffern.

Ein Blick auf Politik und Gesellschaft

Das Modell der Eskalation lässt sich auch auf politische Konflikte anwenden. Viele geopolitische Auseinandersetzungen bewegen sich auf hohen Stufen. Im politischen Diskurs lassen sich oft die Muster der Eskalation nach GLASL wiederfinden – ob bei Wahlkämpfen, gesellschaftlichen Polarisierungen oder in der Rhetorik autoritärer Staaten.

Ein Beispiel aus der politischen Praxis: Selbst in Demokratien ist es wichtig, politische Eskalationsmuster zu erkennen:

- Stufe 4: Koalitionen bilden – Parteien spalten sich in Lager, es entstehen „Freund-Feind"-Denkmuster.
- Stufe 5: Gesichtsverlust – Die politische Auseinandersetzung wird personalisiert, anstatt um Inhalte zu streiten.
- Stufe 6: Drohstrategien – Politische Kommunikation wird zunehmend aggressiv und manipulativ.

Das alles zeigt, dass Eskalation keine abstrakte Theorie ist, sondern ein Phänomen, das uns in jeder gesellschaftlichen und sozialen Schicht begegnet. Eskalationen lassen sich nicht immer verhindern – aber sie lassen sich analysieren. Wer frühzeitig erkennt, auf welcher Stufe sich ein Konflikt befindet, kann gezielt gegensteuern. Die Sozialarbeit hat hier eine Schlüsselrolle. Sie kann als Vermittler zwischen Fronten auftreten, mit Deeskalationstechniken beilegen und letztlich helfen, aus Konflikten Lösungen zu gestalten.

Das GLASL-Modell ist somit weit mehr als nur eine Theorie – es ist ein essenzielles Werkzeug für alle, die professionell mit Menschen arbeiten.

Ein kurzer sprachlicher Exkurs: Lose vs. Loose
Zum Abschluss ein sprachlicher Klugscheißer-Moment, da es so oft falsch gemacht wird:

- *„Lose"* (mit einem „o") bedeutet verlieren (*I lose the game* = Ich verliere das Spiel).
- *„Loser"* (mit einem „o") ist ein Verlierer.
- *„Loose"* (mit zwei „oo") bedeutet locker (*My shoelaces are loose* = Meine Schnürsenkel sind locker).

Eine *Lose-Lose-Situation* ist also eine Situation, in der beide Seiten verlieren. Eine *Loose-Loose-Situation* wäre dagegen, wenn zwei entspannte Typen aufeinandertreffen – also genau das Gegenteil von Eskalation.

24

Johari-Fenster und Eisenhower-Matrix Werkzeuge zur Reflexion und Priorisierung

In der *modernen Persönlichkeitsentwicklung* und *Arbeitsorganisation* spielen Modelle wie das Johari-Fenster und die Eisenhower-Matrix eine zentrale Rolle. Beide Ansätze bieten praktische Hilfen, um Selbstwahrnehmung und Fremdwahrnehmung zu schärfen sowie Prioritäten effizient zu setzen. Während das Johari-Fenster den Fokus auf die persönliche und gruppendynamische Reflexion legt, dient die Eisenhower-Matrix der strukturierten Organisation von Aufgaben.

Das Johari-Fenster – den „blinden Fleck" sichtbar machen

Das Johari-Fenster wurde 1955 von den amerikanischen Sozialpsychologen Joseph Luft und Harry Ingham entwickelt. Es ist ein psychologisches Modell, das die Beziehung zwischen dem Selbst und anderen Personen oder Gruppen darstellt. Der Name des Modells leitet sich von den Vornamen seiner Erfinder ab (Joseph und Harry = Johari). (siehe Abb. 24.1)

Das Modell besteht aus einem Fenster mit vier Quadranten, die verschiedene Ebenen der Selbst- und Fremdwahrnehmung repräsentieren.

Offene Fläche/Sichtbare Person (Arena)

- Hier befinden sich die Aspekte der Persönlichkeit, die sowohl dem Individuum als auch anderen bekannt sind.
- *Beispiel:* Eine Person weiß, dass sie humorvoll ist, und ihre Freunde bestätigen das.

M. Boehm, *Ist es normal, nur weil alle es tun?*,
https://doi.org/10.1007/978-3-662-73190-1_24

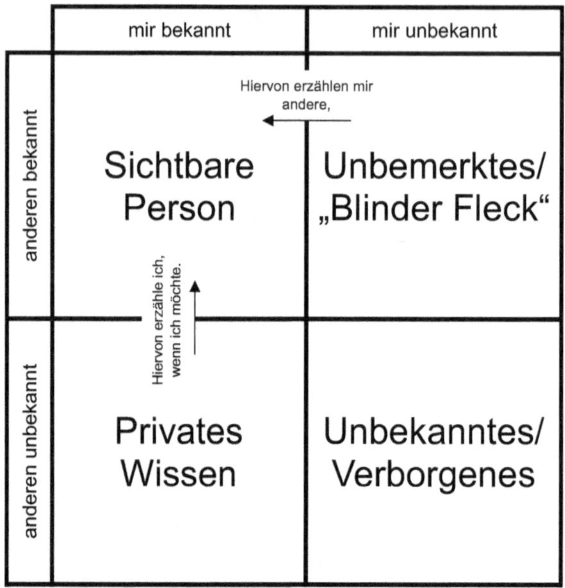

Abb. 24.1 JOHARI-Fenster (verdichtet)

Unbemerktes/„Blinder Fleck" (Blind Spot)

- Bereiche, die anderen bekannt, aber der Person selbst unbekannt sind.
- *Beispiel:* Jemand wirkt auf andere sehr dominant, ist sich dessen aber nicht bewusst.

Verborgene Fläche/Privates Wissen (Façade)

- Informationen, die die Person vor anderen verbirgt.
- *Beispiel:* Eine Mitarbeiterin hält ihre Unsicherheiten gegenüber einem Projekt geheim.

Unbekannte Fläche/Verborgenes (Unknown)

- Aspekte, die weder der Person noch anderen bekannt sind und oft unbewusste Potenziale oder Ängste enthalten.

Das Johari-Fenster hat sich seit den 1960er-Jahren zu einem Standardwerkzeug in der *gruppendynamischen Arbeit* entwickelt. Es wird genutzt, um den Unterschied zwischen Selbst- und Fremdwahrnehmung zu verdeutlichen und die Kommunikation innerhalb von Gruppen zu fördern. Durch Feedback und Selbstreflexion kann die offene Fläche vergrößert und der blinde Fleck verkleinert werden – eine zentrale Aufgabe in der Persönlichkeitsentwicklung.

Die Eisenhower-Matrix – Prioritäten setzen leicht gemacht

Das Eisenhower-Prinzip, benannt nach dem ehemaligen US-Präsidenten Dwight D. Eisenhower, ist eine Methode zur Priorisierung von Aufgaben. Eisenhower wird ein Zitat zugeschrieben, das die Grundlage dieses Modells bildet: „I have two kinds of problems, the urgent and the important. The urgent are not important, and the important are never urgent." (siehe Abb. 24.2)

Die Eisenhower-Matrix teilt Aufgaben anhand der Kriterien *Wichtigkeit und Dringlichkeit* in vier Kategorien ein, die auf einem Quadrantensystem dargestellt werden:

Wichtig und dringlich (A-Aufgaben) – Anfassen! (Do!)

* Aufgaben, die sofort erledigt werden müssen.
* *Beispiel:* Ein medizinischer Notfall oder eine Deadline, die heute abläuft.

	dringlich	nicht dringlich
wichtig	A-Aufgabe – Sofort selbst **Anfassen!** Do!	B-Aufgabe – Geplant selbst erledigen. **Abpassen** Schedule
nicht wichtig	**Machenlassen** Deligate C-Aufgabe – Andere erledigen lassen	**Seinlassen** Eliminate D-Aufgabe – Hat sich erledigt.

Abb. 24.2 Eisenhower-Matrix (mit frischen Begriffen)

Wichtig, aber nicht dringend (B-Aufgaben) – Abpassen (Schedule)

- Aufgaben, die geplant werden sollten, um langfristig wichtig zu bleiben.
- *Beispiel:* Fortbildungen oder strategische Planung.

Dringend, aber nicht wichtig (C-Aufgaben) – „Machenlassen" (Deligate)

- Aufgaben, die zügig erledigt werden müssen, aber nicht zwingend von einem selbst.
- *Beispiel:* Routinearbeiten oder das Beantworten von Standard-E-Mails.

Weder wichtig noch dringend (D-Aufgaben) – Seinlassen (Eliminate)

- Aufgaben, die keine Relevanz haben und gestrichen werden können.
  Beispiel: Scrollen durch soziale Medien.

Die Anwendung der Eisenhower-Matrix hilft, sich auf das Wesentliche zu konzentrieren und die Effizienz im Arbeitsalltag zu steigern. Sie bietet klare Handlungsanweisungen und reduziert Stress, indem unwichtige Aufgaben ausgliedert werden.

Gemeinsamkeiten und Synergien

Beide Modelle, das Johari-Fenster und die Eisenhower-Matrix, fördern Klarheit und Reflexion – wenn auch auf unterschiedlichen Ebenen.

- Das **Johari-Fenster** schärft den Blick auf die eigene Persönlichkeit und die Dynamik in sozialen Gruppen. Es hilft, Selbstwahrnehmung und Kommunikation zu verbessern.
- Die **Eisenhower-Matrix** richtet den Fokus auf das effiziente Management von Aufgaben und Zeit, indem sie eine klare Priorisierung ermöglicht.

Zusammen können sie in der Sozialen Arbeit, in der Supervision oder in der Persönlichkeitsentwicklung verwendet werden, um sowohl die innere als auch die äußere Ordnung zu fördern.

Das Johari-Fenster und die Eisenhower-Matrix sind gute Werkzeuge für jede Person, die sich mit persönlicher Entwicklung oder effizientem Zeitmanagement beschäftigt. Während das Johari-Fenster hilft, blinde Flecken zu erkennen und die Interaktion mit anderen zu verbessern, ermöglicht die Eisenhower-Matrix, den Alltag strategisch zu strukturieren. Beide Modelle bieten wertvolle Ansätze, um das private und berufliche Leben bewusster und effektiver zu gestalten.

25

Entwicklungsstörungen – ganz kurz betrachtet

Das Thema Menschen mit Entwicklungsstörungen lässt sich nicht in ein Schema pressen – es braucht eine differenzierte Betrachtung, die nicht nur Diagnosen und Labels betrachtet, sondern den individuellen Entwicklungsstand ernst nimmt. Besonders im sozio-emotionalen Kontext zeigt sich, dass Verhalten nicht einfach durch äußere Umstände oder biologische Faktoren erklärbar ist, sondern stark mit dem emotionalen Reifegrad einer Person zusammenhängt.

Hier setzt der sozio-emotionale Entwicklungsansatz an – nicht als Ersatz, sondern als wesentliche Ergänzung zum bekannten bio-psycho-sozialen Modell. Während das biologische Element auf körperliches Wohlbefinden und Grundbedürfnisse schaut, das psychologische auf kognitive Fähigkeiten und psychische Stabilität und das soziale den Einfluss von Umfeld und gesellschaftlichen Rollen betrachtet, fragt der sozio-emotionale Ansatz: Wie entwickelt sich emotionale Regulation? Wie ausgeprägt sind Empathie, Bedürfnisbefriedigung und Impulskontrolle?

Denn letztlich ist es nicht nur das Umfeld, das Verhalten formt, sondern auch die individuelle emotionale Reife. Wer diesen Faktor ignoriert, läuft Gefahr Verhaltensweisen vorschnell als „gestört" oder „problematisch" zu interpretieren – dabei sind sie oft nichts anderes als eine logische Reaktion auf eine Entwicklungsdynamik, die nicht in das übliche Raster passt.

Abweichende Entwicklungsaltersstufen

Menschen mit Entwicklungsstörungen entwickeln sich nicht linear oder nach einem einheitlichen Muster. Sie durchlaufen zwar die gleichen Phasen wie an-

M. Boehm, *Ist es normal, nur weil alle es tun?*,
https://doi.org/10.1007/978-3-662-73190-1_25

dere, aber oft mit Verzögerungen, Lücken oder Blockaden. Das bedeutet, dass ihre Entwicklung nicht gleichmäßig oder chronologisch verläuft, sondern in verschiedenen Bereichen unterschiedlich und nicht einheitlich.

Ein Beispiel: Während die körperliche Entwicklung einem Erwachsenenalter entspricht (das chronologische Lebensalter im Personalausweis), kann die intellektuelle Entwicklung auf dem Niveau eines Kindes zwischen neun und elf Jahren bleiben (allgemeine Intelligenz eines Sechstklässlers). Gleichzeitig kann aber das emotionale Entwicklungsalter dem eines fünf- bis siebenjährigen Kindes ähneln.

Solche Diskrepanzen sorgen im Alltag oft für Verwirrung. Nach außen wirkt eine Person „erwachsen", doch ihr Verhalten kann in bestimmten Momenten impulsiv oder unverständlich erscheinen. Das liegt nicht daran, dass sie „nicht will", sondern daran, dass unterschiedliche Entwicklungsbereiche in ungleichen Geschwindigkeiten vorangeschritten sind.

Im emotionalen Entwicklungsalter bleiben die Menschen häufig nicht konstant in einer Stufe, sondern wechseln, je nach Situation, Stressor oder Sicherheit innerhalb der Altersstufen.

Genau deshalb ist es so wichtig, den individuellen Entwicklungsstand in allen Dimensionen zu betrachten. Wer nur auf das äußere Alter oder einzelne Fähigkeiten schaut, läuft Gefahr, die Person in eine Schublade zu stecken – und sie an Erwartungen zu messen, die andere Entwicklungsbereiche nicht ermöglichen.

Infantilisierung

Menschen mit einer Intelligenz- oder Entwicklungsverzögerung erleben oft, dass sie wie Kinder behandelt werden – ungefragt geduzt, nicht für voll genommen oder in Entscheidungen über ihr eigenes Leben übergangen. Diese Infantilisierung geschieht meist nicht aus böser Absicht, sondern aus Unsicherheit oder falsch verstandener Fürsorge.

Doch nur weil jemand in bestimmten Bereichen eine geringere Entwicklungsstufe besitzt, bedeutet das nicht, dass er/sie keine eigenen Erfahrungshorizonte oder Würde besitzt. Der richtige Umgang sollte nicht bevormundend sein, sondern wertschätzend und individuell – mit Blick auf die tatsächlichen Bedürfnisse und Fähigkeiten der Person.

Ja, es gibt emotionale oder intellektuelle Bedürfnisse, die nicht dem biologischen Alter entsprechen. Aber das heißt nicht, dass eine betroffene Person nicht aktiv am gesellschaftlichen Leben teilhaben kann. Die Herausforderung liegt darin, ihr Verhalten im Kontext ihres spezifischen Entwicklungsalters zu sehen – und darauf Unterstützungsangebote abzustimmen, die sich nicht entmündigend anfühlen, sondern ein selbstbestimmtes Leben ermöglichen.

Kein willentliches Opponieren

Häufig treten im Alltag Menschen mit Entwicklungsstörungen durch unangepasstes oder auffälliges Verhalten in Erscheinung. Dieses Verhalten wird oft als störend oder provozierend wahrgenommen und führt zu Bewertungen wie „Du hast doch keinen Bock!" oder „Du bist so schlecht erzogen?". Solche Urteile ignorieren jedoch die tieferliegenden Gründe, die im Entwicklungsstand der betroffenen Personen liegen. Typische Merkmale sind geminderte Impulssteuerung, direkte Impulsdurchbrüche, geringe Selbstregulation und eine unmittelbare Bedürfnisbefriedigung. (Eine alte Berichtformulierung lautet: diffuse Frustrations- und Ambivalenztoleranz.) Ein wertschätzender und unterstützender Umgang erfordert daher, diese Verhaltensweisen nicht als willentliche Opposition zu interpretieren, sondern als Ausdruck eines spezifischen Entwicklungsniveaus, der eine angepasste Kommunikation benötigt.

Bedürfnisse betrachten

Für Fachkräfte und Betreuungspersonen ergeben sich daraus zentrale Fragen. Auf welchem Entwicklungsniveau befindet sich die Person, und ist das gezeigte Verhalten für dieses spezifische Alter zu erwarten? Welche pädagogischen Angebote können helfen, die Bedürfnisse der Person passgenau zu erfüllen?

Die Arbeit sollte systematisch, kleinteilig und personenzentriert gestaltet werden, wobei die Reduzierung von Stressoren, die Erfüllung basaler emotionaler Bedürfnisse und das Erkennen der Versorgungsabhängigkeit im Vordergrund stehen. Durch diesen Ansatz kann besonders herausforderndes Verhalten gemindert und eine individuell angepasste Unterstützung gewährleistet werden.

Der Blick auf das Entwicklungsalter eröffnet einen Zugang, der den Menschen in der Gesamtheit betrachtet und nicht auf defizitorientierte Diagnosen reduziert. Dies ist der Schlüssel zu einem respektvollen, bindungsorientierten Umgang und einer effektiven Unterstützung.

Aussagen, die Menschen mit Entwicklungsstörungen im Alltag regelmäßig hören

* „Du bist schlecht erzogen!"
* „Du hast doch keinen Bock!"
* „Wenn du dich langweilst: arbeite!"
* „Halte dich an die Absprachen!"
* „Sturkopf, damit erreichst du nichts!"
* „Das machst du doch extra!"
* „Was soll das? Warte mal! Bleib hier!"

- „Komm mal wieder runter!"
- „Hör auf, du tust dir/anderen noch weh!"
- „Störe nicht immer!"
- „Ich hab' jetzt nicht schon wieder/keine Zeit!"

26

Chronologie der Entwicklung der Bindungstheorie und des sozio-emotionalen Entwicklungsansatzes

Ein Kapitel als sauberer Name-Dropper. Diese Chronologie zeigt, wie sich das Verständnis von Bindung, Entwicklung und emotionaler Gesundheit über Jahrzehnte hinweg entwickelt hat – von frühen Beobachtungen über wissenschaftliche Experimente bis hin zu modernen interdisziplinären Ansätzen in der Diagnostik und Therapie. (siehe Abb. 26.1)

Die Wurzeln: Kognitive Entwicklung und frühe Entwicklungspsychologie
JEAN PIAGET (1896–1980) legte mit seinem 4-Phasen-Modell der kognitiven Entwicklung den Grundstein für das Verständnis kindlicher Denkprozesse. Er beschrieb, wie Kinder ihre Umwelt aktiv erforschen und Wissen in Stufen erwerben.

Die Entstehung der Bindungstheorie (1940er–1970er)
JOHN BOWLBY (1907–1990) gilt als Begründer der Bindungstheorie. In seinem Werk *„Frühe Bindung und kindliche Entwicklung"* argumentierte er, dass die emotionale Bindung zu einer primären Bezugsperson essenziell für die psychische Gesundheit ist.

HARRY HARLOW (1905–1981) untermauerte diese Theorie durch seine berühmten *Rhesusaffen-Experimente,* in denen Affenbabys sich bevorzugt einer weichen, stoffbezogenen „Mutter" zuwandten, auch wenn eine Drahtmutter Nahrung bot. Diese Versuche zeigten, dass Nähe und Zuwendung wichtiger als bloße Nahrungszufuhr sind.

M. Boehm, *Ist es normal, nur weil alle es tun?,*
https://doi.org/10.1007/978-3-662-73190-1_26

Abb. 26.1 Bindung (Ton gebrannt – C.J. Boehm)

Mary Ainsworth (1913–1999) entwickelte den *Strange-Situation-Test*, mit dem sie verschiedene Bindungstypen bei Kleinkindern identifizierte. Sie prägte zudem das Konzept der Feinfühligkeit, welches beschreibt, wie die Reaktionsweisen der Bezugspersonen die Bindungsqualität beeinflusst.

James Robertson (1911–1988) prägte den Begriff *bonding* und erforschte die Bedeutung der frühen Eltern-Kind-Interaktion, insbesondere im Krankenhauskontext.

Edward Tronick führte das *Still-Face-Experiment* durch, das zeigt, wie empfindlich Babys auf emotionale Abstinenz der Eltern reagieren und wie bedeutend emotionale Interaktion für die Entwicklung von Resilienz und Vertrauen ist.

Tiefenpsychologische Entwicklungspsychologie (1950er–1970er)

Erik H. Erikson (1902–1994) entwickelte das 8-Stufen-Modell der psychosozialen Entwicklung, das den Aufbau der Identität über die gesamte Lebensspanne hinweg beschreibt.

Margaret Mahler (1897–1985) entwarf das psychoanalytische Modell der frühkindlichen Entwicklung und entwickelte die *Objektbeziehungstheorie,* die das allmähliche Loslösen von der Mutter beschreibt.

Konzept der Entwicklungsaufgaben (1950er–1960er)

Robert James Havighurst (1900–1991) definierte *sechs Altersgruppen,* die jeweils spezifische Entwicklungsaufgaben bewältigen müssen. Seine Theorie machte deutlich, dass Entwicklung als lebenslanger Prozess verstanden werden muss.

Die Weiterentwicklung der Bindungstheorie in Deutschland (ab 1970er)

In Deutschland bauten Klaus und Karin Grossmann sowie Hans-Jürgen Bechmann auf Bowlbys Arbeiten auf und leisteten bedeutende Forschungsbeiträge zur Eltern-Kind-Bindung.

Karl Heinz Brisch entwickelte das Präventionsprogramm *SAFE (Sichere Ausbildung für Eltern),* das Eltern hilft, eine stabile Bindung zu ihrem Kind aufzubauen.

Der sozio-emotionale Entwicklungsansatz und Die Erweiterung der Diagnostik (ab 1990er)

Anton Došen führte die Bindungsforschung in den Bereich der Psychiatrie und Behindertenhilfe. Er entwickelte den *sozio-emotionalen Entwicklungsansatz,* der psychische Störungen bei Menschen mit intellektuellen Einschränkungen aus einer entwicklungsorientierten Perspektive betrachtet.

1992 gründete Došen mit anderen Fachleuten die *European Association in Mental Health in Intellectual Disability* (EAMHID). In Deutschland setzt sich die *Deutsche Gesellschaft für Seelische Gesundheit bei Menschen mit geistiger Behinderung* (DGSGB) für die Anwendung dieses Ansatzes ein.

Sein Werk „*Psychische Störungen, Verhaltensprobleme und intellektuelle Behinderung*" (2010) verbindet Bindungstheorie, Entwicklungspsychologie und Psychiatrie und bildet eine wichtige Grundlage für die aktuelle Diagnostik und Therapie.

27

Standardisierte Instrumente der Entwicklungsdiagnostik

Aus der Bindungsforschung in die Praxis
Mit dem wachsenden Interesse an der Erfassung des sozio-emotionalen Entwicklungsalters wurde in den Niederlanden das SEO-Verfahren (*Schaal voor Emotionele Ontwikkeling* – Skala für emotionale Entwicklung) entwickelt. Es wurde später von TANJA SAPPOK und SABINE ZEPPERITZ überarbeitet und in Deutschland als SEED-2 (Skala zur Erfassung der Emotionalen Entwicklung – 2. Version) etabliert.

Weitere Instrumente der Entwicklungsdiagnostik
Das SEED/SEO-Verfahren von ANTON DOŠEN hat die Diagnostik der sozio-emotionalen Entwicklung besonders in der Behindertenhilfe und Heilpädagogik nachhaltig geprägt. Es eröffnet neue Sichtweisen auf herausforderndes Verhalten, indem es emotionale Entwicklung als eigenständige Entwicklungsdimension sichtbar macht. Doch SEED-2 steht nicht allein. In den letzten Jahren wurden zahlreiche weitere Verfahren entwickelt oder angepasst, die pädagogisch-psychologisch anschlussfähig sind und wichtige ergänzende Perspektiven eröffnen.

SEN – Skala zur Einschätzung des emotionalen Niveaus
Die SEN wurde als praktisches Instrument für die Arbeit mit Menschen mit geistiger Behinderung entwickelt. Sie basiert – ebenso wie SEED2 – auf dem Stufenmodell von ANTON DOŠEN, verzichtet aber auf eine feingliedrige Differenzierung. Im Mittelpunkt steht das Verhalten in lebenspraktischen Situationen. Die Skala gliedert sich u. a. in Nähe-Distanz-Regulation, Affektausdruck und

© Der/die Autor(en), exklusiv lizenziert an Springer-Verlag GmbH, DE, ein Teil von Springer Nature 2026
M. Boehm, *Ist es normal, nur weil alle es tun?*,
https://doi.org/10.1007/978-3-662-73190-1_27

Konfliktbewältigung. Besonders hilfreich ist sie in interdisziplinären Teams, wenn es um die Einschätzung von Verhalten geht, das nicht dem kognitiven Alter entspricht.

BEP-KI – Beobachtungsbogen zur Einschätzung psychischer Kompetenzen in der Kindheit

BEP-KI ist ein alltagstaugliches Verfahren zur strukturierten Beobachtung psychischer Grundfunktionen wie Frustrationstoleranz, Beziehungsfähigkeit und Selbstregulation. Es unterstützt Fachkräfte dabei, pädagogische Einschätzungen systematisch zu erfassen und gezielte Förderziele abzuleiten – besonders im frühpädagogischen und heilpädagogischen Kontext.

ATEM 3–9 – Einschätzung der emotionalen Entwicklung bei Kindern von 3 bis 9 Jahren

Die ATEM 3–9 basiert auf entwicklungspsychologischen Stufenmodellen und zielt darauf, emotionale Entwicklung unabhängig vom kognitiven Alter sichtbar zu machen. Anhand von zehn Bereichen wie Nähe-Distanz, Selbstwert oder Impulskontrolle kann ein geschätztes emotionales Entwicklungsalter abgeleitet werden. Besonders in der Frühförderung und Inklusion hat sich dieses Verfahren bewährt – auch weil es dialogisch und praxisnah eingesetzt werden kann.

ALIES – Analyse, Logik, Individualität, Empathie, Struktur

Die ALIES-Methode verbindet Persönlichkeitsdiagnostik, Selbstmanagement und sozio-emotionale Entwicklung. Sie erfasst kognitive, emotionale und soziale Muster, macht individuelle Potenziale sichtbar und übersetzt sie in praxisnahe Strategien zur Förderung von Selbstreflexion, Motivation und emotionaler Selbststeuerung.

DESSA – Devereux Student Strengths Assessment

Ein stärkenorientiertes Verfahren aus den USA, das soziale und emotionale Kompetenzen von Kindern und Jugendlichen sichtbar macht. Anhand von acht Kernkompetenzen – wie Empathie, Selbstkontrolle oder Entscheidungsfähigkeit – werden pädagogisch nutzbare Profile erstellt. DESSA-mini eignet sich besonders für schulische und inklusive Kontexte.

FEEL-KJ – Fragebogen zur Emotionsregulation bei Kindern und Jugendlichen

Dieses standardisierte Verfahren erfasst funktionale und dysfunktionale Strategien der Emotionsregulation bei 10- bis 19-Jährigen. Es bietet wertvolle

Hinweise bei psychischen Belastungen oder in der Förderung emotionaler Kompetenzen und lässt sich gut in sozialpädagogische Settings einbetten.

VB-MAPP – Verbal Behavior Milestones Assessment and Placement Program

Ursprünglich für Kinder mit Autismus-Spektrum-Störungen entwickelt, bietet VB-MAPP eine umfassende Analyse sprachlich-sozialer Entwicklung. Besonders in der Frühförderung ermöglicht es strukturierte Einschätzungen kommunikativer Meilensteine – gekoppelt mit konkreten Förderideen.

Weitere Verfahren im Überblick

Außerdem gibt es eine Vielzahl weiterer Testverfahren, die – je nach Fragestellung, Alter und institutionellem Kontext – zur Einschätzung emotionaler und sozialer Entwicklung herangezogen werden können:

- **ALS – Arbeitsbogen zur Lebensweltbezogenen Schulbegutachtung**
  Unterstützt die Reflexion über schulische Passung und notwendige Rahmenbedingungen im sonderpädagogischen Kontext.

- **EKF – Einschätzskala kindlicher Fähigkeiten**
  Ein praxisnahes Beobachtungsinstrument für Kindertagesstätten zur Erfassung sozial-emotionaler Kompetenzen.

- **EMK 3–6 – Entwicklung der Motivation und Konzentration im Kindergartenalter**
  Bietet Hinweise auf Anstrengungsbereitschaft, Aufmerksamkeitslenkung und frühe Selbststeuerung im Vorschulalter.

- **EMO-KJ – Fragebogen zu emotionalen Kompetenzen bei Kindern und Jugendlichen**
  Ein psychologisches Testverfahren zur differenzierten Erfassung von Emotionswissen, -ausdruck und -regulation.

- **MSWS – Marburger Skalen zur sozial-emotionalen Entwicklung**
  Skalen zur Lehrer*innen-Einschätzung von Grundschulkindern mit Blick auf Impulskontrolle, Selbstkonzept und Sozialverhalten.

- **SEKJ – Skalen zur Erfassung sozial-emotionaler Kompetenzen bei Jugendlichen**
  Ein Selbstbeurteilungsverfahren für Jugendliche, z. B. in Schulsozialarbeit oder Empowerment-Programmen.

- **VSK 3–6 – Verhaltensskalen für Vorschulkinder**
  Standardisierte Skalen zur Einschätzung von emotionalem Ausdrucksverhalten, sozialen Kompetenzen und Affektregulation im Vorschulalter.

Warum ist Entwicklungsdiagnostik wichtig?
Während sich klassische Intelligenzdiagnostik vor allem auf kognitive Leistungsdimensionen fokussiert – wie Gedächtnis, Sprachverarbeitung, logisches Denken oder visuell-räumliche Fähigkeiten – und neurologische Basistestungen die kognitiven Hauptdimensionen beleuchten – wie Aufmerksamkeitssteuerung, exekutive Funktionen, Arbeitsgedächtnis, Impulskontrolle und Verarbeitungsgeschwindigkeit – eröffnet Entwicklungsdiagnostik eine andere Perspektive auf den Menschen. Sie fragt nicht primär: *Was kann jemand leisten?*, sondern vielmehr: *Wie entwickelt sich ein Mensch in seinem emotionalen Erleben, seinem Beziehungsverhalten und seiner inneren Regulation?*

Entwicklungsdiagnostik zeigt auf, wie eine Person mit ihren eigenen Emotionen umgeht, ob sie Affekte regulieren, Bedürfnisse aufschieben oder mit Frustration umgehen kann. Sie erfasst, wie stabile Beziehungen aufgebaut und gehalten werden, wie Nähe oder Distanz erlebt werden, und ob die sozialen Interaktionen altersangemessen oder entwicklungsbedingt geprägt sind. Auch das Verhalten durch Stressoren – also der Umgang mit Unsicherheit, Überforderung oder unerwarteten Veränderungen – wird dadurch verstehbarer.

Statt Verhalten zu bewerten, wird es entwicklungsgeschichtlich verortet. So kann sichtbar werden, dass ein scheinbar „unangemessenes" Verhalten vielmehr eine altersgerechte Ausdrucksform auf einer niedrigeren sozioemotionalen Entwicklungsstufe ist – und damit nicht Ausdruck von Trotz, Bosheit oder mangelnder Intelligenz, sondern ein Entwicklungsbedürfnis.

Genau hier setzt moderne Entwicklungsdiagnostik an. Sie übersetzt Verhalten in verstehbare Entwicklungslogik – und ermöglicht damit passgenaue, ressourcenschonende und beziehungsorientierte Unterstützung.

Betrachtung am Beispiel SEED-2
SEED-2 findet heute Anwendung in verschiedenen transkonnektiven Bereichen. In der Medizin, insbesondere in der Psychiatrie, dient es der individuellen Therapieplanung. In der Pflege ermöglicht es eine gezieltere Betreuung von Menschen mit Entwicklungsverzögerungen. In der Forensik wird es genutzt, um emotionale Regulationsfähigkeiten einzuschätzen. Innerhalb von Krankenhäusern erleichtert es interdisziplinäre Fallbetrachtungen, während es im Bereich Wohnen, Arbeit und Assistenz dabei hilft, Klient:innen mit spezifischen emotionalen Bedürfnissen gezielt zu unterstützen.

Durch die Anwendung von SEED-2 kann die Förderung und Begleitung von Menschen präziser an ihrem individuellen Entwicklungsstand ausgerichtet werden. Dies reduziert Überforderung oder Frustration und ermöglicht gezieltere pädagogische und therapeutische Maßnahmen.

Von der Bindungstheorie zur modernen Entwicklungsdiagnostik
Die Fortentwicklung von der Bindungstheorie bis hin zum sozio-emotionalen Entwicklungsansatz zeigt eine spannende interdisziplinäre Entwicklung. Von den frühen Forschungen über Mutter-Kind-Bindung bis hin zur modernen Entwicklungsdiagnostik in Psychiatrie, Sozialer Arbeit und Medizin zieht sich ein roter Faden. Die emotionale Entwicklung ist ein zentraler Faktor für psychische Gesundheit und soziale Teilhabe.

Durch die Verfahren wurden standardisierte Instrumente geschaffen, um den sozio-emotionalen Entwicklungsstand in der Praxis systematisch zu erfassen. Damit wird es möglich, individuelle Unterstützungsmaßnahmen präzise an den jeweiligen emotionalen Bedürfnissen der Klient:innen auszurichten.

28

Sozio-Emotionaler Entwicklungsansatz

Wer mit Menschen arbeitet, begegnet nicht nur ihrer äußeren Realität, sondern auch ihrer inneren Welt. Ihre emotionale Entwicklung, die Muster ihrer Bindungen und wie diese sie im Laufe ihres Lebens beeinflusst haben. Der sozio-emotionale Entwicklungsansatz ist eine der zentralen Perspektiven, um diese innere Welt zu verstehen und in der Praxis angemessen darauf zu reagieren.

Während die kognitive Entwicklung oft klar strukturiert und mit messbaren Meilensteinen erfasst wird, bleibt die emotionale Entwicklung in vielen Konzepten ein Nebenschauplatz. Doch gerade für Menschen, die in ihrer Biografie Brüche, Vernachlässigung oder belastende Erfahrungen erlebt haben, ist sie der Schlüssel zu ihrem Erleben und Verhalten.

Ein tiefes Verständnis für den sozio-emotionalen Entwicklungsstand hilft dabei, Menschen in ihren jeweiligen Situationen passgenau zu begegnen, Überforderung zu vermeiden und echte, individuelle Unterstützung zu bieten.

Die Rolle der Neurowissenschaften im sozio-emotionalen Entwicklungsansatz

Die Neurowissenschaften zeigen deutlich, dass emotionale Entwicklung kein „weicher Faktor" ist, sondern sich auf messbare Weise in der Struktur und Funktion des Gehirns niederschlägt. Die Reifung des Gehirns verläuft nicht einheitlich. Während Subjekthirn und Kollektivhirn – zuständig für logisches Denken, Problemlösung und Sprache – erst spät vollständig entwickelt ist, sind ältere Hirnstrukturen, wie das Schwarmhirn und das Objekthirn, bereits von Geburt an hochaktiv.

© Der/die Autor(en), exklusiv lizenziert an Springer-Verlag GmbH, DE, ein Teil von Springer Nature 2026
M. Boehm, *Ist es normal, nur weil alle es tun?*,
https://doi.org/10.1007/978-3-662-73190-1_28

Die Regulation von Emotionen und Stress erfolgt durch ein fein abgestimmtes Zusammenspiel zwischen diesen Hirnregionen. Wenn ein Mensch auf einer frühen sozio-emotionalen Stufe agiert – sei es durch eine intellektuelle Entwicklungsstörung, eine psychische Erkrankung, eine entwicklungs- und bindungsbezogene Sozialisationsbelastung oder eine traumatische Erfahrung – dann bedeutet das häufig, dass vor allem instinktive, limbische Mechanismen das Verhalten steuern. Die Fähigkeit zur rationalen Reflexion, zur sprachlichen Verarbeitung oder zur Impulskontrolle ist in diesen Momenten eingeschränkt.

In der Praxis hat das gravierende Auswirkungen. Wer davon ausgeht, dass jede Person stets mit Sprache erreichbar ist, verkennt die Realität der emotionalen Entwicklung.

Warum Sprache nicht immer der Schlüssel ist

Ein Erwachsener, der durch entsprechende Stressoren in ein emotionales Entwicklungsalter eines Kleinkindes fällt, ist in diesen Momenten nicht verbalisiert. Sprache erreicht ihn nicht, weil die neurobiologischen Prozesse Sprache gar nicht erst in die bewusst abrufbaren Hirnregionen vordringen lassen. Stattdessen ist das Gehirn in einem Zustand erhöhter Aktivierung – entweder in einer Stressreaktion des Sympathikus (Fight, Flight, Freeze) oder in einer Shutdown-Reaktion des Parasympathikus (Rest, Digest).

Das bedeutet: Logisches Argumentieren, pädagogische Erklärungen oder moralische Appelle sind in diesen Momenten völlig wirkungslos. Das Gehirn reagiert dann nicht auf kognitive Ansprache, sondern auf basale, sensorische Signale.

Hier kommen alternative Reizformen ins Spiel, die auf den basalen Ebenen der Wahrnehmung wirken:

- **Berührungen:** Eine sanfte Berührung kann Sicherheit vermitteln, sofern keine Berührungsängste bestehen und ggf. körperlicher Kontakt zuvor erlaubt wurde.
- **Düfte:** Bestimmte (manchmal intensive) Gerüche sind stark mit Emotionen verknüpft und können beruhigend oder stabilisierend wirken.
- **Geräusche:** Ein gleichmäßiges Summen, Brummen oder rhythmische Laute können eine regulierende Wirkung haben, ähnlich dem Effekt von Wiegenliedern oder beruhigenden Hintergrundgeräuschen.
- **Bewegung:** Gleichmäßige Bewegungen, Schaukeln oder sanftes Klopfen auf den Rücken können das Nervensystem beruhigen.

Diese Methoden sind keine „Esoterik", sondern basieren auf den Mechanismen des autonomen Nervensystems. Die Forschung zeigt, dass sensorische Reize auf einer tieferen Ebene der Verarbeitung ansetzen als Sprache und deshalb oft effektiver sind, um in impulsgesteuerten Zuständen eine Stabilisierung zu erreichen. Hier liegen übrigens die Funktionsweisen des Skillstrainings (der Dialektisch-Behavioralen Therapie, DBT).

Warum der Sozio-Emotionale Entwicklungsansatz die Soziale Arbeit verändert

Die klassische Soziale Arbeit orientiert sich oft an funktionalen Fähigkeiten – an dem, was Menschen objektiv „können sollten". Der sozio-emotionale Entwicklungsansatz geht jedoch einen entscheidenden Schritt weiter. Er fragt danach, was ein Mensch emotional zu leisten in der Lage ist.

Wenn eine Person beispielsweise mit Wutanfällen reagiert oder auf einfache Anforderungen mit Verweigerung oder Rückzug antwortet, dann könnte die Ursache nicht in mangelnder Einsicht oder fehlendem Willen liegen – sondern in einer Steuerung eines niedrigen Entwicklungsalters. Wird dies nicht erkannt, dann werden Erwartungen formuliert, die gar nicht umgesetzt werden können. Diese Kommunikationsmissverständnisse können zu einer Eskalation der Situation führen und das Vertrauensverhältnis zwischen Fachkräften und Klient:innen massiv belasten.

Ein Beispiel aus der Praxis. Ein junger Mann lebt in einer betreuten Wohnform. Auf dem Papier ist er volljährig, kognitiv im unteren Durchschnittsbereich und wirkt auf Außenstehende selbstständig. Dennoch kommt es regelmäßig zu Konflikten, weil er Regeln nicht einhält, Impulsdurchbrüche zeigt oder sich scheinbar irrational verweigert. Eine klassische Intervention würde auf Verhaltensregeln und Konsequenzen setzen. Erst die sozio-emotionale Diagnostik zeigt, dass sich sein emotionales Entwicklungsalter (in einigen Bereichen) auf dem Niveau eines zweijährigen Kindes befindet. Das bedeutet, dass er in vielen Momenten die Anforderungen, die an ihn gestellt werden, nicht bewusst reflektieren kann. Er agiert aus Instinkt, Intuition und Impuls – nicht aus Analyse oder Vernunft. Durch eine basalere Kommunikation begibt sich das Umfeld auf eine wertschätzende Ebene, das „Springen" durch Entwicklungsphasen wird schnell geringer. Es kommt zu einer Stabilisierung.

Praktische Konsequenzen – warum Sprache oft nicht aus–/erreicht
Die Auswirkungen auf die Praxis sind enorm. Sprache allein reicht in vielen Situationen nicht aus, um Menschen mit bestimmten Entwicklungsprofilen zu erreichen. Stattdessen braucht es sensorische Regulation – Berührung, Rhythmus, Bewegung oder Struktur, um eine gegenseitige Verbindung herzustellen.

Regeln können nicht einfach verbal erklärt werden, sondern müssen in kleinen, klaren Schritten vermittelt werden. Je nach Entwicklungsstand ist das Verständnis für abstrakte Konzepte eingeschränkt, sodass Handlungsanweisungen präzise, wiederholt und konkret sein müssen.

Noch wichtiger als das kognitive Lernen ist jedoch die emotionale Stabilisierung. Bevor Inhalte vermittelt oder Verhalten verändert werden kann, muss eine sichere Basis geschaffen werden – eine, die nicht auf Sprache, sondern auf Erleben, Beziehung und Körpergefühl beruht.

Diese Erkenntnisse sind in der Sozialen Arbeit von entscheidender Bedeutung, denn sie verändern den Blick auf Verhalten grundlegend. Nicht der Wunsch, Wille oder die Motivation stehen im Vordergrund – sondern die Passung zwischen emotionaler Entwicklungsstufe und den gestellten Anforderungen, gegebenenfalls von außen assistiert.

Die Brücke zwischen Bindung, Emotion und Entwicklung
Der sozio-emotionale Entwicklungsansatz steht an der Schnittstelle zwischen Bindungstheorie (BOWLBY, AINSWORTH), Entwicklungspsychologie (PIAGET, ERIKSON, DOŠEN) und moderner Neurobiologie (PORGES, SIEGEL, LEVINE).

Er verbindet die Erkenntnisse aus der Forschung mit konkreten Handlungsansätzen in der Praxis. Wer diesen Ansatz in die eigene Arbeit integriert, wechselt von einer rein funktionalen Sichtweise zu einer entwicklungsorientierten Perspektive. Dies führt nicht nur zu besseren Ergebnissen in der Assistenz und Therapie, sondern auch zu einem respektvollen, wertschätzenden Umgang mit Menschen, die in ihrer emotionalen Entwicklung herausgefordert sind.

Denn letztendlich geht es nicht darum, was ein Mensch leisten kann – sondern darum, was er gerade braucht, um weiter wachsen zu können.

29

Die Wärme spüren – Sinnesregister

Wenn du einem blinden Menschen die Sonne zeigen möchtest, sage nicht: „Gehe dorthin, wo es hell ist", sondern begleite ihn, bis er die Wärme spürt.

Dieser Sinnspruch ist eine Metapher dafür, dass wir unterschiedliche Sinnesregister besitzen, die Reize aus der Außenwelt in unser Gehirn lassen. Sprache allein reicht nicht immer aus – manchmal muss eine andere Form der Wahrnehmung genutzt werden, um wirklich verstanden zu werden. Besonders bei einem niedrigen sozio-emotionalen Entwicklungsalter, in dem die Verbalität nicht stark ausgeprägt ist, sind alternative Kommunikationskanäle entscheidend.

Doch der Sinnspruch ist nicht so „unschuldig", wie er zunächst klingt. Unsere Sprache formt unsere Wahrnehmung, und Begriffe, die wir selbstverständlich nutzen, können implizite Annahmen, Vereinfachungen oder Diskriminierungen enthalten. Die Bezeichnung „blind" kann eine diskreditierende Vereinfachung darstellen, da es lediglich ein Wort für Menschen mit unterschiedlichen visuellen Wahrnehmungen ist. „Blindheit" suggeriert oft eine vollständige Dunkelheit – dabei haben viele Menschen mit starken Sehbeeinträchtigungen ein gewisses Restsehvermögen, das Hell-Dunkel-Sehen, aber zum Beispiel auch die Wahrnehmung von Schatten als Bewegungsmerkmale. Auch die Unterscheidung zwischen Geburtsblindheit und erworbener Blindheit ist essenziell. Während geburtsblinde Menschen ihre Umwelt primär über andere Sinne erschließen, verfügen Menschen mit einem erworbenem Sehverlust über visuelle Erinnerungen, die ihre Orientierung beeinflussen.

M. Boehm, *Ist es normal, nur weil alle es tun?*, https://doi.org/10.1007/978-3-662-73190-1_29

Und noch eine kleine Reflexion am Rande: In einem früheren Kapitel habe ich eine plakative Überschrift gewählt: **„Das Gehirn – blind, taub, gefühllos."** Nun, über Blindheit habe ich an dieser Stelle bereits (minimal) reflektiert. Der Begriff „taub" hingegen ist längst überholt – treffender ist „gehörlos" oder „gehörbeeinträchtigt", da er nicht nur das Fehlen des Hörsinns beschreibt, sondern auch die kulturelle und sprachliche Identität vieler gehörloser Menschen anerkennt.

Diese Feinheiten in unserer Sprache sind keine bloßen Details. Sie zeigen, wie unsere Wahrnehmung der Welt durch Begriffe geprägt wird – und wie wichtig es ist, bewusst mit ihnen umzugehen. Denn wenn wir wirklich verstanden werden wollen, sollten wir nicht nur sagen, wohin jemand gehen soll – sondern die Person begleiten, bis sie die Wärme spürt.

Dieses kleine Kapitel habe ich mit aufgenommen, da ich bisher bereits viel von Dr. Jürgen Trinkus lernen durfte, Vorsitzender des Blinden- und Sehbehindertenverbandes Schleswig-Holstein (BSVSH), Mitglied bei Andersicht e. V.

30

Verständnis des Bindungs-Begriffs

In meiner Wunderball-Taktik, die ich gleich im nächsten Kapitel vorstelle, geht es um völlig andere Ausgangssituationen als etwa bei der Eingewöhnung von Kindern in eine Kindertagesstätte. Dennoch wird in beiden Kontexten – mit Recht – von Bindungsarbeit gesprochen. In *meinem* Gedankenkonstrukt geht es um Kinder und Jugendliche, aber auch Erwachsene, die mit verschiedenen Begriffen belegt werden. Hier einige Beispiele:

Menschen mit...

- besonders herausforderndem Verhalten
- emotionaler Übersteuerung
- intensiven Verhaltensweisen
- dysfunktionalen Verhaltensmustern
- sozialen Anpassungsschwierigkeiten
- rebellischem Geist
- Verhaltensweisen „außerhalb der Norm"
- unbändiger Energie
- dynamischen Persönlichkeiten
- unangepassten Bedarfen
- „Systemsprenger" (Gruppen/Klassen etc.)
- „Grenzgänger" (in den Hilfesystemen)
- „junge Wilde"

M. Boehm, *Ist es normal, nur weil alle es tun?*,
https://doi.org/10.1007/978-3-662-73190-1_30

Hinter diesen Begriffen stehen oft Charaktere, die selbst erfahrene Fachkräfte an ihre Grenzen bringen. In der Sozialen Arbeit werden sie immer häufiger als die „moderne Herausforderung" beschrieben – sei es in der Individual- oder Gruppenarbeit.

Das verständnisvolle Nicken bei Fachkräften scheint Beweis genug: „Die schwierigen Fälle in der Sozialen Arbeit und Schule nehmen jährlich zu." Doch ist das tatsächlich so? Warum haben wir dieses Gefühl? Liegt es an der Digitalisierung? Umweltgifte? Eine gesellschaftliche Hysterie?

Syngnostik statt Stigmatisierung

Endlich taucht der Begriff wieder auf. Syngnostik bedeutet in diesem Zusammenhang, dass es nicht ausreicht, mit „weichen Fähigkeiten" (Praxiswissen) ausgestattet zu sein. Vielmehr braucht es „harte Fertigkeiten" (Theoriewissen), um Unsicherheiten und gefühlte Überforderung zu überwinden.

Syngnostik bedeutet, die Soziale Diagnostik zu kennen und zu beherrschen – und gleichzeitig offen für andere (diagnostische) Ansätze zu sein. Denn Stigmatisierung und Schubladendenken entstehen nicht durch Diagnosen, sondern durch Unwissenheit der Fachkräfte.

Wer mit offenem Geist in den Nachbardisziplinen unterwegs ist, stößt unweigerlich auf den entwicklungspsychologischen Begriff der Bindung.

Mit John Bowlbys Bericht für die Weltgesundheitsorganisation (WHO) von 1951, *„Maternal Care and Mental Health"*, wurde der entscheidende Grundstein für die Bindungstheorie gelegt. Darin hob er die Bedeutung stabiler, emotionaler Bindungen für die kindliche Entwicklung hervor. Aufbauend darauf erschien 1953 sein Buch *„Child Care and the Growth of Love"*, das zu den „100 Meisterwerken der Psychotherapie" gehört.

Die deutsche Übersetzung mit dem Titel: *„Mütterliche Fürsorge und die seelische Gesundheit des Kindes"*, offenbart bereits eine problematische Begriffsverschiebung. Das Wortverständnis der Übersetzer – zu der Zeit – reichte nicht aus, um das Konzept von Bindung präzise zu erfassen.

Bowlbys bekanntestes Zitat ist deshalb bis heute fehlerhaft ins Deutsche übernommen worden:

„Attachment is a deep and enduring emotional bond that connects one person to another across time and space."

Mit dem heutigen Verständnis von *attachment* (die *Bindung von* jemandem) und *bonding* (die *Bindung zu* jemandem) müsste die korrekte deutsche Übersetzung lauten:

„Bindung ist ein tiefer, dauerhafter, emotionaler Zusammenhalt, der eine Person mit einer anderen durch Raum und Zeit verknüpft."

Mary Ainsworth konnte die Bindungstheorie in den 1960er- und 1970er-Jahren weiter validieren, insbesondere durch den *Strange-Situation-Test*, mit dem sie vier Bindungstypen belegte und definierte. Ihre enge Zusammenarbeit mit Bowlby führte zu gemeinsamen Veröffentlichungen und einem tiefgehenden Verständnis von Bindungsmechanismen.

Diese Konzepte sind seit der „Renaissance der Sozialen Arbeit" Mitte der 2010er-Jahre wieder verstärkt in den Fokus gerückt und gemeinsam mit der sozialen Diagnostik in die Curricula des Studiums der Sozialen Arbeit aufgenommen worden.

Bindung als zentrales Element sozialer Diagnostik

Warum nun dieser „Werbeblock" zur Bindungstheorie? Weil die Begriffe für Menschen mit herausforderndem Verhalten nicht zwangsläufig eine medizinische Diagnose mit ICD-Kennzahl, ärztlicher Unterschrift und Stempel benötigen – zumindest nicht im ersten Schritt. Was es braucht, ist eine grundlegende soziale Anamnese.

Eine fundierte *Biografiearbeit* ist ein entscheidender Bestandteil der professionellen Begleitung. Ein hilfreiches Instrument dafür ist das *Genogramm*, das generationsübergreifende Muster sichtbar macht und hilft, familiäre Dynamiken besser zu verstehen.

Ebenso wichtig ist die *Ermittlung des sozio-emotionalen Entwicklungsalters*, da es oft weit vom chronologischen Alter abweicht. Verfahren wie SEED-2 und weitere zuvor beschriebene ermöglichen es, diesen Aspekt differenziert zu erfassen und dadurch den Unterstützungsbedarf präziser auf die individuelle Entwicklung und die Kommunikationsfertigkeiten abzustimmen.

Bindung ist Kommunikation

Nur wenn wir verstehen, wie ein Mensch kommuniziert, können wir ihn auch wirklich erreichen. Kommunikation ist nicht immer verbal, nicht immer reflektiert – oft ist sie viel basaler, unmittelbarer, geprägt von Mimik, Gestik oder reinen Verhaltensmustern. Hier setzt professionelle Soziale Arbeit an.

Wir begegnen Menschen auf dem Niveau ihres emotionalen Entwicklungsalters – unabhängig davon, ob ihr biologisches Alter drei oder 43 Jahre beträgt. Das bedeutet, dass klassische Gesprächstechniken nicht immer greifen. Bindung entsteht nicht durch Erwartungen oder institutionelle Vorgaben, sondern durch echte Beziehungsangebote – durch das Gefühl, dass jemand da ist, nicht bewertet und nicht sofort etwas korrigieren will. Erst wenn die Kommunikation zwischen Sender und Empfänger aufgebaut wird, kann daraus eine tragfähige Bindung wachsen.

Doch genau hier entsteht oft eine Illusion. Es gibt nicht nur zwischenmenschliche Bindung, sondern auch eine *institutionell gewünschte Bindung*. Diese zielt nicht auf Nähe oder Beziehung ab, sondern auf *sozial erwünschtes Verhalten* – eine Bindung, die in Wirklichkeit keine ist, sondern nur den Anschein von Beziehung erzeugt, um Anpassung zu fördern (und fordern).

Bindung ist kein „Sozialarbeiter-Gefühl" oder eine nette Zusatzkompetenz, sondern ein zentraler, theoretisch fundierter Grundpfeiler, den wir professionell durchdringen müssen. Nur wer die Mechanismen von Bindung wirklich versteht, kann Menschen nachhaltig erreichen.

31

Wunderball-Taktik oder: Bindungspersonen in Betreuungskontexten

Wie kann eine Betreuungsperson als Bindungsperson verankert werden?

Menschen, die im niedrigen emotionalen Entwicklungsalter agieren, brauchen Bindung, um in der erlebten Entwicklungsphase abgeholt zu werden und eine Kommunikations- und Emotionsebene zu erfahren, die für sie verständlich ist.

Das bedeutet, dass sich die einzusetzende Bindungsperson ihrer Verantwortung bewusst ist, ein förderliches Setting benötigt, sich auf ein abgestimmtes Team berufen kann und Zeit- und Handlungsflexibilität besitzt.

Das ist schön flott in einem Satz beschrieben, mit ein paar Aufzählungen. Dies in die Praxis zu heben ist jedoch die Schwierigkeit. Eine passende Bindungsperson benötigt neben „geschulter Intuition", wie es Sabine Ader 2021 in einem Artikel beschreibt, weitere praktische Voraussetzungen, sowie wissenschaftlich-theoretisches Hintergrundwissen zu Bindung, zum sozioemotionalen Entwicklungsalter, sowie psychischen Störungsbildern, um gut gewappnet die Aufgabe umzusetzen. Ein förderliches Setting mit abgestimmtem Team könnte ebenfalls eine leere Phrase sein, mit der sich jede Institution rühmt. Ein förderliches Setting bedeutet ein institutionelles Verständnis zur Bindungsarbeit und damit einhergehend ganz andere als übliche Settings zu Regeln, Absprachen, Treffpunkten, Präsenz, Sicherheit, Zuverlässigkeit oder Taktung. Und mit diesen stringent individuellen Settings werden Kolleginnen und Kollegen benötigt, die mit „weichen Fähigkeiten und harten Fertigkeiten" an einem Strang am richtigen Ende ziehen. Und letztlich – das ist das Doppelte Mandat – braucht es Zeit- und Handlungsflexibilität. Wenn Leistungserbringer und Leistungsnehmer förderlich miteinander agieren,

© Der/die Autor(en), exklusiv lizenziert an Springer-Verlag GmbH, DE, ein Teil von Springer Nature 2026
M. Boehm, *Ist es normal, nur weil alle es tun?*,
https://doi.org/10.1007/978-3-662-73190-1_31

braucht es den Leistungsträger (meist ein Player der Sozialgesetzbücher), der dieses „nicht standardisierte" Vorgehen trägt – also finanziert.

Obwohl das stringent bindungsorientierte Handeln, mit dem sozio-emotionalen Entwicklungswissen langfristig die Kosten reduziert, da dieser Weg der vielversprechendste ist, um selbstbestimmte und zufriedene Menschen in ein eigenverantwortliches Leben zu führen, passt der Weg schwerlich in eine Kultur von Strafen und Klebesternchen.

Entwicklungen finden allmählig statt, Kausalzusammenhänge zwischen Handeln im „Jetzt" und Auswirkungen im „Morgen" sind nur aufwendig statistisch belegbar und nur in Langzeitstudien (Generationsstudien) valide und reliabel. Es braucht, auch auf der Seite von Leistungsträgern und Leistungserbringern Vertrauensvorschüsse für innovatives pädagogisches Handeln. Die wissenschaftlichen Theorien und Konzepte haben eine klare Aussage, die dazugehörigen Untersuchungen und Studien sind alle gültig.

Nun ist es an uns, der neusten Generation, diese Praxis und Theorie in unser Feld der Sozialen Arbeit zu adaptieren. Das versuche ich mit der Wunderball-Methode zu vermitteln. Hier folgen die Praxisstichworte für den Einbau einer sekundären Bindungsperson:

Wunderball oder Gobstopper

Die Metapher des Wunderballs, der Süßigkeit, die in einem langen Herstellungsprozess – Schicht um Schicht – entsteht, jede neue Schicht eine neue farbliche Überraschung offenbart, die nicht „schnell mal" zerbissen werden kann und viel Geduld beim Verzehr bedarf, empfand ich als passendes Bild für die Menschen mit besonders herausforderndem Verhalten.

Na klar, eine Lutschkugel und Menschen miteinander in Bezug zu setzen zeigt schnell Grenzen auf. Der lebendig-humorvolle Umgang ermöglicht jedoch die bildliche Umsetzung.

- Die Biografie jedes Menschen ist wie ein Wunderball.
- Der Wunderball ist über einen langen Zeitraum zum Ball verarbeitet worden, Stück für Stück entstehen neue Schichten.
- Der Wunderball hat viele sehr harte Schichten, mit immer neuen Überraschungen.
- Es braucht viel Zeit und Geduld den Wunderball zu essen.
- Wenn ich versuche, schneller zum Kern zu kommen, beiße ich mir die Zähne aus.
- Die Erinnerung an den Wunderball bringt mir basale Emotionen an meine Kindheit zurück. Ich falle einen Moment in meinem emotionalen Entwicklungsalter in eine frühe Stufe. Ich kann zwischen den Phasen switchen, vielen Menschen gelingt dies jedoch nicht so einfach.

- Der Wunderball heißt im britischen Raum Gobstopper. „Gob" ist ein umgangssprachliches Wort für Mund/Maul/Klappe. Mir wird also das „Maul gestopft". Ich kann mich beim Genuss nicht mehr Verbalisieren und verliere in dem Moment meine verbale Kommunikation.

Zu weit hergeholt? Das ist doch nur ein Bild, um sich wichtige Elemente besser merken zu können.

31.1 Wunderball – die Verpackungsvoraussetzung als Bindungsperson

Acht Kernbegriffe, die eine Bindungsperson mit Leben und Gewissenhaftigkeit füllen muss, um die Verantwortung der Sicherheit für die zu bindende Person übernehmen zu können. Da mir Lehrbuchbeispiele zu langweilig sind, habe ich Beispiele aufgeschrieben, wie sie immer wieder passieren und erzählt werden. Der Blick geht jedoch dann meist in Richtung des zu bindenden Menschen und warum diese Person die Unterstützungen nicht annimmt. Der selbstreflektorische Blick auf das eigene Handeln und das System wird oft vergessen. (Ich nutze den Begriff „Betreuter", obwohl dieser nicht mehr zeitgemäß ist. Passender, aber länger wären zum Beispiel: „zu bindende Person" oder „assistierte Person".)

1. Ersetzbarkeit
(ersetzbar sein – zumindest werden)
   Eine Bindungsperson sollte nicht unersetzlich sein, da die Betreuung im Team stattfindet und Ausfälle durch Krankheit, Urlaub oder andere Gründe kompensiert werden müssen. Es ist wichtig, Wissen und Routinen mit anderen Teammitgliedern zu teilen, sodass Kontinuität gewahrt bleibt.

Theoretisches Beispiel

Wenn eine Bindungsperson kurzfristig ausfällt, sollte ein Kollege/eine Kollegin ohne große Übergangsschwierigkeiten übernehmen können, indem er/sie sich auf die etablierten Rituale und Strukturen stützt, wie zum Beispiel die Begrüßung oder regelmäßige Spaziergänge, Einkäufe oder Essensstrukturen.

… und was viel zu häufig wirklich passiert

Die Bindungsperson fällt kurzfristig aus, doch die Kollegin, die einspringen soll, hat keine genaue Übergabe erhalten. Die etablierten Rituale und Strukturen sind zwar in der Theorie bekannt, doch der Betreute reagiert ablehnend: „Das mache ich nur mit *meiner* Bezugsperson!" Der Spaziergang wird verweigert, das Essen wird mit lautem Protest negativ kommentiert, und der Ersatz fühlt sich wie ein Fremdkörper. Am Ende des Tages wird klar: Rituale funktionieren mit denen dazu verbundenen Personen. Somit müssen frühzeitig und regelmäßig mehrere Personen die Rituale und Tagesabläufe durchführen, damit die Akzeptanz gegeben ist. Dennoch bleibt der *kurzfristige* Ausfall ein Notfall und ist keine echte Lösung.

2. Verfügbarkeit

(verfügbar sein – auch zu ungewöhnlichen Zeiten)

Eine Bindungsperson sollte für den Betreuten in emotional kritischen Momenten erreichbar sein, auch außerhalb der regulären Betreuungszeiten. Dies bedeutet nicht permanente Erreichbarkeit, sondern geplante und verlässliche Präsenz in wichtigen Situationen.

Theoretisches Beispiel

Ein Jugendlicher, der abends starke Ängste hat, kann beruhigt werden, wenn er weiß, dass die Bindungsperson zu einer bestimmten Zeit ansprechbar ist – sei es durch einen geplanten Anruf, Erreichbarkeit über Messenger oder einen kurzen Besuch vor dem Schlafengehen.

… und was viel zu häufig wirklich passiert

Der Jugendliche braucht zur Bindungssicherheit einen kurzen Anruf bei der Bindungsperson (um sich unbewusst der Bindungs-Permanenz sicher zu sein). Die Bindungsperson hat am Samstagabend aber keine Lust ans Handy zu gehen, obwohl es abgesprochen war. Der Jugendliche wartet unruhig, und die Anspannung steigert sich. Schließlich ruft er mehrfach bei der Einrichtung an, wo die Nachtschicht nicht in das Bindungs-System involviert ist und nur beschwichtigt und auf den nächsten Tag vertröstet. Die neun Anrufe in Abwesenheit veranlasst die Bindungsperson den Jugendlichen zurückzurufen. Der Versuch scheitert daran, dass der Jugendliche noch wütender wird, weil er sich nicht ernst genommen fühlt. Mittlerweile hat er seine Musik so laut es geht aufgedreht und alle beschweren sich. Nachbarn rufen die Polizei. Der Jugendliche pöbelt die Polizei an. Die Situation eskaliert weiter, wobei ein dreiminütiges Telefonat das Bindungsangebot bestätigt hätte.

3. Verlässlichkeit
(Kommunikation der Verbindlichkeit)

Eine Bindungsperson muss verbindlich handeln und ihre Versprechen halten, da dies Vertrauen schafft und die Grundlage für eine sichere Bindung bildet. Unzuverlässigkeit kann beim Betreuten Misstrauen und Unsicherheit verstärken.

Theoretisches Beispiel

Wenn die Bindungsperson verspricht, den Betreuten nach der Schule abzuholen, sollte sie pünktlich da sein. Verspätungen oder das Nicht-Erscheinen könnten beim Betreuten Gefühle von Verlassenheit auslösen.

… und was viel zu häufig wirklich passiert

Die Bindungsperson steckt im Stau, der Akku des Handys ist leer, und eine Message an die Schule konnte nicht mehr verschickt werden. Der Betreute wartet an der falschen Stelle, weil ihm niemand gesagt hat, dass der Treffpunkt geändert wurde. Als die Bindungsperson schließlich ankommt, ist der Betreute wütend und verweigert den Einstieg ins Auto. Statt eines ruhigen Nachmittags folgt eine lange Diskussion, die beide Seiten frustriert zurücklässt.

4. Einfühlungsvermögen
(Emotionsebenen bedienen können)

Die Bindungsperson muss in der Lage sein, die Bedürfnisse und Emotionen des Betreuten zu erkennen, auch wenn diese nicht klar kommuniziert werden. Dies erfordert Sensibilität und die Fähigkeit, auf nonverbale Signale einzugehen.

Theoretisches Beispiel

Ein Kind, das sich bei einem neuen Betreuer zurückzieht, könnte Angst vor Ablehnung haben. Die Bindungsperson könnte durch behutsames Herantasten, wie das gemeinsame Anschauen eines Buchs, Vertrauen aufbauen.

… und was viel zu häufig wirklich passiert

Der neue Betreuer versucht, behutsam auf das Kind zuzugehen, doch das Kind ignoriert alle Annäherungsversuche und zieht sich noch weiter zurück.

Das Buch wird mit einem Achselzucken abgelehnt, und jede weitere Initiative stößt auf eisiges Schweigen. Während der Betreuer überlegt, wie er Vertrauen schaffen könnte, wird das Kind plötzlich laut oder verweigert jede Kooperation bei alltäglichen Aufgaben. Am Ende fühlt sich der Betreuer verunsichert, sogar persönlich verletzt und fragt sich, ob er alles falsch gemacht hat – während das Kind eigentlich nur testet, wie viel Geduld der neue Erwachsene tatsächlich hat und wie fest eine Bindung, auch bei Unsicherheiten, bestehen kann.

5. Stabilität
(Übergriffe auf Sachebene halten)

Die Bindungsperson sollte in stressigen oder emotional herausfordernden Situationen ruhig und sachlich bleiben. Es ist entscheidend, dass sie ihre eigenen Emotionen regulieren kann, um Eskalationen zu vermeiden.

Theoretisches Beispiel

Wenn der Betreute wütend schreit und mit Gegenständen wirft, bleibt die Bindungsperson ruhig, spricht in einem gleichmäßigen Ton und erinnert daran, dass Gewalt keine Lösung ist.

… und was viel zu häufig wirklich passiert

Die Bindungsperson bleibt zunächst ruhig, doch der Betreute wirft nicht nur Gegenstände wild umher, sondern wirft gezielt auf persönlich wichtige Dinge der Bindungsperson – die Lieblingskaffeetasse oder das Handy. Während die Bindungsperson versucht, die Situation zu deeskalieren, wird sie von einem fliegenden Stuhl unterbrochen. Der gleichmäßige Ton weicht einem lauten „Hör auf, du Arsch!", das sofort bereut wird. Der Betreute schreit noch lauter, wirft sich auf den Boden und schreit: „Du bist, wie alle, auch gegen mich!" Am Ende sitzen beide erschöpft da – die Bindungsperson fragt sich, was sie hätte besser machen können, damit die Situation nicht so sehr eskaliert.

6. Emotionale Belastbarkeit
(mit seelischem „Energie-Aussaugen" umgehen)

Die Bindungsperson muss in der Lage sein, belastende Erlebnisse des Betreuten aufzunehmen, ohne selbst emotional überfordert zu sein. Gleichzeitig sollte sie sich abgrenzen können, um langfristig stabil zu bleiben.

Theoretisches Beispiel

Ein Betreuter erzählt von traumatischen Erlebnissen, die erschütternd sind. Die Bindungsperson hört empathisch zu, ohne selbst in die Situation hineingezogen zu werden, und sucht später im Team oder in der Supervision Entlastung.

… und was viel zu häufig wirklich passiert

Der Betreute beginnt, von seinen traumatischen Erlebnissen zu erzählen – erst zögerlich, dann mit immer mehr Details, die die Bindungsperson tief erschüttert. Obwohl sie versucht, ruhig und empathisch zuzuhören, merkt sie, wie ihre Gedanken abschweifen: „Wie soll ich darauf reagieren? Was, wenn ich etwas Falsches sage?" Gleichzeitig spürt sie eine wachsende Anspannung, die sie kaum kontrollieren kann.

Nach dem Gespräch bleibt das Gehörte wie ein dunkler Schatten im Kopf haften. Statt direkt Entlastung im Team oder in der Supervision zu suchen, nimmt sie den Stress mit nach Hause, wo sie von den Erinnerungen überwältigt wird. Erst Tage später spricht sie darüber – und merkt, wie tief die Erzählung sie doch getroffen hat.

7. Eindeutige Erwachsenen-Rolle
(keine Peer-Rolle, kein Freund sein wollen)

Die Bindungsperson muss eine klare Rolle als Erwachsener einnehmen und darf nicht versuchen, als „Kumpel" oder gleichrangiger Freund aufzutreten. Diese Haltung gibt Orientierung und vermittelt Sicherheit.

Theoretisches Beispiel

Ein Jugendlicher möchte, dass die Bindungsperson bei einem Regelverstoß „ein Auge zudrückt". Stattdessen erklärt sie sachlich die Konsequenzen und bleibt konsequent, auch wenn das den Jugendlichen kurzfristig enttäuscht.

… und was viel zu häufig wirklich passiert

Der Jugendliche bittet die Bindungsperson, den Regelverstoß durchgehen zu lassen, und statt konsequent zu bleiben, entscheidet sie sich, als „guter Kumpel" zu agieren. „Okay, aber nur dieses eine Mal", sagt sie und fügt mit einem

Augenzwinkern hinzu: „Aber du musst mir versprechen, das nächste Mal vorsichtiger zu sein." Der Jugendliche grinst triumphierend, nickt und zieht ab.

Doch die Wirkung lässt nicht lange auf sich warten: Andere Betreute bekommen Wind davon und stellen die Bindungsperson infrage. „Wieso darf er das und ich nicht?" Die Regel verliert an Gewicht, und der Jugendliche selbst merkt schnell, dass er sich mit genug Charme immer durchsetzen kann. Statt Vertrauen zu stärken, führt das kumpelhafte Verhalten zu einem schleichenden *Autoritätsverlust* – und beim nächsten Regelverstoß eskaliert die Situation noch schneller.

8. Übersetzerfunktion

(Emotions- und Kommunikations-Übersetzer)

Die Bindungsperson sollte in der Lage sein, die Emotionen und Handlungen des Betreuten zu deuten und diese so zu übersetzen, dass das Team sie versteht und darauf eingehen kann.

Theoretisches Beispiel

Ein Kind wirft plötzlich sein Essen vom Tisch. Die Bindungsperson erkennt, dass das Kind möglicherweise Frustration ausdrückt, weil es sich zuvor ausgeschlossen gefühlt hat, und legt dies dem Team dar, um die Situation zu klären und Lösungen zu finden.

… und was viel zu häufig wirklich passiert

Das Kind wirft sein Essen vom Tisch, und die Bindungsperson versucht sofort, die Situation zu deuten. Doch bevor sie zu einer Analyse kommt, wird sie von anderen Betreuenden mit Sätzen wie „Das macht es doch nur, um Aufmerksamkeit zu bekommen!" unterbrochen. Der Frust des Kindes wird schnell als reine Provokation abgetan, und das Team diskutiert eher darüber, wie man das Verhalten „abstellen" könnte, statt die zugrunde liegenden Ursachen zu erforschen.

Die Bindungsperson versucht, die Perspektive des Kindes zu erklären, wird jedoch als zu „weich" oder „nachgiebig" wahrgenommen. Statt zu einer gemeinsamen Lösung zu kommen, entsteht ein Konflikt innerhalb des Teams. Einige sehen den Vorfall als disziplinarisches Problem, andere als Ausdruck emotionaler Not. Am Ende bleibt die Bindungsperson mit dem Gefühl zurück, nicht wirklich gehört worden zu sein – und das Kind wird weiter als „herausfordernd" wahrgenommen.

31.2 Die vier Schichten der Wunderball-Taktik – Ein Weg zur stabilen Bindung

Bindung ist kein spontanes Ereignis, sondern ein Prozess, der sich in mehreren Schritten entfaltet. Genau wie ein Wunderball, der Schicht für Schicht aufgelöst wird, baut sich eine sichere Beziehung zu einer neuen Bindungsperson in Phasen auf. Dabei sind vier zentrale Aspekte entscheidend. Körperliche Sicherheit, Vorhersehbarkeit, emotionale Verbindung und soziale Integration.

Körperliche Sicherheit bildet die erste und tiefste Schicht. Menschen, die sich in frühen Entwicklungsstufen befinden, benötigen oft nonverbale Signale von Geborgenheit – durch Berührung, Gerüche, Geschmack oder akustische Reize. Diese basalen Bedürfnisse stehen am Anfang jeder vertrauensvollen Beziehung.

Vorhersehbarkeit folgt als zweite Schicht. Eine verlässliche Struktur, wiederkehrende Rituale und klare Signale helfen dabei, Unsicherheiten abzubauen. Erst wenn die Umwelt berechenbar erscheint, kann eine tiefere Bindung entstehen.

Emotionale Verbindung ist die dritte Schicht. Sie baut darauf auf, dass die betroffene Person nicht nur Sicherheit und Struktur, sondern auch emotionale Resonanz erfährt. Durch feinfühlige Interaktion, geteilte Erlebnisse oder nonverbale Kommunikation entsteht eine emotionale Brücke, die den Übergang zu tieferem Vertrauen ermöglicht.

Soziale Integration bildet die äußere Schicht des Wunderballs. Menschen, die durch Bindungsstörungen oder soziale Isolation geprägt sind, benötigen eine behutsame Annäherung an größere Gruppen. Dies geschieht nicht durch plötzliche Konfrontation, sondern über eine schrittweise Erweiterung bestehender sicherer Kontakte.

Jede dieser Schichten ist notwendig, um langfristige Beziehungen aufzubauen, und jede Schicht muss stabil sein, bevor die nächste erreicht werden kann. Die Wunderball-Taktik beschreibt diesen Prozess detailliert und zeigt, wie Bindung nicht erzwungen, sondern durch gezielte pädagogische und therapeutische Maßnahmen gefördert werden kann.

31.3 Erste Schicht – Basale Bedürfnisse und präverbale Kommunikation

Der erste Kontakt zur Bindungsperson entsteht nicht auf kognitiver oder verbaler Ebene, sondern über basale Bedürfnisse. Hier kommt die präverbale Kommunikation ins Spiel – eine Form des Kontakts, die durch Sinneseindrücke und Körpersprache geprägt ist. Bereits Bowlby (1969) zeigte in seiner Bindungstheorie, dass emotionale Sicherheit durch nonverbale Signale entsteht. Diese Annahme wurde durch die *Still-Face*-Experimente von Edward Tronick (1978) bestätigt. Säuglinge reagieren massiv auf den Ausfall emotionaler Rückkopplung – ebenso wie Menschen mit frühen Bindungsverletzungen oder niedrigen sozio-emotionalen Entwicklungsstufen.

Um Vertrauen zu schaffen, müssen also Elemente eingebaut werden, die tiefer reichen als die rein rationale Kommunikation. Dynamische Rituale helfen hierbei, eine stabile Basis zu etablieren. Geräusche, Gerüche und Geschmäcker spielen dabei eine große Rolle. Beispielsweise kann das regelmäßige Zubereiten von Tee oder das Angebot vertrauter Düfte – frisches Brot, Holz, Lavendel – beruhigend wirken und ein Gefühl von Sicherheit vermitteln.

Auch Körperkontakt, in Form von sanften Berührungen wie einem Schulterklopfen oder dem gemeinsamen Eincremen der Hände, kann für viele Betroffene eine stabilisierende Wirkung haben. Ebenso wirken Temperaturreize – etwa durch das kurzzeitige Auflegen eines Eispacks, einer Wärmflasche oder eines warmen Körnerkissens – direkt auf das vegetative Nervensystem. Sie sprechen die tieferen Schichten der emotionalen Regulation an und helfen, den Körper wieder spürbar zu machen, wenn Sprache allein nicht ausreicht.

Diese Formen der sensorischen Regulation finden sich auch im sogenannten Skills-Training, das vor allem in der Dialektisch-Behavioralen Therapie (DBT) nach Marsha M. Linehan verankert ist. Es richtet sich an Menschen mit Schwierigkeiten in der Affektregulation, wie sie häufig bei Traumafolgestörungen oder Borderline-Persönlichkeitsstrukturen auftreten. Skills-Training nutzt gezielt körperlich-sinnliche Reize – Kälte, Druck, Bewegung, Geruch – um starke Emotionen abzufangen und neue neuronale Bahnen für Selbststeuerung und Beruhigung zu aktivieren.

So entsteht eine art erste Schicht der Wunderball-Taktik: eine körpernahe Ebene, die vor der Sprache ansetzt. Bevor Gefühle benannt werden können, müssen sie zunächst verkörpert, also im wahrsten Sinne *gehalten* werden. Rituale, Berührung, Temperatur und sensorische Reize schaffen diesen Halt – als Brücke zwischen Körper, Emotion und Vertrauen.

Die Einführung solcher Rituale sollte dabei nicht nur durch die primäre Bindungsperson erfolgen, sondern im gesamten Team fortgesetzt werden, um eine dauerhafte Stabilität zu gewährleisten.

Basale Bedürfnisse – Der körperliche Anker
(Beispiel zur ersten Schicht) – Ein 14 Jahre alter Jugendlicher lebt seit zwei Monaten in einer Wohngruppe, nachdem seine Mutter ihn nicht mehr versorgen konnte. Er reagiert kaum auf Ansprache, vermeidet Blickkontakt und

zieht sich immer wieder zurück. In den ersten Wochen scheitern Versuche, ihn in Gruppengespräche einzubeziehen – bis ein Erzieher ihm morgens beiläufig eine Tasse heißen Kakao hinstellt. Ohne Worte, einfach als Geste. Der Jugendliche nimmt sie irgendwann an. Nach einigen Tagen fängt er an, nachzufragen, ob es auch heute Kakao gibt. Diese scheinbar banale Interaktion wird zum ersten beständigen Ritual zwischen ihm und der Fachkraft. Nach einigen Wochen akzeptiert er beiläufige körperliche Nähe – eine Hand auf der Schulter, ein gemeinsames Anstoßen mit den Tassen. Es ist der erste Ankerpunkt, der zeigt: Bindung beginnt nicht mit Worten, sondern mit basalen Erfahrungen, die Sicherheit vermitteln.

Infoecke 1: Basale Reize und (dynamische) Rituale zur Beziehungsförderung

Das kam mir am Anfang der „ersten Schicht" etwas zu kurz, deshalb baue ich am Ende der ersten Schicht diese kleine Infoecke ein, mit einer Liste nonverbaler Kommunikations-Impulse. Um eine stabile Bindung aufzubauen, sind nonverbale Reize essenziell. Besonders bei Menschen mit niedrigem sozio-emotionalen Entwicklungsalter sind instinktive, sinnliche Ansprachen oft wirksamer als verbale Kommunikation. Folgende Ansätze haben sich bewährt:

- **Dynamische Rituale einführen:** Wiederkehrende Abläufe schaffen Sicherheit und Vorhersehbarkeit. Dies kann durch alltägliche Routinen wie Begrüßungsrituale, festgelegte Übergangszeiten oder sanften Kontakt geschehen.
- **Körperliche Kontakte anbieten:** Ein kurzer Schulterklopfer, das Eincremen der Hände (wenn ihr „aus Versehen" zu viel Creme auf euren Händen habt) oder sanfte Berührungen am Arm signalisieren Verlässlichkeit und Zugewandtheit. Auch Temperraturreize (wie zuvor beschrieben) gehören dazu; Eiswürfel lutschen, Wärme-Kälte-Packs, Körnerkissen.
- **Gerüche aktivieren:** Düfte sind eng mit emotionalen Erinnerungen verknüpft. Bestimmte Gerüche wie Kaffee, frisches Brot, frischgeschnittenes Gras, Limette, Holz [oder Lagerfeuer] können positive Assoziationen hervorrufen und Geborgenheit vermitteln.
- **Geschmacksgedächtnis auslösen:** Essen und Trinken sind zentrale Elemente menschlicher Sozialisation. Die „Milchzuckerbindung" beschreibt, wie über eine Kakao-Kultur emotionale Sicherheit verknüpft wird.

- **Geräuschewahrnehmung einbinden:** Bestimmte Klänge, wie leises Summen, Naturgeräusche, Mutterleibsgeräusche, beruhigende Musik oder Hörspiele können helfen, Emotionen zu regulieren und Entspannung zu fördern.
- **Mit Bildern „Bilder" erzeugen:** Farben, Formen und visuelle Eindrücke helfen, emotionale Stabilität zu fördern. Bestimmte Farbwelten oder vertraute Symbole können beruhigend oder anregend wirken.

Diese Methoden helfen, auch nonverbal eine tiefe emotionale Verbindung aufzubauen und die sozio-emotionale Entwicklung zu unterstützen.

Infoecke 2: Kritischer Hinweis zum Umgang mit Körperkontakt
So wichtig nonverbale Impulse und körperliche Nähe für viele Menschen mit niedrigem sozio-emotionalen Entwicklungsstand auch sind – gerade im institutionellen Kontext müssen Berührungen immer professionell reflektiert und im Team abgestimmt werden. Denn Körperkontakt kann ebenso ambivalente oder retraumatisierende Wirkungen haben, insbesondere bei Menschen mit Gewalterfahrungen, Grenzverletzungen oder mangelnder Körperwahrnehmung. Zudem gelten in Einrichtungen der Kinder- und Jugendhilfe, Schulen oder Kliniken klare Schutzkonzepte und institutionelle Richtlinien, die die Gestaltung von Nähe und Distanz regeln. Der Wunsch nach Sicherheit, Geborgenheit und Verlässlichkeit darf deshalb nicht zur unreflektierten Normalisierung körperlicher Berührung führen. Vielmehr braucht es eine bewusste, dokumentierte Haltung – achtsam, konsensual, alters- und entwicklungsangemessen; immer im Dienst einer Beziehung, die stärkt, nicht überfordert.

31.4 Zweite Schicht – Aktivierung der Bindung

Erst wenn eine basale Sicherheit (simuliertes Urvertrauen) etabliert wurde, kann Bindung im eigentlichen Sinne entstehen. Hier wird die emotionale Bedeutung der Bindungsperson sichtbar. Die Konzepte von „Ich", „Du" und „Wir" werden in dieser Phase deutlicher definiert und erlebt.

Werte, Normen und Regeln werden in diesem Kontext nicht durch bloße Instruktionen oder Konditionierung verinnerlicht. Stattdessen geschieht die

Übernahme solcher Orientierungen durch Identifikation mit der Bindungsperson. Menschen mit geringen sozio-emotionalen Entwicklungsstufen orientieren sich nicht an rationalen Erklärungen, sondern an Vorbildern, die emotionale Sicherheit bieten. In dieser Phase ist es daher wichtig, durch gelebte Werte vorzuleben, was später als innere Haltung übernommen werden kann.

Karl Heinz Brisch (2013) betonte in seinem SAFE-Programm zur Bindungsförderung, dass sichere Bindungen ein grundlegendes Fundament für jede Form der emotionalen und sozialen Entwicklung sind. Eine nachhaltige Betreuung gelingt nur, wenn die Bindungsperson nicht nur Anweisungen gibt, sondern auch in ihren Handlungen und Reaktionen nachvollziehbar bleibt.

Struktur und Vorhersehbarkeit – Vertrauen durch Wiederholung
(Beispiel zur zweiten Schicht) – Eine Jugendliche in der ambulanten Betreuung, bei der ein FASD (Fetales Alkoholsyndrom/Fetal Alcohol Spectrum Disorder) diagnostiziert wurde, hat Schwierigkeiten, den Tagesablauf zu strukturieren. Pläne auf Papier oder Erklärungen helfen kaum, da sie im Alltag oft vergessen werden. Eine Fachkraft führt eine sensorische Erinnerungsstrategie ein: Jeden Tag beginnt die Betreuung mit dem gleichen Duft von frisch aufgebrühtem Pfefferminztee. Die Betreuerin bietet ihn an, bevor der Tagesplan besprochen wird. Nach einigen Wochen wird das Ritual von der Jugendlichen erwartet – der Tee signalisiert ihr automatisch den Übergang in die Strukturphase. Ihr Körper verbindet den Geruch mit Sicherheit und Verlässlichkeit. Das Ritual hilft ihr, sich besser zu organisieren und den Plan für den Tag bewusster wahrzunehmen. (Den Tee trinkt übrigens fast nie.)

31.5 Dritte Schicht – Grenzen setzen und Strukturen etablieren

Sobald eine sichere Bindung etabliert ist, tritt eine neue Herausforderung auf. Die Balance zwischen Nähe und Autonomie muss gefunden werden. Eine gut verankerte Bindungsperson muss nicht mehr permanent physisch präsent sein – doch sie bleibt weiterhin ein verlässlicher Bezugspunkt.

Für eine stabile Betreuungssituation ist es unerlässlich, dass das gesamte Team in dieser Phase an einem Strang zieht. Es darf keine widersprüchlichen Botschaften geben – Regeln und Grenzen müssen konsistent kommuniziert werden. Wenn eine Betreuungsperson eine bestimmte Grenze setzt, sollte das gesamte Team diese Entscheidung mittragen. Nur so kann sich ein stabiles und verlässliches Umfeld entwickeln.

Hier kommt das Konzept der *kohärenten Autorität* ins Spiel, das auch in der systemischen Pädagogik (J∪∪L & Jᴇɴsᴇɴ, 2010) eine zentrale Rolle spielt. Kinder und Menschen mit besonderen Bedürfnissen orientieren sich nicht nur an einzelnen Personen, sondern an der Verlässlichkeit des gesamten Rahmens. Wird dieser Rahmen (für sie) diffus, brechen erlernte Strukturen oft schnell wieder zusammen.

Emotionale Verbindung – Die Brücke zur Kommunikation
(Beispiel zur dritten Schicht) – Ein sechsjähriger Junge hat mit vier Jahren eine medizinische ASS-Diagnose (Autismus-Spektrum-Störung) erhalten. Die Diagnose ist im täglichen Umgang nur im fachlichen Hintergrund interessant. In der Praxis ist wichtig, dass der Junge unterschiedliche neurodiverse Verhaltensstrukturen zeigt. Unter anderem ist er nicht verbalisiert und zeigt keine verbale Reaktion auf Fragen oder Bitten. Während der Spielzeit legt seine Bezugsperson jedoch gezielt eine Klangschale in den Raum. Das Brummen der Schale fasziniert den Jungen. Er hält sein Ohr an die Schale und fühlt die Vibrationen mit den Händen und wie er den Klang beeinflussen/stoppen kann. Nach mehreren Wochen beginnt er, die Schale selbst anzustoßen – ein erstes „auditives Gespräch" mit Geräuschen als Kommunikation entsteht. Über die Klänge entwickelt sich eine Kommunikationsebene, die nicht auf Sprache angewiesen ist. Nach und nach entwickelt sich ein rhythmisches Hin-und-Her-Spiel mit der Fachkraft. Erst durch diesen Umweg – eine emotionale Verbindung über auditive Reize – öffnet sich die Tür zu mehr Interaktion.

31.6 Vierte Schicht – Exploration und Reflexion

Wenn Bindung stabil ist, wird die Welt größer. Die Betroffenen beginnen, ihre Umwelt mit mehr Neugier und Eigenständigkeit zu erkunden – eine Phase, die eng mit dem Konzept der sicheren Basis von Bᴏᴡʟʙʏ verknüpft ist. Erst wer sicher ist, kann sich frei bewegen. Erst wer sich gebunden fühlt, kann sich trauen, loszulassen (Explorationsverhalten).

Hier öffnet sich das *Toleranzfenster,* ein Konzept von Sɪᴇɢᴇʟ (1999/2020), das beschreibt, in welchem emotionalen Bereich sich Menschen wohlfühlen und gut lernen können. Eine gut etablierte Bindung ermöglicht es, dieses Fenster zu vergrößern. Emotionale Regulation, Selbst- und Fremdreflexion sowie Kritikfähigkeit nehmen zu. Die Entwicklungsaltersstufen gleichen sich an – ein Ziel, das viele pädagogische und therapeutische Konzepte anstreben.

In dieser Phase geht es darum, neue Herausforderungen zu ermöglichen, ohne dabei Sicherheit zu verlieren. Der Ausbau von Selbstwirksamkeit ist hier zentral – Betroffene sollen zunehmend in der Lage sein, ihre Emotionen und Reaktionen selbst zu steuern, während die Bindungsperson immer mehr in den Hintergrund tritt.

Soziale Integration – Vom Einzelkontakt in die Gruppe
(Beispiel zur vierten Schicht) – Eine erwachsene Frau mit intellektueller Beeinträchtigung lebt in einer stationären Einrichtung. Sie spricht wenig, meidet Gruppenaktivitäten und zeigt kaum Interesse an den anderen Bewohner:innen. Eine Fachkraft entdeckt, dass sie gerne Brot backt – allerdings immer allein. Die Idee ist ein langsamer, bindungsbasierter Übergang. Zunächst backt sie gemeinsam mit einer Bezugsperson. Nach einiger Zeit wird – nach Rücksprache – ein weiterer Bewohner dazu eingeladen – ein älterer Mann, der gerne Geschichten erzählt, während er knetet. Langsam wächst die Gruppe, bis die Frau schließlich regelmäßig mit drei bis vier Menschen gemeinsam backt. Die soziale Integration ist nicht erzwungen, sondern geschieht über die Verknüpfung mit einer bereits sicheren, vertrauten Aktivität. Die Exploration geschieht in einem geschützten Rahmen.

31.7 Bindung als Grundlage für Entwicklung

Die Wunderball-Taktik zeigt, dass Bindung kein schnelles Ergebnis ist, sondern ein schichtweiser Prozess. Jede Phase baut auf der vorherigen auf und erfordert Geduld, Feingefühl und eine reflektierte Herangehensweise. Eine gute Assistenz zeichnet sich nicht nur durch ihre Fachkenntnisse aus, sondern auch durch ihre Fähigkeit, sich auf den Bindungsprozess einzulassen und die einzelnen Schichten mit Bedacht freizulegen.

Wer vorschnell durch den Wunderball beißen will, wird daran scheitern. Wer ihn Schicht für Schicht freilegt, wird jedoch erleben, dass in der Tiefe jeder Biografie ein wertvoller Kern verborgen liegt.

32

Ich, Du und Wir im sozio-emotionalen Kontext

Ein kleiner Nachschlag, da ich im letzten Kapitel nicht den richtigen Rahmen fand. Die Wichtigkeit von „ich, du, wir" ist eine zentrale Erfahrung in der menschlichen Entwicklung. Bindung ist nicht nur ein Konzept der frühen Kindheit, sondern ein lebenslanger Prozess, der unser soziales Miteinander bestimmt. Erst wenn wir in einer sicheren Beziehung stehen – sei es zu einer Bezugsperson, einer Gruppe oder einer Gemeinschaft – können wir die emotionale Tragweite von Nähe und Distanz wirklich verstehen.

Die eigene Identität beginnt im Gegenüber. In der Spiegelung durch andere erkennen wir uns selbst. Diese Entwicklung verläuft nicht linear, sondern ist geprägt durch Momente der Annäherung und des Rückzugs, des Vertrauens und der Enttäuschung (das alles ist als Exploration zu verstehen). Es braucht das „Ich", um sich abzugrenzen, das „Du", um sich im Gegenüber wahrzunehmen, und das „Wir", um sich als Teil eines größeren sozialen Rahmens zu begreifen.

Erst wer Bindung erfährt, erlebt es, etwas verlieren zu können – den emotionalen Bezug zum anderen Menschen.

Dieser Satz klingt wie ein Sinnspruch (darum habe ich ihn hervorgehoben) und bringt eine fundamentale Wahrheit auf den Punkt. Bindung ermöglicht es uns erst, Verlust zu empfinden. Wer nie eine verlässliche Beziehung erlebt hat, kann auch keine Angst vor dem Verlassenwerden entwickeln – oder schlimmer noch, er/sie/es bleibt emotional unberührt. Doch genau in diesem Spannungsfeld zwischen Nähe und Verlust wachsen wir.

Für viele Menschen, die in instabilen Beziehungen aufgewachsen sind oder in Krisensituationen leben, ist die Erfahrung von echter, beständiger Bindung

© Der/die Autor(en), exklusiv lizenziert an Springer-Verlag GmbH, DE, ein Teil von Springer Nature 2026
M. Boehm, *Ist es normal, nur weil alle es tun?*,
https://doi.org/10.1007/978-3-662-73190-1_32

neu. Sie müssen erst lernen, dass Beziehungen nicht nur auf Kontrolle oder Abhängigkeit basieren, sondern auf Vertrauen und Gegenseitigkeit. Die körperlichen und psychischen Grenzen, die wir in Beziehungen erfahren, formen unser Selbstbild und unsere Fähigkeit, mit der Welt in Verbindung zu treten.

Soziale Arbeit, Therapie und Pädagogik greifen genau hier an. Es geht nicht darum, Menschen in künstliche Normen zu pressen, sondern sie in ihren individuellen Bindungsmustern zu verstehen und zu begleiten. Denn wer einmal eine tragfähige Bindung erfahren hat, kann sie auch selbst gestalten – mit der Freiheit, Nähe zuzulassen, aber auch Distanz zu wahren.

33

Ritual oder Rhythmus?

Vor dem folgenden Kapitel der „Kakao-Kultur" hatte ich das Bedürfnis Ritual und Rhythmus aufzudröseln und direkt wieder zu verschmelzen. Ohne diese Beleuchtung vorweg hat die „Kakao-Kultur" für viele Fachkräfte etwas Nicht-Greifbares.

Neuinterpretation des Rituals

Rituale sind seit jeher ein fester Bestandteil menschlichen Zusammenlebens. Sie schaffen Struktur, vermitteln Sicherheit und stärken soziale Bindungen. In der Sozialen Arbeit werden Rituale oft als bewusst gesetzte Wiederholungen verstanden – sei es ein Begrüßungsritual, gemeinsame Mahlzeiten oder festgelegte Abläufe (wie Einkauf etc.) im Alltag von Klient:innen. Doch diese Sichtweise greift möglicherweise zu kurz. Was, wenn Rituale nicht nur starr strukturierte Abläufe sind, sondern viel mehr ein Rhythmus sein können – eine flexible, lebendige Wiederkehr von Momenten, die Bindung ermöglichen?

Das klassische Ritual hat feste Formen und wird oft verwaltet wie ein Durchführungsplan. Ein klar definierter Ablauf, der Sicherheit geben soll. Doch wahre Bindung entsteht nicht durch starre Abläufe, sondern durch gelebte, authentische Begegnungen. Die Alternative wäre eine fluidere Form. Ein Ritual, das sich am Rhythmus des Gegenübers orientiert, an dessen Emotionen, Bedürfnissen und Tagesverfassung. Hier entsteht eine neue Perspektive. Ritual oder Rhythmus? Oder vielleicht: ein „Rhytual"?

M. Boehm, *Ist es normal, nur weil alle es tun?*,
https://doi.org/10.1007/978-3-662-73190-1_33

Die klassische Sichtweise – Struktur und Stabilität

In der traditionellen Pädagogik und Sozialen Arbeit werden Rituale oft als Mittel zur Strukturierung verstanden. Sie haben die Funktion Verlässlichkeit zu schaffen. Dabei vermitteln Wiederholungen Sicherheit. Zudem erleichtern sie Übergänge. Es entsteht eine Verbindung zwischen Alltag und Therapie, zwischen Arbeit und Freizeit, zwischen verschiedenen Tageszeiten oder Gruppenprozessen.

Zudem stärken Rituale die soziale Zugehörigkeit. Sie können gar Identität stärken und intensivieren Gruppenzusammenhalt.

In diesem Verständnis sind Rituale oft festgelegt, standardisiert und vorgeplant. Sie können helfen, Orientierung zu geben – doch gleichzeitig kann eine zu starre Struktur dazu führen, dass Rituale ihre Lebendigkeit verlieren. Wenn Begrüßungen oder Abschlussroutinen nur noch abgehakt werden, kann das Gegenteil eintreten: Anstatt Bindung zu fördern, entstehen Distanz und Beliebigkeit.

Eine anthropologische Perspektive – Kollektive Symbolik

In der Ethnologie und Soziologie werden Rituale als kollektive Handlungen betrachtet, die Gruppenidentität stärken. Sie haben oft eine tiefere, symbolische Bedeutung – sei es durch Religion, Traditionen oder kulturelle Praktiken. Dabei sind sie häufig festgelegt, wiederkehrend und mit Erwartungen verbunden. Auch die Soziale Arbeit berührt kulturelle Rituale. Es sind überwiegend Feste, Feierlichkeiten, Geburtstagsroutinen oder bestimmte Umgangsformen. Doch selbst in diesen ritualisierten Handlungen gibt es einen inneren Rhythmus, eine Dynamik, die sie lebendig hält. Fehlt dieser, verkommt das Ritual zu einer leeren Hülle.

Der alternative Ansatz – Rituale als flexible Rhythmen

Hier setzt die neue Sichtweise an. Rituale sollten nicht als statische Vorgaben, sondern als fließende Prozesse verstanden werden. Anstatt ein starres Begrüßungsritual zu etablieren, könnte eine dynamische, situationsabhängige Begrüßung gewählt werden, je nach Stimmung und Bedürfnis des Gegenübers.

Wichtiger ist die Flexibilität statt Fixierung. Rituale dürfen nicht verwaltet werden wie Flurdienste oder Zeitpläne. Sie sollten lebendig bleiben und Raum für Variation bieten.

Rituale sollten sich am Bindungsgedanken orientieren. Ein gutes Ritual ist weniger eine feste Handlung als vielmehr eine wiederkehrende Verfügbarkeit. Es geht um Momente, die Vertrauen und Nähe schaffen, ohne dabei mechanisch zu wirken.

Es ist das Taktmaß statt der starren Wiederholung im Plan der Fachkraft. Ein gutes Ritual ähnelt eher einem Rhythmus, der durch Gefühle und Beziehungen gesteuert wird, nicht durch Vorschriften.

Anstatt ein Kind in der Betreuung jeden Morgen mit denselben Worten zu begrüßen, kann das Ritual darin bestehen, dass die Betreuerin auf die individuelle Stimmung des Kindes eingeht – mal mit einem kurzen Gespräch, mal mit einem Nicken, mal mit einem spielerischen Element. Das Wiederkehrende ist nicht die Handlung selbst, sondern die konstante Präsenz und emotionale Offenheit.

Vom Ritual zur Haltung – Die tiefere Veränderung

Ist dieser Ansatz noch ein Ritual oder eher eine Frage der Haltung? Vielleicht verschiebt sich hier der Fokus. Weg von einem definierten Handlungsablauf, hin zu einer grundsätzlichen inneren Einstellung der Fachkraft. Wenn Rituale nicht mehr als wiederkehrende Mechanismen verstanden werden, sondern als sozio-emotionale Entwicklungsräume, dann geht es nicht mehr um das Ritual an sich, sondern um die Qualität der Beziehung, die es ermöglicht.

Dieser Ansatz steht in engem Zusammenhang mit den Erkenntnissen von John Bowlby und Mary Ainsworth zur Bindungstheorie. Sie postulierten, dass Verlässlichkeit nicht durch starre Abläufe entsteht, sondern durch emotional anwesende Bezugspersonen. Eine echte Bindung entwickelt sich nicht durch vorhersehbare Routinen, sondern durch ein feines Gespür für die Bedürfnisse des Gegenübers und eine flexible, verlässliche Reaktion darauf.

Diese Perspektive fordert Fachkräfte dazu heraus, ihre Haltung zu reflektieren. Geht es in der Arbeit mit Menschen darum, vordefinierte Abläufe einzuhalten oder darum, sich auf die individuellen, oft unvorhersehbaren Bedürfnisse der betreuten Personen einzulassen? Ein Ritual, das in diesen Bindungsgedanken eingebettet ist, bleibt nicht nur ein symbolischer Akt, sondern wird zu einem lebendigen, wachstumsfördernden Prozess.

Das „Rhytual" als neuer Weg?

Vielleicht brauchen wir ein neues Wort für das, was zwischen Ritual und Rhythmus liegt – ein „Rhytual", das beide Elemente verbindet (siehe Abb. 33.1). Besser ist aber wohl eine Spezifizierung des Bekannten. Ein „dynamisches Ritual" ist eine passende Beschreibung. Ein sich wiederholendes Muster, das jedoch so flexibel bleibt, dass es die jeweilige Situation und das Gegenüber berücksichtigt.

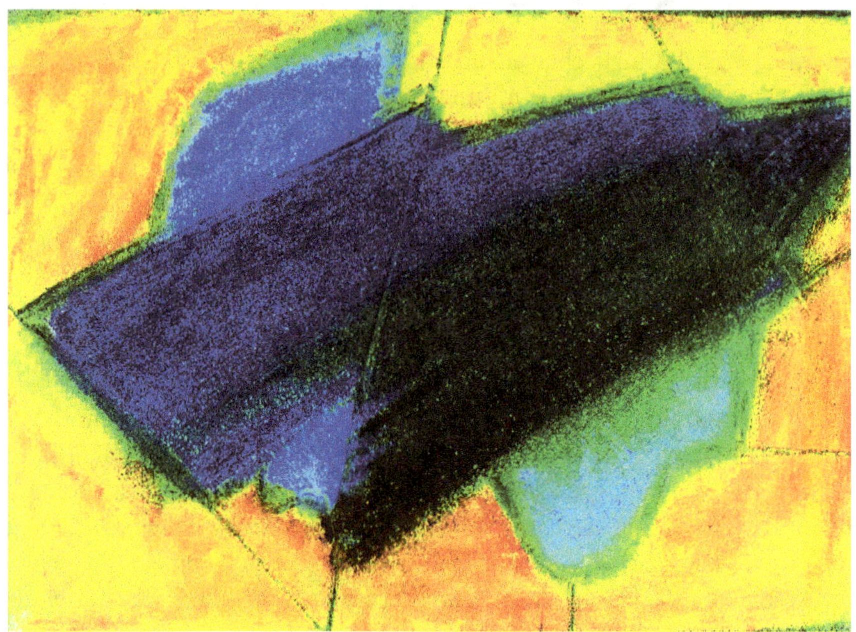

Abb. 33.1   Rhytual – dynamischer Rhythmus (Ölkreide auf Bütten – C.J. Boehm)

Ein Ritual kann Halt geben, aber ein Rhythmus lässt Raum für echte Begegnung. Wer Bindung fördern will, darf Rituale nicht verwalten, sondern muss sie atmen lassen – so wie ein guter Rhythmus den richtigen Moment braucht, um seine volle Wirkung zu entfalten.

Vergleich: Ritual vs. Rhythmus (dynamisches Ritual)

Merkmal	Ritual (klassisch)	Ritual/Rhythmus (dynamisch)
Struktur	Festgelegte Abläufe	Flexible Wiederkehr
Fokus	Sicherheit durch Routine	Nähe durch Anpassung
Veränderbarkeit	Gering (fixe Vorgaben)	Hoch (situativ angepasst)
Ziel	Ordnung und Stabilität	Bindung und Beziehung

34

Dynamische Rituale – oder „Kakao-Kultur"

Ringelpietz oder echt nützlich? Die Idee der klassischen Rituale in der Sozialen Arbeit scheint manchmal unreflektiert aus alten Zeiten zu kommen. Die sozio-emotionale und psychologische Basierung im Rhythmus zeigt dabei den Nutzen (harte Fertigkeiten) und die dynamische Aktivierung, die funktioniert (weiche Fähigkeiten).

Struktur und Verlässlichkeit schaffen
Viele Menschen in der Sozialen Arbeit erleben ihren Alltag als chaotisch oder unvorhersehbar. Rituale geben ihnen ein Gefühl von Stabilität und Kontrolle, da sie klar definierte Abläufe und wiederholbare Handlungen darstellen. (Eigentlich schön offen beschrieben. Hattet ihr zunächst Klientinnen und Klienten im Kopf oder Fachkräfte? Gilt für beide, oder? - hier sei das großartige Team der Hallig/WerkHUS erwähnt, das nicht nur mit dynamischen Ritualen arbeitet: Bente, Lisa, Jens, Christoph, Celin, Marco)

Sicherheit und Orientierung fördern
Kinder und Jugendliche im Rahmen der Sozialen Arbeit, aber auch Menschen mit herausforderndem Verhalten haben belastende Lebenssituationen erlebt. Sie profitieren von Ritualen, da sie eine Art „sicheren Hafen" bieten. Rituale entspannen und geben Orientierung in einer komplexen Welt.

Bindungsbeschleuniger
Dynamische Rituale schaffen Momente des Zusammenseins und fördern die Beziehung zwischen Assistierenden und Klient:innen. Wiederkehrende

© Der/die Autor(en), exklusiv lizenziert an Springer-Verlag GmbH, DE, ein Teil von
Springer Nature 2026
M. Boehm, *Ist es normal, nur weil alle es tun?*,
https://doi.org/10.1007/978-3-662-73190-1_34

Handlungen stärken das Interaktionsgefühl und das Vertrauen in die Fachkräfte.

Werte und Normen vermitteln

In der Sozialen Arbeit können dynamische Rituale genutzt werden, um Werte und Normen auf entspannt-sichere Weise zu vermitteln. Sie fördern Respekt und Achtsamkeit für sich und die Gemeinschaft.

Keine Verpflichtung – Dynamische Rituale

Dynamische Rituale können (anders als klassische Rituale) nicht verpflichtend sein, da sie den beschriebenen Wirkmechanismus ad absurdum führen würden. Eine Verpflichtung ist jedoch häufig ein Misserfolgsgarant bei der Einführung. Dynamische Rituale können nicht wie festlegte Haus- oder Küchendienste organisiert werden.

Zuverlässigkeit der Betreuungsperson

Ein Kakao-Trinken beginnt mit einer aktionistischen Zuverlässigkeit der Betreuungsperson und soll die Neugier der Klient:innen fördern. Im folgenden Gedankenkonstrukt sind wir in einer Kinder- und Jugendwohneinrichtung. Eine Betreuungsperson möchte eine „Kakao-Kultur" einführen. Die Person stellt die Idee, mit den oben genannten (und vielleicht viel besseren, weiteren) Punkten in einer Teambesprechung vor. Alle Mitarbeitenden sind informiert, im Krankheitsfall ist sogar für eine Ersatzperson gesorgt.

Jeden Tag, zur selben Zeit (eine Uhrzeit bei denen die meisten Mitbewohnerinnen und Mitbewohnern die Möglichkeit haben teilzunehmen – verabschiedet euch davon allen alles ermöglichen zu wollen) bietet die Betreuungsperson das Ritual an. Sie hat Abläufe, die wiederkehren und Zeit bieten, dass Interessierte teilnehmen können; Die Milch herausstellen, den Topf auf den Herd stellen, den Kakao suchen, Zucker ebenfalls, Becher auf den Tisch stellen (viel zu viele, damit niemand denken muss, jemandem einen Becher wegzunehmen), Löffel dazu. Nun lädt die Betreuungsperson ein, fordert nicht auf. Sie beginnt die Schritte der Zubereitung zu erklären, als scheinbare Selbstinstruktion, wenn niemand da ist, etwas gedankenverloren, wenn sich jemand in Hörreichweite gezeigt hat, als „Rezept", wenn mehrere Bewohnerinnen und Bewohner dabei sind.

Die Betreuungsperson lädt ein, Kakao mitzutrinken. Sie nennt es keinesfalls Ritual und erwartet nicht eine bestimmte Anwesenheit oder Verweildauer, oder gibt nur Kakao an die aus, die „rechtzeitig" da sind. Jede Person ist jederzeit und für jedes Zeitintervall willkommen. Das ist die Voraussetzung eines funktionierenden dynamischen Rituals, alles andere ist ein Tagesprogrammpunkt. (Anmerkung: Ja, ich stelle es idealisiert dar. Bei – wie im letzten Kapitel beschrieben – Begrüßungsritualen gibt es definierte Zeitspannen, dennoch muss auch dort jede Person die Freiheit haben die Begrüßung mitzumachen oder ohne Repressalien auszusetzen [auch nicht pädagogisches Nachfragen].) Also zurück zum Kakao. Es ist ein scheinbar unpädagogisierter Raum, der in höchstem Maße pädagogisch ist.

Erwartungshaltung der Betreuungsperson
Der nächste Hauptpunkt, warum Rituale nicht funktionieren, ist die Erwartungshaltung der Betreuungsperson. Wir haben zwei Maximen im Kopf, die uns antrainiert wurden. Erstens glauben wir, dass, wenn wir uns „schon herablassen wertvolle Zeit für schnödes Kakaotrinken zu opfern", dann müssen möglichst viele „Betraute" daran teilnehmen, ob sie wollen oder nicht. Ihr habt die überzeichnete Darstellung mitbekommen, oder? Wenn nicht, dann war/ist dieses Buch nichts für euch.

Die zweite Maxime ist noch tiefer in der Arbeit mit Menschen eingebaut. Im Kopf könnte sich folgendes abspielen: „Ich werde bezahlt, darum muss ich doch etwas leisten. Da kann ich doch nicht einfach Kakao trinken, ohne ein bestimmtes Thema zu besprechen und ohne zu wissen, wer teilnimmt." Doch! Genau das ist die Idee eines dynamischen Rituals. Auch als Betreuungsperson eine Situation anzunehmen und ohne Thema bestehenzulassen, ganz bewusst auf inhaltliche Arbeit verzichten. Das ist der Raum für Sicherheit, Struktur und Verlässlichkeit, bei denen sich die Klientinnen und Klienten nicht verstellen müssen, da sie erwarten „ausgefragt" zu werden oder meinen eine „pädagogisch wertvolle Antwort" geben u müssen. Dies fällt übrigens den Betreuungspersonen schwerer als den anderen Kakaotrinkenden.

Und dann passiert … nichts
Und was passiert? Tagelang, vielleicht Wochen, trinkt die Betreuungsperson allein ihren Kakao. Es schaut mal jemand vorbei, geht dann wieder, dann trinkt jemand mit. Nach Tagen kommt die Person wieder, überrascht über das identische Setting. Eine Eigendynamik entsteht. Mit wechselndem Publikum sind allmählig immer einige Klientinnen und Klienten zum Kakaotrinken da. Der Raum füllt sich mit einer besonderen Atmosphäre, die so anders ist als das sonstige Miteinander. Es entsteht eine professionelle Nähe. Das dynamische Ritual ist implementiert.

Methodenvielfalt der Betreuungsperson
Wo seid ihr, die nun mit erhobenem Zeigefinger zu Protokoll geben, dass ich über Kuhmilch (gesättigte Fettsäuren, Laktose, Tierversklavung) spreche,

über Kristallzucker (Übergewicht, Stimmungsschwankungen, Energieverlust) und dass für den Anbau von Kakaobohnen ganze Wälder gerodet und die Kakaobauern ausgebeutet werden?

Das ist legitim. Dann passt dieses Ritual nicht zu eurer Betreuungspersönlichkeit. Das gilt für so viele Methoden in der Sozialen Arbeit. Ihr müsst die Arbeitsweisen finden, die zu euch passen, denn erst dann könnt ihr „echt" sein. Professionelles Handeln bedeutet nicht die eigene Persönlichkeit von der „Arbeitspersönlichkeit" abzukoppeln, das würde euch und die Menschen, mit denen ihr zusammenarbeitet, nicht glücklich machen. Ihr müsst Dinge finden, die ihr mit Herzblut und voller Einsatzfreude – oder soll ich es pädagogischer sagen, mit „Herz, Hand und Kopf" (nach Pestalozzi) – umsetzen könnt und wollt. Das ist zum Teil schwierig in einer großen Einrichtung, da es viele strukturelle Vorgaben gibt. Doch auch dort ist man selbst verantwortlich Möglichkeiten zu schaffen, in gemeinsamer Absprache Ideen zu entwickeln, die zu vielen Fachkräften passen.

Erinnerungstiefe

Zurück zur Kakao-Kultur. Ein „Zusammen handwarmes Wasser trinken" oder „Wir atmen Sonne" Ritual ist denkbar, nur hilft Laktose und Saccharose dabei, im Bindungsbereich vereinfacht und tief einzusteigen. Kakao trinken ist von sich heraus etwas Heimeliges. Warum? Ist es wegen des warmen süßen Getränks, das uns innehalten lassen muss, bis der Kakao kühl genug zum Trinken ist? Das ist nur ein Teilbereich des Effekts. Vielmehr müssen wir – zur genaueren Betrachtung – oberflächlich in die Gehirnfunktionen einsteigen. Gustatorische (schmecken) und olfaktorische (riechen) Erinnerungen sind sehr tief in unserem Gehirn verankert; Anders als visuelle (sehen) und auditive (hören) Reize, die überwiegend im Neocortex gespeichert werden – allein schon aufgrund der Fülle der Daten. Gustatorische und olfaktorische Erinnerungen werden, mit ihrer geringen Datenrate, überwiegend im Limbischen System (im tieferen, älteren Gehirnbereich) gespeichert. Viele unserer ersten Eindrücke, noch lange vor den bewusst abrufbaren Erinnerungen, sind Gerüche und Geschmäcker. [Ich lasse das Haptische/Taktile (berühren) in diesem Kontext außer Acht, da es dazu mehrere Betrachtungsebenen gibt.]

Emotionsfotos

Wir müssen gar nicht so weit in unserer Biografie zurück gehen. Ein schöner Urlaub, mit tollem Essen und exotischen Düften wird uns mit nur einem Atemzug zurückgebracht, wenn wir, wieder zuhause, eine besondere Gewürzkombination riechen. Kein Foto vermag es, uns so unvermittelt wieder in die emotionale Situation dieses Urlaubs zurückzuführen.

In unserer prä- und periverbalen Phase, wenn wir noch nicht die Sprache als das Hauptmittel der Kommunikation gefestigt haben – wir sind zwischen 0 und 3,5 Jahre alt – besitzen wir zudem fast keine bewussten Erinnerungen, dafür umso intensivere (da tiefer gespeicherte) Geruchs- und Geschmackbilder. Diese nicht abrufbaren Erlebnisse der frühen Kindheit (frühkindliche Amnesie genannt) begleiten uns in unserem täglichen Leben viel intensiver als wir es wahrhaben wollen. Insbesondere, da wir Menschen so hochnäsig sind und glauben, dass „Logik" und (sich) „Bewusst-Sein" das uns leitende Gut ist.

Grüner Apfel – Shampoo
Eine klitzekleine persönliche Anekdote (als „pars pro toto" [Teil vom Ganzen]). Immer, wenn ich von einem günstigen 1970er Shampoo-Anbieter die Sorte „Grüner Apfel" rieche, dann fühle ich mich sicher, wohl und geborgen; obwohl es ein rein scheußlicher, chemischer Apfelgeruch ist. Ich kann dieses Shampoo sogar wage wahrnehmen, wenn ich nur daran denke. Das ist eine Erinnerung, die sehr tief und sehr sicher in meinem Gehirn gespeichert ist. (Kleiner Tipp für meine späteren Pflegekräfte: Sollte ich eine volle Demenz ausprägen, wäre dieser Duft gut geeignet, um frühe Erinnerungen von mir zu aktivieren.)

Als ich mir alte Fotoalben angeschaut habe (übrigens mit meiner dementen Mutter), bin ich bei einem Foto hängengeblieben, das zu dem Duft passte (siehe Abb. 34.1). Im hellbraun gefliesten Badezimmer helfe ich, als Knirps, meiner Mutter bei der Körperhygiene mit Badewasserduschen in einer roten Schüssel. Meine Mutter, mit dem Rücken zur Kamera, wäscht sich, in der Badewanne sitzend, mit viel Schaum, die langen Haare.

Vielleicht liege ich falsch, ich werde es nicht aufklären können, aber das ist für mich das Sinnbild von Sicherheit. Ich „arbeite" im warmen Badezimmer, beschütze meine Mutter und werde beschützt durch meine Mutter und der Duft von „Grüner Apfel – Shampoo" liegt in der Luft. Diese Erinnerung ist als komplexes Emotionsfoto gespeichert. Welches sind eure parabewussten Erinnerungen? Stöbert mal.

Negative nicht-bewusste Erinnerungen
Nur mal nebenbei. „Unsere" Kinder, Jugendlichen und besonders herausfordernden Menschen haben ebenfalls solche parabewussten Erinnerungen. Nur häufig sind sie negativ belegt. Vielfach sind sie geprägt vom „allein gelassen sein", da die Bindungspersonen (zunächst die Mutter, es sind aber auch Vater und weitere Personen möglich) aus irgendeinem Grund keine sichere Bindung aufbauen konnten. Diese nicht bewusst abrufbaren Erinnerungen können auch Situationen darstellen, die sich nicht steuerbar und/oder lebensbedrohlich an-

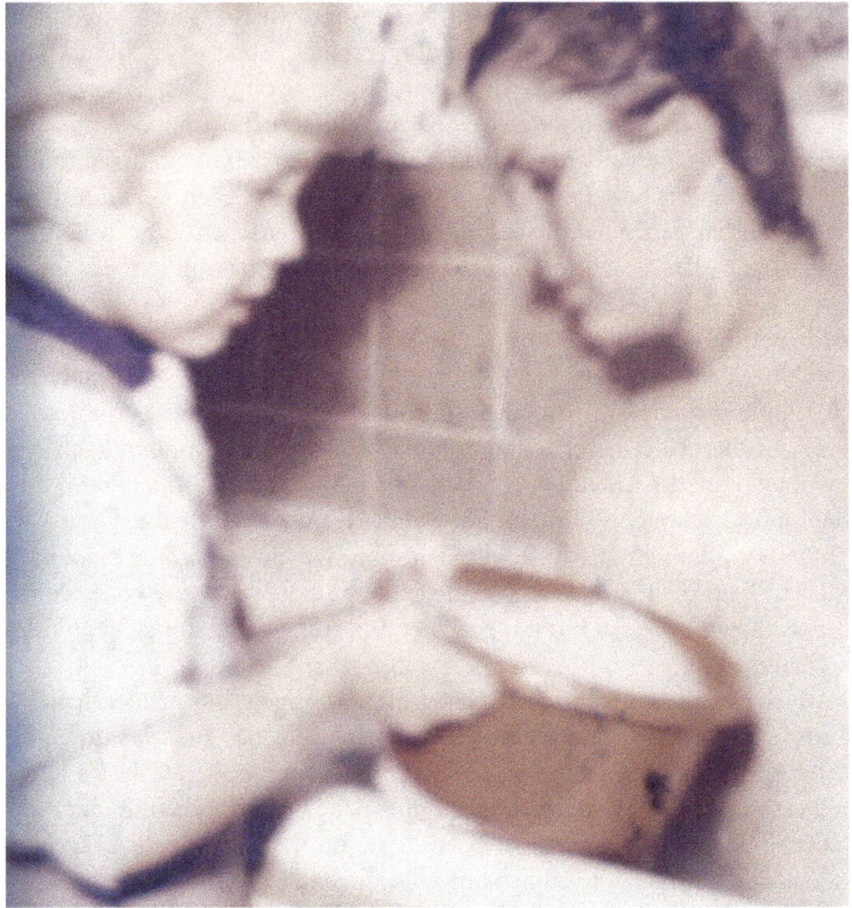

Abb. 34.1   komplexes Emotionsfoto „Grüner Apfel" (privates Archiv Marco Boehm)

fühlten; Hunger, Durst, Gewalt. Und dies sind nur eine kleine Auswahl von auslösenden frühkindlichen Bindungsstörungen; Häufig aufgrund von familiären Situationen. Aber aufgepasst. Holt die Menschen wieder aus euren Schubladen hervor, denn es gibt eine enorme Bandbreite von Belastungsstörungen und Traumata in der prä- und periverbalen Phase, die nicht sofort mit Vernachlässigung oder Missbrauch zu tun haben müssen.

Never start something you can't stop
Denkt bei eurer Arbeit immer daran: Never start something you can't stop! Es gibt eine feine Linie zwischen biografischer Arbeit und therapeutischer Arbeit. Ihr dürft nie Dinge im Leben anderer Menschen offenbaren, die unbewusst oder bewusst abgekapselt ruhen. Sich damit zu beschäftigen ist eine

andere Profession, die ein anderes Handwerkszeug parat hat. Wir müssen davon wissen, dass wir oftmals tiefe Reisen in die Vergangenheit und Erlebnisse anderer Personen unternehmen. Dabei müssen wir so professionell sein, zu erkennen, wo die Straßen sind, die wir befahren dürfen und welche Gassen tabu sind. Hier gilt, wie in anderen Kapiteln beschrieben, dass unsere Professionalität nicht an irgendwelchen ausgedachten Grenzen der Sozialen Arbeit endet. Wissen (aus benachbarten Professionen) ist der Schlüssel, nicht zu stigmatisieren und nicht unbedacht zu agieren. Eine reine „soziale Diagnostik" existiert nicht, auch, wenn dies derzeit so fachlich dargestellt wird. Transkonnektives Wissen ist der Schlüssel dazu, auch etwas „in Ruhe" lassen zu können.

Milchzucker und Kristallzucker
Moment, da bin ich in meinem Gedankenbötchen weit abgetrieben worden. Zurück zur Kakao-Kultur. Genau dieser vorhin erwähnte Milchzucker bringt äußerst basale emotionale Empfindungen von Sicherheit zurück. Entweder durch den sehr ursprünglichen Akt des Stillens, aber selbst durch die Flaschen-Anfangsmilchnahrung in den ersten Monaten nach der Geburt. Damals Sicherheit im gewärmten Fläschchen, heute Sicherheit im heißen Becher.

Diese bindungsrelevanten Vorgänge werden im Kakao noch verstärkt durch den Kristallzucker, der das dopaminerge System aktiviert (beschrieben zum Beispiel bei Winston W Liu und Diego V Bohórquez im Artikel „The neural basis of sugar preference" aus dem Jahr 2022). Somit wird zusätzlich die körpereigene „Droge" aktiviert, die uns Belohnung suggeriert.

Kakao als Brain-Frame
Kakao ist also ein „Brain-Frame", eine Manipulation, die auf die („natürlichen") gehirneigenen Aktivierungen setzt. Mit dieser geöffneten Tür zu basalen Emotionsbildern muss „nur noch" die Betreuungsperson eintreten und sich im geschützten Rahmen des Rituals als sekundäre Bindungsperson verankern. Das geschieht nicht aktiv, aber bewusst. Einmal mehr ein Beispiel für das Wechselspiel der Profession Soziale Arbeit mit weichen Fähigkeiten und harten Fertigkeiten.

Der Türöffner der Milchzucker-Bindung
Ich nenne es gerne schnell den „Türöffner der Milchzucker-Bindung" ohne jedes Mal den sozio-emotionalen und neurologischen Hintergrund aufzuzeigen, doch vielleicht war es einmal an der Zeit ein wenig mehr Fläche zur so wertvollen Kakao-Kultur zu geben. Und ihr habt auch gleich noch die Information erhalten, weshalb ein Tütchen Gummibärchen in vielen Situationen

besser funktioniert als ein Stückchen Apfel … unsere Säfte – Botenstoffe, Hormone, Neurotransmitter – sind daran schuld, als Teil unseres tierischen, instinktiven Gehirns.

Interventions-Übertrag

Obwohl das Kapitel schon abgeschlossen ist, folgt noch ein Nach-Nachtrag. Solch ein dynamisches Ritual muss nicht im – dafür vorgesehenen – inhaltsfreien Raum bleiben. Ist das dynamische Ritual gelernt und eingebaut, kann es für „heiße" Situationen genutzt werden. Ein handfester Streit zwischen zwei Flurbewohnern, ein emotionales Telefonat mit der Mutter, eine nicht erwartete schulische Leistung, Liebeskummer? Auch hier bietet die Kakao-Kultur eine sofortige Sicherheit und die Gabe eines Orientierungsansatzes durch das Brain-Framing. Dynamische Rituale sind das legale Doping für die tägliche Bindungsarbeit. Nutzt sie.

35

Fenster der Persönlichkeitsdimensionen – Die individuellen Grenzen des Seins

Jeder Mensch lebt innerhalb bestimmter Rahmenbedingungen. Diese sind nicht statisch, sondern werden von Erfahrungen, Entwicklungsverläufen und Umweltfaktoren beeinflusst. Dennoch existieren unsichtbare Grenzen, die das individuelle Denken, Fühlen und Handeln formen. Diese Grenzen sind nicht absolute Mauern, sondern vielmehr Fenster, durch die sich der eigene Spielraum definiert – und erweitern lässt.

Die drei Fenster, die dieses Kapitel beschreibt, sind nicht voneinander getrennt, sondern miteinander verwoben. Sie beeinflussen sich wechselseitig und formen unser individuelles Erleben und unsere Möglichkeiten, uns in der Welt zu bewegen.

- **Das Fenster der intellektuellen Möglichkeiten** beschreibt die kognitiven Ressourcen eines Menschen. Wie weit reicht das Denkvermögen, wo gibt es Barrieren, wo Potenziale? Wo liegen Ressourcen offen und wo sind Enssourcen verborgen?
- **Das Fenster der emotionalen Entwicklung** ist der Raum, in dem sich Bindung, Identität, Versorgungsunabhängigkeit und Selbstwahrnehmung formen. Es entscheidet darüber, wie selbstgesteuert wir im Leben stehen, wie wir mit Beziehungen umgehen und ob wir Vertrauen in uns und andere entwickeln.
- **Das Fenster des selbstregulierten Handlungsspielraums** zeigt, wie weit sich ein Mensch in seinem eigenen Verhalten steuern kann. Wie groß ist der Spielraum zwischen Impuls und Reaktion? Wie gut gelingt es, Emotionen und Bedürfnisse in Einklang mit der Umwelt zu bringen?

M. Boehm, *Ist es normal, nur weil alle es tun?*,
https://doi.org/10.1007/978-3-662-73190-1_35

Alle drei Fenster stehen miteinander in Verbindung. Eine kognitive Barriere kann den emotionalen Entwicklungsraum begrenzen. Eine unsichere Bindung beeinflusst die Selbstregulation. Und wer sich emotional nicht stabil fühlt, wird sein intellektuelles Potenzial oft nicht voll ausschöpfen können.

35.1 Fenster der Intellektuellen Möglichkeiten – Mehr als nur ein IQ-Wert

In der klassischen Psychologie wurde Intelligenz lange Zeit als weitgehend stabil angesehen – als eine angeborene Fähigkeit, die sich kaum verändern lässt. Doch diese Vorstellung ist überholt. Die kognitive Leistungsfähigkeit eines Menschen ist kein feststehender Wert, sondern ein dynamischer Prozess. Sie wird geprägt durch Umweltbedingungen, frühe Bindungserfahrungen, Bildung, soziale Unterstützung und individuelle Entwicklungsverläufe.

Das **Fenster der Intellektuellen Möglichkeiten** beschreibt den Bereich, in dem ein Mensch seine kognitiven Potenziale ausschöpfen und ausreizen kann. Doch nicht alle Menschen haben denselben Zugang zu diesem Fenster. Besonders im unteren IQ-Bereich gibt es zahlreiche Faktoren, die das Denken, Verstehen und Handeln beeinflussen. Dabei geht es nicht um eine defizitorientierte Sichtweise, sondern um die Frage: Welche Bedingungen führen dazu, dass sich dieses Fenster öffnet oder schließt? (siehe Abb. 35.1)

IQ-Wert als Orientierung – aber nicht als Grenze
Die Intelligenz eines Menschen lässt sich nicht auf eine einzelne Zahl reduzieren. Ein IQ-Wert kann eine grobe Orientierung für einen überschaubaren

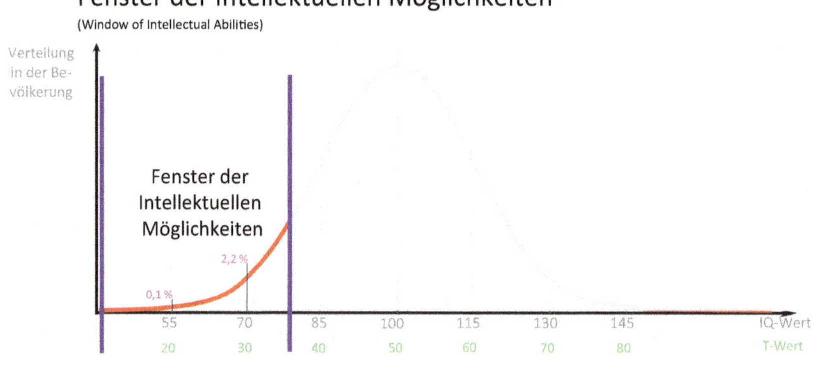

Abb. 35.1 Fenster der Intellektuellen Möglichkeiten. (eigene Darstellung)

Bereich eines eng definierten Rahmens bieten, doch er sagt wenig darüber aus, welche Potenziale tatsächlich bestehen. Noch viel weniger sagt ein IQ-Wert etwas über die Persönlichkeit eines Menschen aus.

Besonders im unteren IQ-Bereich wird oft übersehen, dass Intelligenz sich nicht nur über klassische Testverfahren ausdrückt, sondern auch über alltagspraktische Fähigkeiten, soziale Kompetenz oder emotionale Regulation.

Die Vorstellung von „Behinderung" wird in diesem Zusammenhang oft zu eng gefasst. Statt sie als feste Kategorie anzunehmen, kann sie als situative Einschränkung verstanden werden – ähnlich einer Baustelle auf der Autobahn. Eine Baustelle behindert nicht grundsätzlich den gesamten Verkehr, sondern verlangsamt ihn an bestimmten Stellen. Genauso ist es mit kognitiven Einschränkungen: Nicht das gesamte Denken ist „gestört", sondern es gibt Engpässe, Verzögerungen oder alternative Wege, die genutzt werden müssen.

Ein niedriger IQ-Wert ist kein statisches Urteil über die Fähigkeiten eines Menschen, sondern eine Beschreibung dessen, wie (nur ganz bestimmte) Informationen verarbeitet werden. Ein langsamerer Denkprozess bedeutet nicht, dass kein Lernen möglich ist – im Gegenteil. Mit der richtigen Förderung und den passenden Umweltbedingungen kann das Fenster der intellektuellen Möglichkeiten vergrößert werden.

Bindungsstörungen und Entwicklungsverzögerungen als Barrieren
Frühe Bindungserfahrungen spielen eine entscheidende Rolle für die kognitive Entwicklung. Menschen mit unsicheren oder desorganisierten Bindungsmustern erleben oft nicht nur emotionale, sondern auch kognitive Einschränkungen. Wer von klein auf wenig Unterstützung in der Welt der Sprache, des fluiden Denkens und der Problemlösung erhält, wird es schwerer haben, sein volles Potenzial zu entfalten.

Entwicklungsstörungen, insbesondere intellektuelle Entwicklungsstörungen, treten oft in Kombination mit Bindungsstörungen auf. Ein Kind, das von Geburt an wenig stabile Bezugspersonen hat oder Vernachlässigung erlebt, wird nicht nur emotional, sondern auch kognitiv gehemmt. Hier überlagern sich biologische, soziale und psychologische Faktoren.

Ein weiterer entscheidender Punkt ist die Selbstwahrnehmung. Menschen mit kognitiven Einschränkungen haben oft wiederholt die Erfahrung gemacht, dass sie als „nicht intelligent genug" oder „zu langsam" abgestempelt wurden. Diese externalisierten Urteile können zu einer Selbstbegrenzung führen. Wer nie erlebt hat, dass er oder sie etwas bewirken kann, wird auch keine Motivation entwickeln, sich kognitiv weiterzuentwickeln.

Wenn das Fenster zu eng ist – und wie es geöffnet werden kann

Menschen mit geringen kognitiven Ressourcen sind besonders anfällig für Stress, Überforderung und soziale Isolation. Gerade in der Sozialen Arbeit zeigt sich immer wieder, dass kognitive Einschränkungen nicht isoliert betrachtet werden dürfen. Sie sind eingebettet in emotionale, soziale und gesellschaftliche Prozesse.

Ein kleines Fenster der intellektuellen Möglichkeiten bedeutet oft eine stärkere Abhängigkeit von anderen. Komplexe Zusammenhänge sind schwerer zu durchschauen, Alltagsentscheidungen fallen schwerer, Manipulationen sind schwerer zu erkennen. Dies kann dazu führen, dass Menschen mit intellektuellen Einschränkungen schneller ausgegrenzt, übersehen oder ausgenutzt werden.

Die entscheidende Frage ist daher nicht: „Wie hoch ist der IQ?", sondern: „Welche Bedingungen braucht es, um das Fenster zu erweitern?" Ein förderndes Umfeld, klare Strukturen, unterstützende Beziehungen und alternative Lernwege können dazu beitragen, dass Menschen trotz kognitiver Einschränkungen selbstbestimmt handlungsfähig bleiben.

Das Ziel ist nicht, eine intellektuelle Entwicklungsstörung „wegzumachen", sondern den vorhandenen Spielraum zu vergrößern. Genau wie die Baustelle auf der Autobahn nicht verhindert, dass Autos fahren. Es muss die bestmögliche Umleitung gefunden werden. So kann auch kognitives Lernen anders gestaltet werden – durch Zeit, Geduld, Struktur und das Bewusstsein, dass sich jeder Mensch entwickeln kann, wenn die richtigen Rahmenbedingungen geschaffen werden.

35.2 Das Fenster der Emotionalen Entwicklung – Bindung, Identität und Versorgungsabhängigkeit

Die emotionale Entwicklung eines Menschen ist kein linearer Prozess, sondern eine hochkomplexe Wechselwirkung aus Bindung, Identität, Versorgungsabhängigkeit und Individualisierung. Dieses Fenster beschreibt die Ausprägung der Phasen, die ein Mensch im Laufe seines Lebens durchläuft, um zu einem eigenständigen, sozial eingebundenen Individuum zu werden. Hier zeigt sich, wie eng der sozio-emotionale Entwicklungsansatz mit den Erkenntnissen der Bindungstheorie verknüpft ist.

Schon früh formt sich die innere Struktur, die für alle späteren sozialen Beziehungen maßgeblich ist. Dabei sind präverbale und periverbale Phasen sehr wichtig, denn viele emotionale Muster entstehen in einem Alter, in dem be-

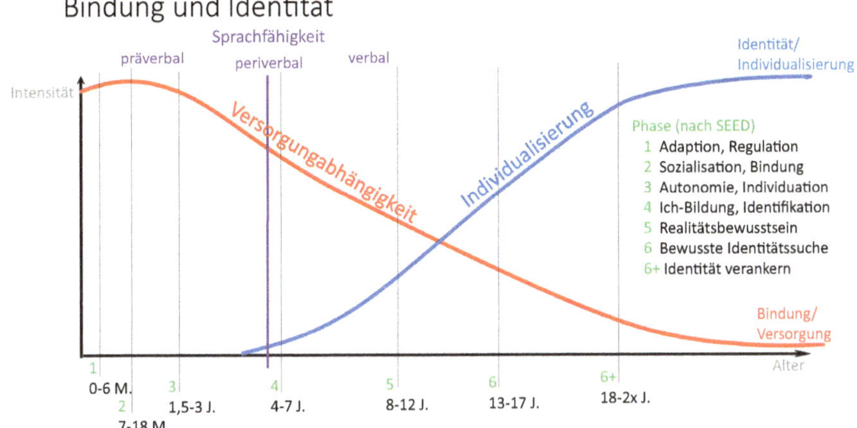

Abb. 35.2 Bindung und Identität. (eigene Darstellung)

wusste Erinnerungen noch nicht reflexiv ausgebildet sind. Erfahrungen werden durch die infantile Amnesie wenig kognitiv abrufbar gespeichert, sondern (überwiegend) auf einer tieferen, emotional-impliziten Ebene. Die Gedächtnisstruktur des Gehirns unterscheidet nicht nur zwischen bewusstem und unbewusstem Wissen, sondern speichert emotionale Erlebnisse direkt im limbischen System (Schwarmhirn) ab. Diese frühen Erlebnisse prägen somit unbewusst das gesamte spätere Bindungsverhalten.

Ein Kernpunkt der emotionalen Entwicklung ist das Verhältnis zwischen Bindung und Identität (siehe Abb. 35.2). Die rote Linie der **Bindung** beginnt mit maximaler Intensität, denn Neugeborene sind vollkommen abhängig von ihrer primären Bezugsperson. Im Laufe der Zeit nimmt diese Abhängigkeit ab, während die **Identität** (blaue Linie) stetig wächst. Der ideale Verlauf führt dazu, dass ein Mensch sich immer weiter individualisiert, während gleichzeitig eine sichere emotionale Basis erhalten bleibt. Wer in den ersten Lebensjahren eine stabile Bindung erfährt, kann später leichter loslassen, sich von Eltern oder Bezugspersonen ablösen und dennoch ein Gefühl von Zugehörigkeit bewahren.

Eine Herausforderung liegt in der biologischen Dynamik der Pubertät. Genau in der Phase, in der sich das Gehirn neu strukturiert und viele Verknüpfungen reorganisiert werden, treffen Bindung und Identität aufeinander. Die zuvor stabile Versorgung durch Eltern oder andere Bezugspersonen wird infrage gestellt, während gleichzeitig das Bedürfnis nach Autonomie und Selbstbestimmung wächst. Diese Entwicklung verläuft nicht bei allen Menschen identisch, sondern hängt stark von den frühen Bindungserfahrungen und dem individuellen sozio-emotionalen Entwicklungsalter ab.

Die Rolle von Bindungsstörungen

Nicht jeder Mensch durchläuft diese Entwicklung ungehindert. Bei Bindungsstörungen entstehen Brüche, das Fenster der emotionalen Entwicklung festigt einen Ausschnitt, sodass die Identitätsbildung ins Stocken gerät oder die Versorgungsunabhängigkeitsgrenze auf einem Niveau liegt, das externe Unterstützung benötigt wird. Besonders Menschen mit frühen Bindungsstörungen oder Traumata bleiben häufig in einer der ersten Entwicklungsphasen „hängen". Sie können Schwierigkeiten haben, stabile Beziehungen aufzubauen, Autonomie zu entwickeln oder sich sicher in sozialen Kontexten zu bewegen.

Ein zentraler Punkt in der Bindungsforschung ist, dass Sprache in frühen Entwicklungsstufen nur eine untergeordnete Rolle spielt. Menschen in einer niedrigen sozio-emotionalen Entwicklungsphase lassen sich oft nicht über Sprache allein erreichen, weil ihre emotionale Verarbeitung noch auf einer primär körperlichen und sensorischen Ebene abläuft. Das bedeutet, dass Berührungen, Gerüche, Klänge oder visuelle Reize oft wesentlich effektiver sein können als rein verbale Kommunikation. Das ist eine entscheidende Erkenntnis für die Soziale Arbeit und pädagogische Konzepte, da sie den Zugang zu Menschen mit besonderen Entwicklungsverläufen erleichtert. (Das ist auch der Grund, warum ich es immer mal wiederhole.)

Das Fenster der Emotionalen Entwicklung in der Praxis

Das Konzept dieses Fensters verdeutlicht, dass emotionale Reife nicht nur eine Frage des Alters ist. Menschen können in verschiedenen Phasen stehenbleiben oder in Krisenmomenten auf frühere Entwicklungsstufen zurückfallen. Das Verständnis für diese Prozesse ist essenziell, um professionell darauf zu reagieren – sei es in therapeutischen Kontexten, in der Jugendhilfe oder in der Assistenz von Menschen mit geistiger oder psychischer Beeinträchtigung. (siehe Abb. 35.3)

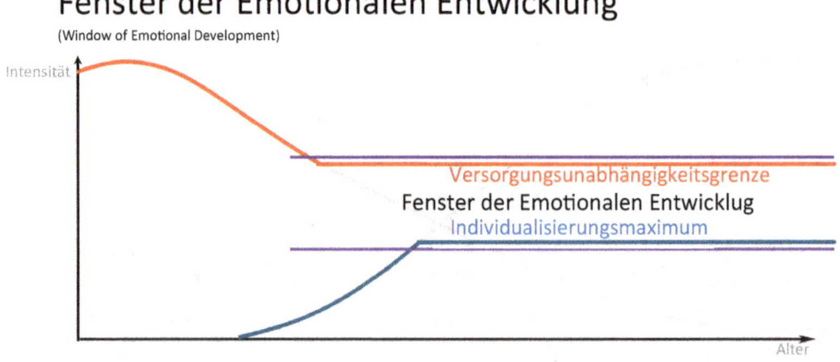

Abb. 35.3 Fenster der Emotionalen Entwicklung. (eigene Darstellung)

Der Schlüssel liegt darin, das individuelle Entwicklungsalter zu berücksichtigen, anstatt nur das biologische oder intellektuelle Alter als Maßstab zu nehmen. Wer mit Klient:innen arbeitet, die sich emotional noch in frühen Phasen befinden, kann gezielt alternative Zugänge nutzen. Körperbetonte, nonverbale Interventionen, aber auch strukturierte, visualisierte Abläufe und eine sichere, voraussagbare Umgebung helfen dabei, emotionale Sicherheit zu vermitteln und das Fenster der emotionalen Entwicklung weiter zu öffnen.

35.3 Das Fenster des selbstregulierten Handlungsspielraumes – Die persönlichen 100 % verstehen

Das Fenster des selbstregulierten Handlungsspielraumes basiert auf dem Konzept des Toleranzfensters, legt jedoch den Schwerpunkt auf eine andere Dimension, nämlich die individuelle Kapazität zur Selbstregulation. Während das Toleranzfenster beschreibt, in welchem Bereich Menschen sich emotional stabil und handlungsfähig fühlen, zeigt das Fenster des selbstregulierten Handlungsspielraumes auf, dass jede Person ihre eigene Grenze an Energie, Aufmerksamkeit und Anpassungsfähigkeit besitzt – ihre persönlichen 100 %. (siehe Abb. 35.4)

Diese Vorstellung ist essenziell, da sie verdeutlicht, dass Fachkräfte häufig unbewusst von sich selbst ausgehen, wenn sie Erwartungen an das Gegenüber stellen. Ob es um die Verarbeitung von Reizen, die Erledigung von Aufgaben oder die Fähigkeit zur Kommunikation geht – jede Person agiert innerhalb

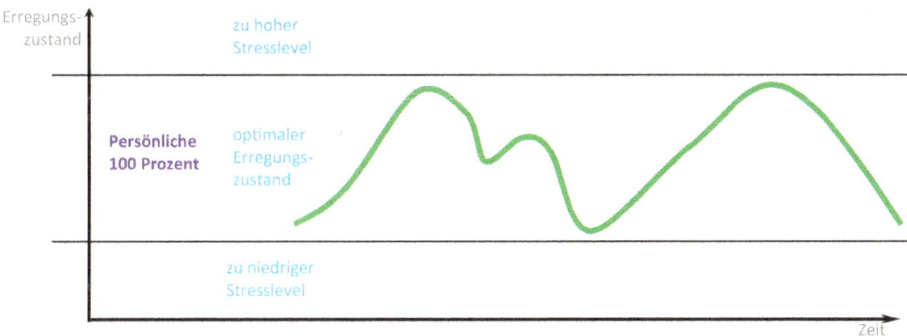

Abb. 35.4 Fenster des Selbstregulierenden Handlungsspielraums – optimaler Erregungszustand. (eigene Darstellung)

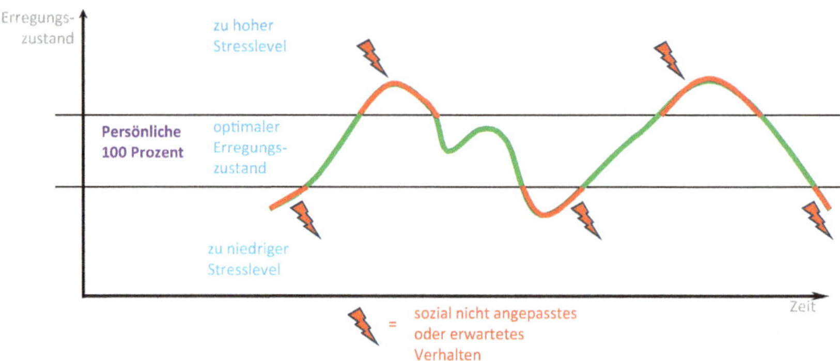

Abb. 35.5 Fenster des Selbstregulierenden Handlungsspielraums – nicht optimaler Erregungszustand. (eigene Darstellung)

ihres eigenen Spektrums. Wenn dieses Verständnis fehlt, entstehen schnell Frustration und Missverständnisse: „Warum kann er/sie das nicht einfach tun?", „Warum braucht sie/er so lange?", „Das ist doch nicht so schwer!" – doch genau hier liegt die Falle.

Ein reduziertes Fenster des selbstregulierten Handlungsspielraumes bedeutet nicht, dass eine Person weniger will oder absichtlich „verweigert". Es bedeutet vielmehr, dass ihre individuelle Kapazität zur Regulation geringer ist als von außen erwartet. Fachkräfte müssen somit lernen sich nicht an den Maßstäben der eigenen 100 % zu orientieren, sondern sich auf die Realität ihres Gegenübers einlassen. (siehe Abb. 35.5)

Das Fenster verstehen – Warum Verhaltensweisen falsch interpretiert werden

Stellen wir uns zwei Menschen vor, die denselben Tag erleben. Beide sind denselben Reizen ausgesetzt, nehmen dieselben Informationen auf, interagieren mit denselben Personen. Doch während die eine Person diese Eindrücke unproblematisch in ihr Handlungsschema integriert, erlebt die andere fortlaufend Stressoren–Momente, in denen das eigene Fenster des selbstregulierten Handlungsspielraumes über- oder unterschritten wird.

Ist das Fenster zu klein, dann reicht schon ein vermeintlich unbedeutender Reiz, um eine *Fight-Flight-Freeze-Reaktion* auszulösen. Die Fachkraft denkt: „Er ist aggressiv.", „Sie ist unkonzentriert.", „Er blockiert sich selbst." Doch die Realität ist komplexer. Die Person handelt nicht bewusst „falsch" oder unangemessen, sondern gerät in eine für sie nicht regulierbare Stresssituation.

Ebenso kann ein zu niedriger Erregungszustand problematisch sein. Wer das Fenster der Selbstregulation nicht ausreichend öffnen kann, bleibt in einem „Rest & Digest"-Zustand stecken – Antriebsarmut, Lethargie oder scheinbare Gleichgültigkeit sind die Folge. Wieder mag es nach außen wie „Faulheit" oder „Desinteresse" wirken, doch vielmehr kämpft die Person mit einem neurobiologischen Mechanismus, der sie ausbremst.

Der sozio-emotionale Schlüssel zur Selbstregulation

Hier kommt die sozio-emotionale Entwicklung ins Spiel. Menschen mit einer unsicheren Bindungshistorie oder mit Entwicklungsstörungen haben oft ein engeres Fenster der Selbstregulation. Dies liegt daran, dass sie über weniger sichere Strategien zur Emotionsbewältigung verfügen. Anstatt flexibel auf Stress zu reagieren, erstarren sie entweder in Über- oder Untererregung.

Neurobiologisch betrachtet bedeutet dies, dass ihr Nervensystem entweder zu schnell in die Sympathikus-Dominanz (Kampf- oder Fluchtmodus) kippt oder zu stark in die Parasympathikus-Dominanz (Shutdown und Erschöpfung) fällt. Diese Prozesse laufen unbewusst ab, sind aber für die betroffenen Personen gegenwärtig und bestimmend für ihr Verhalten.

Die Bedeutung für die Fachkraft

Das Verständnis für das Fenster des selbstregulierten Handlungsspielraumes hilft Fachkräften, die individuellen 100 % ihres Gegenübers zu erkennen. Anstatt zu erwarten, dass eine Person sich „einfach zusammenreißt" oder „sich endlich mal anstrengt", sollten Strategien entwickelt werden, um die Regulation aktiv zu unterstützen.

Regulation durch Anpassung der Umgebung

Um Menschen mit einem geringen Fenster der Selbstregulation zu erreichen, braucht es gezielte Anpassungen. **Reizreduktion** ist ein entscheidender Faktor – weniger sensorische und soziale Reize helfen, Überforderung zu vermeiden und eine gezieltere Regulation zu ermöglichen. **Struktur und Vorhersehbarkeit** geben Sicherheit. Rituale und feste Abläufe schaffen Verlässlichkeit und reduzieren Unsicherheiten, die zu Stressreaktionen führen können.

Eine körperbezogene Regulation spielt eine ebenso zentrale Rolle. Atmung, Bewegung oder basale Sinnesreize – sei es durch Berührung, Schaukeln oder gezielte Körperimpulse – helfen dabei, Erregungszustände auszugleichen und das Nervensystem zu stabilisieren.

Der wichtigste Perspektivwechsel bleibt jedoch das **Verstehen statt Bewerten**. Verhalten ist oft kein Ausdruck von Unwillen oder Widerstand, sondern ein Signal eines **dysregulierten Nervensystems**. Wer es nicht als „bewusste Entscheidung" interpretiert, sondern als Reaktion auf innere Überregulierung erkennt, kann sinnvoll begleiten, statt nur zu sanktionieren.

Der Schlüssel zur Selbstwirksamkeit

Letztlich ist das Ziel, das Fenster der Selbstregulation schrittweise zu erweitern – mit Geduld, realistischen Erwartungen und gezielten Interventionsstrategien. Jeder Mensch hat seine eigenen 100 %, und nur wenn diese verstanden und akzeptiert werden, kann echte Entwicklung stattfinden. (siehe Abb. 35.6)

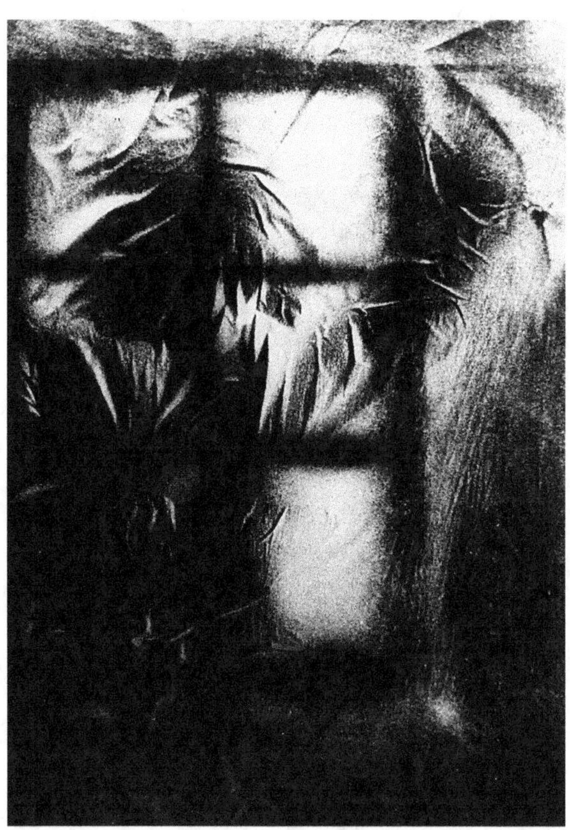

Abb. 35.6   Margrits Schatten (Dispersion auf Leinwand – C.J. Boehm)

36

KOGNITION – Verhalten und Verstand

Die Frage *„Was darf ich hoffen?"* verbindet rationale Überlegungen mit der menschlichen Fähigkeit zur Antizipation, zur Vorstellung einer möglichen Zukunft. Hoffnung ist kein rein emotionales Phänomen, sondern tief in der Architektur unseres Gehirns verankert. Im Cluster-Vortex ist sie mit dem *Subjekthirn (Neocortex)* verbunden – jener Region, die für logisches Denken, Problemlösungen und bewusste Entscheidungen zuständig ist. Hoffnung ist damit nicht nur eine Illusion oder ein bloßer Wunsch, sondern ein kognitiver Prozess, der unsere Wahrnehmung der Welt prägt und unser Handeln leitet. (siehe Abb. 36.1)

Philosophische Auseinandersetzung – Hoffnung als Brücke zwischen Gegenwart und Zukunft
Seit der Antike haben Philosophen Hoffnung als zentrale menschliche Antriebskraft betrachtet. KANT betrachtete sie in Verbindung mit Ethik und Metaphysik, während ERNST BLOCH in seinem „Prinzip Hoffnung" den utopischen Charakter der menschlichen Vorstellungskraft hervorhob. Hoffnung ist mehr als bloßes Vertrauen in eine bessere Zukunft – sie ist eine aktive, gestaltende Kraft. Sie ermöglicht es uns, aus vergangenen Erfahrungen zu lernen, Handlungsmöglichkeiten zu entwickeln und Entscheidungen zu treffen, die über den unmittelbaren Moment hinausweisen.

Hoffnung ist damit auch ein sozialer Faktor. Menschen orientieren sich an gemeinsamen Narrativen, Zukunftsvisionen und Versprechen. In der Sozialen Arbeit spielt dies eine entscheidende Rolle. Klient:innen benötigen Perspektiven, die sie motivieren, Veränderungen zu wagen. Hoffnung bedeutet nicht

M. Boehm, *Ist es normal, nur weil alle es tun?*,
https://doi.org/10.1007/978-3-662-73190-1_36

Subjekthirn
(Neocortex mit Präfrontalem Cortex)

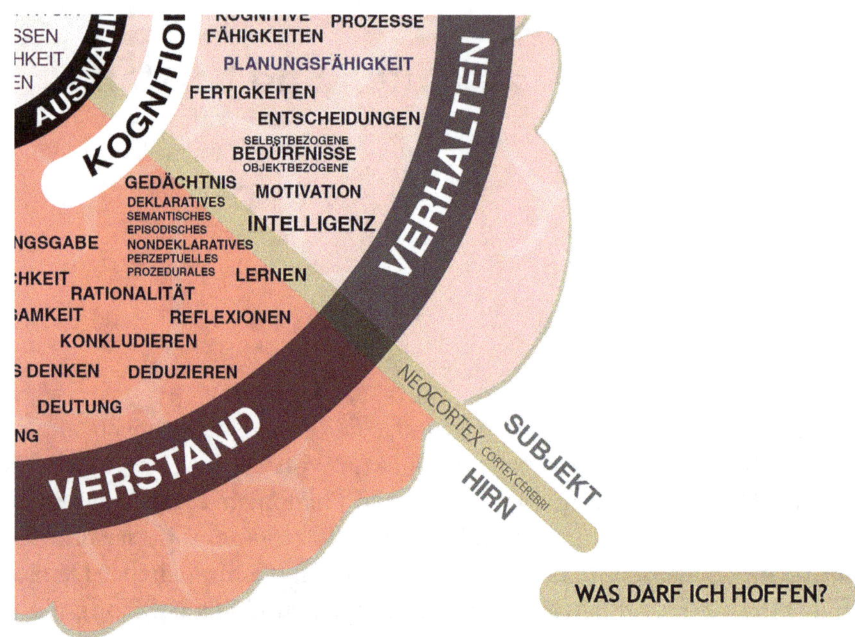

Abb. 36.1 Cluster-Vortex-Modell – Ausschnitt Subjekthirn; Verhalten und Verstand

blindes Vertrauen, sondern begründeten Optimismus – die Fähigkeit, eine realistische, aber positive Zukunft zu konstruieren.

Neurobiologische Perspektive – Der Neocortex als Zentrum des bewussten Denkens

Der *Neocortex,* insbesondere der präfrontale Kortex, ist das Kontrollzentrum für abstraktes Denken, Planung und Entscheidung. Hier entsteht unsere Fähigkeit, Konsequenzen vorherzusehen, Pläne zu entwickeln und zwischen Alternativen zu wählen. Während das Limbische System (Schwarmhirn) unsere Emotionen formt, verleiht der Neocortex (Subjekthirn) ihnen eine Richtung. Es bewertet Wahrscheinlichkeiten, wägt Risiken ab und generiert rationale Begründungen für unser Handeln.

Interessanterweise ist Hoffnung eng mit der Neurobiologie von Erwartung und Belohnung verknüpft. Studien zeigen, dass das dopaminerge System in Kombination mit dem präfrontalen Kortex dafür verantwortlich ist, motiviertes Verhalten zu erzeugen. Hoffnung ist somit nicht nur ein psychologisches Konstrukt, sondern eine messbare, neurologisch verankerte Funktion unseres Gehirns.

Kognition als Konzept – Die Verbindung von Verstand und Verhalten

Im Cluster-Vortex steht *Kognition* für die Prozesse, die unser Verhalten lenken und ihm eine Richtung geben. *Verhalten* verweist auf die Art und Weise, wie Menschen ihre Umwelt wahrnehmen und darauf reagieren. *Verstand* ist das Werkzeug, mit dem sie diese Reaktionen steuern, anpassen und optimieren.

Die Frage „Was darf ich hoffen?" ist somit nicht nur eine philosophische oder emotionale, sondern eine kognitive Herausforderung. In der Sozialen Arbeit geht es darum, Hoffnung nicht als naive Illusion, sondern als konstruktiven Prozess zu verstehen. Menschen brauchen funktionale Kognition, um Zukunftsperspektiven zu entwickeln und nachhaltig Veränderungen herbeizuführen. Hoffnung ist nicht passiv – sie ist eine Form des Denkens, die Handlungen ermöglicht und eine Brücke zwischen Gegenwart und Zukunft schlägt.

37

Gewalt braucht Geheimnisse

Die Soziale Arbeit besitzt Räume der Vulnerabilität. Diese sensiblen Zonen müsst ihr klar benennen können. Denn nur, wenn ihr darüber Bescheid wisst, könnt ihr der Missachtung der verletzlichen Bereiche aktiv und bewusst begegnen.

Transparenz ist eines der wichtigsten Begriffe. Sie schützt eure Arbeit und euch. Sie schützt aber auch die Klientinnen und Klienten. Zudem ist es die Voraussetzung für eine gemeinsame, leitlinien-geprägte Arbeit der Fachkräfte.

Die Gegenseite sind Geheimnisse. Unwissenheit (gerne jüngerer Fachkräfte, aber auch falsch verstandene „Individualpädagogik") lässt Räume entstehen, die sich nicht an Absprachen, Methodik oder Regelwerke halten. Das kann nervig sein, für ein Team, wenn sich immer eine Fachkraft durch versteckte Einzelaktionen mit den Klient:innen besonders gutstellen möchte oder die Fachkraft glaubt damit einen besseren Zugang zur Beziehungsarbeit zu bekommen.

Solche Geheimnisräume können aber auch weitergesponnen werden. Fachkräfte können durch Gefälligkeiten (Verschweigen von Regelbrüchen bis hin zum Billigen von Gesetzesübertretungen, in Aussicht stellen von Situationsverbesserungen, Geschenke, Geld etc.) eine Abhängigkeit der Klient:innen zur Fachkraft erzeugen. Das ist der Beginn von Machtmissbrauch.

Das ist, was Hannah Arendt meinte mit: „Macht unterscheidet sich grundlegend von Kontrolle, Beherrschung oder Gewalt, da man sie nicht über jemanden ausüben kann; sie kann nur gemeinsam mit anderen durch Kommunikation und Kooperation ausgeübt werden."

M. Boehm, *Ist es normal, nur weil alle es tun?*,
https://doi.org/10.1007/978-3-662-73190-1_37

Gewalt, Terror, Unterdrückung funktioniert einseitig, Macht braucht mindestens zwei Parteien und damit eine Kommunikation. Kooperation und Kommunikation sind in unseren Köpfen zunächst positiv belegt, aber im oben beschriebenen Szenario ist es keine bewusste Einwilligung in den Machtmissbrauch, sondern die stille Hoffnung auf eine persönliche Situationsverbesserung (bei Reflexionsfähigkeit) oder das Einsteigen auf die angebotene Verführung. Doch mit dem Interagieren auf das Machtbegehren der einen Partei nimmt die andere Partei eine hierarchisch niedrigere Position ein und wird lenk- und leitbar.

Diese Struktur passt zu archaischen Gesellschaftsformen, wie sie Niklas Luhmann beschrieben hat. Wer eine Hilfe erhält, ist zu Dank, Gefälligkeiten und Gegenleistung verpflichtet. Wer es nicht so gelehrt mag, kann es auch mafiöse oder sektenartige Strukturen nennen.

Innerhalb der Geheimnisräume entsteht durch die hierarchische Machtausübung eine Abhängigkeit und Erpressbarkeit. Die Opfer fühlen sich einerseits in einer besonderen Position, da sie Teil eines Geheimnisses eines vermeintlich „Mächtigen" sind. Dieser arbeitet mit Propaganda („Die Leitung will euch alle loswerden. Wir müssen zusammenhalten."), Repressalien („Ich kann auch der Polizei sagen, dass du die ganze Zeit illegale Sachen machst.") und Loyalitätsillusion („Wenn du jetzt den anderen unser Geheimnis verrätst, dann werde ich auch dafür bestraft.").

Insbesondere nicht (selbst-)reflektierte Menschen (das sind unter anderem Kinder, die neurologisch darauf angewiesen sind sich in eine Abhängigkeit zu begeben – ja, auch so kann man Bindung beschreiben –, um zu lernen und die eigene Identität aufzubauen) kommen aus einer solchen Situation eines Machtmissbrauchs nicht selbständig heraus.

An dieser Stelle sind wir schon lange bei psychischer Unterdrückung und Abhängigkeit, körperlicher Gewalt und sexuellem Missbrauch angekommen. Die Räume der Geheimnisse sind offen für alle menschlichen Abgründe. Das ist zugleich die Gefahr in unserer Arbeit. Mit dem Wissen und dem Erkennen der Alarmsignale kann Machtmissbrauch verringert werden. Seid wachsam. (siehe Abb. 37.1)

Abb. 37.1 Gewalt braucht Geheimnisse (Öl auf Leinwand – C.J. Boehm)

38

Vulnerable Räume erkennen, Geheimnisse minimieren

Jeder Beruf zieht Menschen aus bestimmten biografischen Hintergründen an. Die Berufswahl ist niemals losgelöst von der eigenen Geschichte, den eigenen Erfahrungen und Prägungen. Neben den Stärken, die Menschen in einen Beruf einbringen, gibt es auch die Schattenseiten, die Verletzlichkeit eines jeden Arbeitsfeldes. Bestimmte Strukturen innerhalb eines Berufsstandes ermöglichen Fehlverhalten und können, wenn sie nicht reflektiert werden, systematisch problematische Entwicklungen begünstigen. Es sind die geschützten Räume, in denen sich finstere Muster verbergen können. Sie sind klein, doch ihre Wirkung ist groß genug, um ganze Professionen in Verruf zu bringen.

Die dunklen Räume der Professionen
Jede Branche hat ihre eigenen blinden Flecken, die von Außenstehenden oft erst dann wahrgenommen werden, wenn ein Skandal sie ans Licht bringt. Banken und Versicherungen bieten Räume, in denen sich Vertrauenspersonen an ihren Kund:innen finanziell bereichern können, ohne die Schicksale der Menschen zu betrachten. Politiker:innen (Legislative) stehen vor der Versuchung, ihre verantwortungsvolle Rolle als Volksvertretung für eigene Interessen zu nutzen – sei es durch Bereicherung oder die Umsetzung persönlicher Machtfantasien. Auch Polizist:innen (Exekutive) und Jurist:innen (Judikative) haben durch ihre Position die Möglichkeit des Machtmissbrauchs, sei es durch übermäßige Härte oder durch Bevorzugung bestimmter Gruppen.

Besonders vulnerable Räume finden sich dort, wo Menschen mit anderen Menschen im direkten Bezug arbeiten – mit ihren Emotionen, Abhängigkeiten und Verletzlichkeiten. Hier stehen insbesondere zwei Berufsgruppen

© Der/die Autor(en), exklusiv lizenziert an Springer-Verlag GmbH, DE, ein Teil von Springer Nature 2026
M. Boehm, *Ist es normal, nur weil alle es tun?*,
https://doi.org/10.1007/978-3-662-73190-1_38

im Fokus: Geistliche und Fachkräfte der Sozialen Arbeit. Beide Berufe haben in unterschiedlichen Bereichen ihre eigenen verborgenen Räume, die für Missbrauch genutzt werden können – aber auf sehr unterschiedliche Art und Weise.

Flucht oder Tarnung? Pädophilie in geschützten Strukturen
Die Kirche und die Soziale Arbeit stehen für zwei unterschiedliche Arten, wie Menschen mit pädophilen Neigungen ihren Umgang mit dieser Störung finden. In religiösen Institutionen wird oft ein Rückzugsraum gesucht. Geistliche, die ihre eigene sexuelle Identität nicht mit ihrem Glauben in Einklang bringen können, treten in den Dienst der Kirche, um ihre Sexualität zu unterdrücken. Hier bietet die abgeschottete Welt eines Pfarrers oder Ordensmitglieds Schutz vor gesellschaftlicher Auseinandersetzung. Doch in einigen Fällen verwandelt sich dieser Schutz in eine gefährliche Dynamik. Die unterdrückte Sexualität bricht sich Bahn – und das innerhalb einer Struktur, die ihre Täter schützt. Die geschlossene Welt der Kirche, die Aura des Heiligen und der hohe Grad an Macht über Gläubige und Schutzbefohlene haben in der Vergangenheit immer wieder dazu geführt, dass sexueller Missbrauch über Jahrzehnte hinweg verborgen blieb.

In der Sozialen Arbeit zeigt sich ein anderes Muster: Hier gibt es weniger die Flucht vor der eigenen Identität, sondern eher eine bewusste Entscheidung für ein Berufsfeld, das als Tarnung dient. Personen, die sich ihrer Pädophilie (natürlich ist das nur ein Beispiel einer sexuellen Präferenzstörung) bewusst sind, wählen gezielt Berufe, die ihnen Zugang zu vulnerablen Gruppen verschaffen. Dabei nutzen sie die Schutzräume der Sozialen Arbeit, die Nähe zu Kindern und Jugendlichen und die Vertrauensposition, um unbemerkt innerhalb des Systems zu agieren. Die Soziale Arbeit stellt damit eine attraktive Möglichkeit dar, sich unauffällig in Strukturen einzufügen, die den Kontakt zu Schutzbefohlenen nicht nur erlauben, sondern sogar fördern.

Die besondere Schutzbedürftigkeit institutioneller Kontexte, in denen mit Kindern, Jugendlichen oder vulnerablen Erwachsenen gearbeitet wird, ist durch zahlreiche Studien und Aufarbeitungskommissionen belegt worden. Sowohl kirchliche als auch sozialpädagogische Einrichtungen stehen vor der Herausforderung, „institutionelle Machtverhältnisse und strukturelle Schutzlücken" zu erkennen und präventiv zu schließen (Andresen et al., 2012; Oppermann et al., 2018). Der Missbrauchsskandal in der katholischen Kirche, umfassend dokumentiert durch die sogenannte MHG-Studie (2018), zeigt systemische Dynamiken, in denen Macht, Abhängigkeit und fehlende Kontrollmechanismen zur Vertuschung beitrugen. Doch auch Einrichtungen der Jugendhilfe und Sozialen Arbeit sind nicht frei von Missbrauchsrisiken.

Laut der unabhängigen Kommission zur Aufarbeitung sexuellen Kindesmissbrauchs (UBSKM) wurden zwischen 2015 und 2022 zahlreiche Fälle dokumentiert, in denen Täter gezielt soziale Berufe wählten, um Nähe zu Schutzbefohlenen herzustellen (UBSKM, 2022). Diese Täterstrategien nutzen Vertrauen und Nähe aus – eine Tatsache, die zu strukturellen Veränderungen, Supervisionspflichten und erweiterten Schutzkonzepten in vielen Einrichtungen führte (Deegener & Körner, 2005/2013).

Systemische Verantwortung: Wo beginnt der Schutz?
Das Wissen um diese Strukturen stellt Fachkräfte, Institutionen und Gesellschaft vor große Herausforderungen. Es bedeutet nicht, dass jeder Geistliche oder jede sozialpädagogische Fachkraft per se verdächtig ist. Aber es bedeutet, dass die Berufsstrukturen kritischer betrachtet werden müssen, um diese verborgenen Räume zu minimieren. Organisationen tragen eine Verantwortung, ihre Schutzsysteme so zu gestalten, dass Missbrauch erschwert wird – durch Transparenz, durch offene Kontrollmechanismen und durch eine Kultur, die Schweigen nicht als Tugend, sondern als Gefahr betrachtet.

Diese Einsichten sollen nicht zur Pauschalisierung oder Diskreditierung ganzer Berufsgruppen führen, sondern zum Aufbau einer bewussteren, reflektierteren Fachkultur beitragen, in der institutionelle Macht kritisch hinterfragt und durch transparente Schutzkonzepte verdeutlicht wird.

Die Lösung liegt nicht allein in gesetzlichen Vorgaben oder Sicherheitschecks, sondern in einem tiefen Bewusstsein für die blinden Flecken der eigenen Profession. Vulnerable Räume gibt es überall. Die entscheidende Frage ist, wie sie gestaltet werden, damit sie nicht zu Orten des Missbrauchs, sondern zu Orten des Schutzes werden.

39

Shimmer-Spektrum

Die israelischen Brüder KAIN und FEJWL SHIMMER waren in den 1950er-Jahren als Psychologen an der Intelligenzentwicklungs-Forschung beteiligt. Während sich KAIN mit der Reliabilität und Validität ab der dritten Standardabweichung im unteren Werte-Bereich des Intelligenzquotienten (IQ) beschäftigte, wertete FEJWL den korrespondierenden Bereich im oberen Feld aus. Beide kamen zu ähnlichen Ergebnissen: Je weiter eine Messung vom Mittelwert entfernt liegt, desto geringer wird die verlässliche Aussagekraft.

Zur Verarbeitung der Forschungsergebnisse mussten die IQ-Tests entsprechend zugewiesen werden. Dies führte zu einer klaren Arbeitsanweisung:

- IQ > 130: FEJWL SHIMMER
- IQ < 70: KAIN SHIMMER

Daraus entwickelte sich ein geflügelter Begriff. Tests mit einem niedrigen IQ-Wert landeten bei KAIN SHIMMER – Aus dieser Forschung, entstand die Redewendung „Ich habe keinen Schimmer." (siehe Abb. 39.1)

ACHTUNG! Ihr werdet manipuliert

Das Shimmer-Spektrum existiert nicht! Ihr seid gerade der **Autoritäts-Verzerrung** (Authority Bias) aufgesessen.

Der Authority Bias beschreibt unsere Neigung, Aussagen von Autoritätspersonen ungeprüft zu glauben. Ein Buch, ein Vortrag oder eine wissenschaftlich klingende Geschichte suggerieren Glaubwürdigkeit – und unser kriti-

© Der/die Autor(en), exklusiv lizenziert an Springer-Verlag GmbH, DE, ein Teil von Springer Nature 2026
M. Boehm, *Ist es normal, nur weil alle es tun?*,
https://doi.org/10.1007/978-3-662-73190-1_39

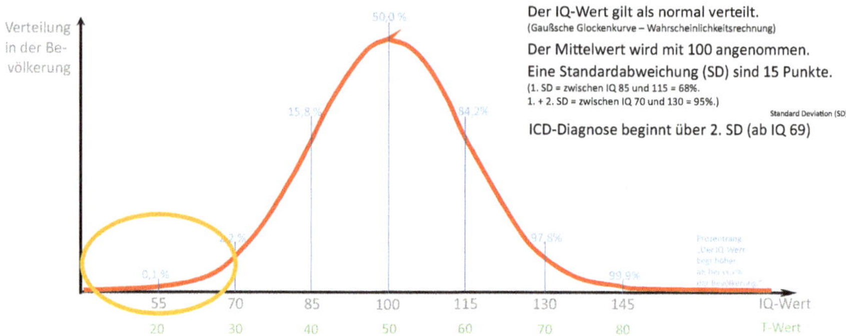

Abb. 39.1   Intelligenzquotient im Shimmer-Spektrum. (eigene Abbildung)

scher Geist tritt automatisch in den Hintergrund. Besonders in Lehrsituationen oder bei komplexen Themen neigen wir dazu, dem zu vertrauen, was uns als Fachwissen präsentiert wird.

Bleibt kritisch! Hinterfragt Informationen, auch wenn sie noch so seriös erscheinen. Ein guter Referent oder Autor vermittelt nicht nur Inhalte mit schicken Grafiken und überzeugenden Anekdoten, sondern bietet auch fundierte Quellen und nachvollziehbare Belege.

Bestrahlung tötet Tumorzellen.
Ausstrahlung tötet Hirnzellen.

Lasst euch nicht blenden. Selbst ein wohlklingender wissenschaftlicher Begriff kann eine Illusion sein. Dies ist ein kleines Kapitel, um humorvoll daran zu erinnern, dass nicht alles, was geschrieben steht, auch belegt oder gar „wahr" ist.

40

Die Macht der Biases – kognitive Wahrnehmungsverzerrungen

Jeder Mensch betrachtet das eigene Umfeld durch eine ganz individuelle Brille. Unser Gehirn ist darauf programmiert, Muster zu erkennen, schnelle Entscheidungen zu treffen und Komplexität zu reduzieren. Doch diese Mechanismen führen auch zu systematischen Denkfehlern – den sogenannten Biases. Diese kognitiven Verzerrungen beeinflussen unsere Wahrnehmung, unser Urteilsvermögen und unsere Entscheidungsprozesse in vielfältiger Weise.

Biases sind keine zufälligen Irrtümer, sondern tief verankerte Mechanismen, die uns helfen, die Welt zu interpretieren. Sie sind evolutionär sinnvoll. Sie erlauben schnelle Reaktionen und vereinfachen komplexe Situationen. Doch in einer hochgradig vernetzten und informationsreichen, kollektiven Kommunikationsgesellschaft können sie zu Fehlurteilen, Vorurteilen und Fehlentscheidungen führen. Dieses Kapitel beleuchtet einige bekannte Biases, ihre Ursachen und Auswirkungen – mit besonderem Fokus auf der Sozialen Arbeit, Psychologie und den Neurowissenschaften.

Was sind Biases?

Biases sind systematische kognitive Verzerrungen in der menschlichen Wahrnehmung und Urteilsbildung. Sie entstehen durch kognitive Abkürzungen, emotionale Reaktionen oder soziale Einflüsse. Der Psychologe Daniel Kahneman (2011) hat mit seiner Forschung zu „Schnelles Denken, langsames Denken" in verständlicher Sprache dazu beigetragen, diese Prozesse zu erklären. Unser Gehirn arbeitet mit zwei Denksystemen: System 1 (schnell, intuitiv, fehleranfällig, „tierisch") und System 2 (langsam, analytisch, ge-

M. Boehm, *Ist es normal, nur weil alle es tun?*,
https://doi.org/10.1007/978-3-662-73190-1_40

wissenhafter, „menschlich"). Biases entstehen meist, weil das erste System die Kontrolle übernimmt und voreilige Schlüsse zieht.

Biases und ihre Effekte

Kognitive Verzerrungen beeinflussen alle Bereiche des Lebens – von persönlichen Entscheidungen über wirtschaftliche Prozesse bis hin zu politischen und gesellschaftlichen Entwicklungen. In der Sozialen Arbeit sind sie besonders relevant, da sie sowohl Fachkräfte als auch Klient:innen betreffen können.

Einige bekannte Biases und ihre Bedeutung

Doorway-Effekt – *Warum vergessen wir, was wir tun wollten?* Der Doorway-Effekt wird im Deutschen ironisch „Türschwellen-Demenz" genannt und beschreibt das Phänomen, dass Menschen Informationen oder Gedanken vergessen, sobald sie durch eine Tür gehen. Dieser Effekt wurde von KRAWIETZ & TAMPLIN (2011) eingehend untersucht. Es wird angenommen, dass der Wechsel des räumlichen Kontextes die kognitive Verarbeitung beeinflusst und somit eine Art „mentaler Reset" erfolgt.

Beispiel aus der Sozialen Arbeit: Eine Fachkraft verlässt den Beratungsraum, um Unterlagen zu holen. Als sie zurückkehrt, hat sie die spezifische Fragestellung des Klienten nicht mehr präsent. Dies kann die Qualität der Beratungssituation negativ beeinflussen, wenn sie den Gesprächsfaden nicht wieder aufzunehmen kann. Eine Strategie könnte sein, den Klienten mit einzubeziehen. Sie könnte sagen: „Ich hole einmal die Unterlagen. Wenn ich aus dem Raum gehe, dann vergesse ich immer Dinge. Können Sie mir helfen direkt wieder im Thema einzusteigen, wenn ich zurückkomme?" Durch diese Transparenz und den selbstironischen Umgang, wird der Klient involviert und mit einer wertschätzenden Aufgabe abgeholt.

Bias Blind Spot – *Die eigene Verzerrung nicht sehen.* Menschen sind oft bereit, die kognitiven Fehler anderer zu erkennen, unterschätzen jedoch ihre eigenen Wahrnehmungsverzerrungen. Dieser Effekt wurde von PRONIN ET AL. (2002) erforscht und zeigt, dass Selbstreflexion essenziell ist, um Fehleinschätzungen zu minimieren.

Beispiel aus der Sozialen Arbeit: Eine erfahrene Sozialarbeiterin glaubt, unvoreingenommen zu handeln, bemerkt aber nicht, dass sie bestimmte Klienten bevorzugt behandelt, weil sie deren Geschichten überzeugender findet und die Geschichten sie mehr berühren. Teamsitzungen auf Sachebene und Supervisionen helfen, auch die eigene professionelle Seite reflektierter zu erleben.

Survivorship Bias – *Die verzerrte Wahrnehmung von Erfolg.* Erfolgsgeschichten werden oft überbewertet, während gescheiterte Versuche ignoriert werden. Dies führt zu einer optimistischen Fehleinschätzung der umgebenden Realität. Ein bekanntes Beispiel ist die Kriegsforschung der US-Armee. Während des Zweiten Weltkriegs untersuchte der Statistiker Abraham Wald (1943) Einschusslöcher von zurückkehrenden Flugzeugen und stellte fest, dass nicht die Bereiche mit den meisten Treffern verstärkt werden mussten – sondern jene, die bei *abgeschossenen* Maschinen besonders häufig getroffen wurden. Eine wertvolle Lehre für datenbasierte Entscheidungsfindung.

Beispiel aus der Sozialen Arbeit: Ein Jugendhilfeprojekt hebt nur die Erfolgsgeschichten hervor, während diejenigen, die die Maßnahme abgebrochen haben, nicht berücksichtigt werden. Dadurch entsteht ein unrealistisches Bild der Wirksamkeit. Wichtiger wäre zu erkennen, was zum Maßnahmeabbruch der Jugendlichen führte, um diesen Erfolgserlebnisse zu ermöglichen. Die Jugendlichen mit herausragenden Leistungen können durchaus gewertschätzt werden, doch im Qualitätsmanagement muss betrachtet werden, welche Benchmarks für alle angesetzt werden.

Halo-Effekt – *Die Macht des ersten Eindrucks.* Menschen neigen dazu, von einer positiven Eigenschaft auf andere zu schließen. Wenn jemand sympathisch oder attraktiv erscheint, werden ihm oft automatisch weitere positive Eigenschaften zugeschrieben. Dieser Bias, erstmals von Edward Thorndike (1920) beschrieben, zeigt sich in der Sozialen Arbeit etwa bei der Beurteilung von Klient:innen oder Kolleg:innen.

Beispiel aus der Sozialen Arbeit: Ein Jugendlicher, der im Gespräch freundlich und aufgeschlossen wirkt, wird automatisch als engagiert und zuverlässig eingeschätzt, obwohl seine Akte zeigt, dass er häufig Termine versäumt und sehr egoistisch in Betriebspraktika handelt.

Noch ein längeres Beispiel: Ein junger Mann führt jeden möglichen Small-Talk und hat dabei eine energetische, aktivierende Art. Innerhalb dieser Gespräche ist er gut artikuliert. Dieser junge Mann erhält eine etikettierende Persönlichkeitsdiagnose. Ihm werden komplexe Aufgaben und mehrschichtige Arbeitsschritte zugetraut. Es entsteht eine Unzufriedenheit auf beiden Seiten. Die Fachkräfte attestieren dem Mann, dass dieser faul ist und nicht ordentlich arbeitet. Der Mann selbst wirkt mehr und mehr in sich gekehrt. Auf der Metaebene spricht er von Überforderung, nur kann er dies nicht reflektiert ausdrücken. Bei genauerer Betrachtung sind die Small-Talks sehr gut sozialisierte Gesprächsanlässe, bei denen der junge Mann sein Gegenüber zum Sprechen anregt, er aber selbst kaum selbst spricht, sondern nur mit Floskeln dem Gesprächspartner schmeichelt. Eine ausführliche Diagnostik zeigt einmal mehr, dass von bekannten Eigenschaften – in diesem Fall der Sprache – nicht auf unbekannte Eigenschaften geschlossen werden darf – hier kognitive Fähigkeiten. Dieser Zusammenhang existiert nicht. Dieser Halo-Effekt hätte zu einem Abbruch der Maßnahme führen können, wenn nicht gemeinsam in die Reflexion gegangen worden wäre.

Confirmation Bias – *Nur das sehen, was ins eigene Weltbild passt.* Menschen suchen, interpretieren und erinnern Informationen so, dass sie ihre bestehenden Überzeugungen bestätigen. Dieser Mechanismus trägt dazu bei, dass sich Fake-News und Verschwörungsmythen so hartnäckig halten. Festgestellt wurde dieser Effekt bereits 1960 von WASON. Eine reflektierte, evidenzbasierte Arbeitsweise ist notwendig, um diesem Bias entgegenzuwirken.

Beispiel aus der Sozialen Arbeit: Eine Fachkraft geht davon aus, dass sich eine bestimmte Familie nicht kooperationsbereit verhält. Neue positive Signale werden abgetan oder als einmalige Ausnahme gewertet.

Backfire-Effekt – *Widerspruch verstärkt Überzeugungen.* Fakten, die gegen eine Überzeugung sprechen, führen oft nicht zur Meinungsänderung, sondern zur Verstärkung der ursprünglichen Ansicht. Diese Verzerrung ist besonders bei Verschwörungsdenken relevant. Studien von Nyhan und Reifler (2010) zeigen, dass emotionale Überzeugungen (instinktiv-tierisch) rationalen Argumenten (logisch-menschlich) oft überlegen sind.

Beispiel aus der Sozialen Arbeit: Ein Vater, der sein Kind mit harten Methoden erzieht, lehnt Studien über die negativen Auswirkungen von Gewalt in der Erziehung strikt ab und verteidigt seine Haltung noch stärker, da es „weichgespülte" Ansichten sind, die „niemand braucht". Er bestärkt sich weiter: „Früher haben wir es doch auch überlebt. Und? Hat es mir geschadet?"

Egozentrischer Bias – *Wer leistet die meiste Arbeit?* In Gruppen neigen Menschen dazu, ihre eigene Leistung überzubewerten und den Beitrag anderer zu unterschätzen. Dies kann in Teams und Gruppen zu Konflikten führen. ROSS & SICOLY (1979) untersuchten diesen Bias und fanden heraus, dass er besonders in angespannten Situationen, die *mit Stressoren besetzt sind, verstärkt auftritt.*

Beispiel aus der Sozialen Arbeit: In einer Kinder- und Jugendeinrichtung gibt es zwei Häuser. Jedes Haus glaubt, mehr und bessere Arbeit als das andere Haus zu leisten. Sie finden zu allen Punkten Argumente und bedienen zusätzlich den Confirmation-Bias und den Backfire-Bias. Diese Kombination findet sich in pädagogischen Einrichtungen häufig, da das Arbeitsfeld der Sozialen Arbeit diese Biases bestärkt.

Noch ein Beispiel: So groß braucht ihr nicht denken. Wie läuft eure Beziehung? Gut? Super! Wer macht denn mehr bei euch im Haushalt? Ärgert sich jemand, dass unterschiedliche Aufgaben (Kontoführung, Schriftkram, Einkauf, Staubsaugen, Kochen) ungerecht gewichtet werden? Was „zählt" mehr und was weniger? Arbeitet einer von euch mehr, um Geld zu verdienen, der/die andere kümmert sich dafür um den Haushalt? Was ist mehr wert? Beide verdienen Geld? Was zählt mehr in der Aufrechnung? Die Arbeitszeit, der Jobinhalt oder der Lohn? Du hast das Gefühl immer mehr zu machen als der/die andere. Das ist der egozentrische Bias.

Illusorische Korrelation – *Die falsche Verbindung von Ereignissen.* Menschen sehen Muster und Zusammenhänge, wo keine existieren. Dieser Bias kann Vorurteile verstärken und wird oft in der Kriminalitätsforschung oder Medizin beobachtet. Chapman (1967) fand heraus, dass Menschen irrationale Zusammenhänge in Daten herstellen, wenn sie bereits Vorannahmen dazu haben.

Beispiel aus der Sozialen Arbeit: Ein Sozialarbeiter einer Schule stellt fest, dass im aktuellen Schuljahr mehr Jugendliche mit Migrationshintergrund von der Schule verwiesen wurden als Jugendliche ohne Migrationshintergrund. Er zieht daraus eine Schlussfolgerung das die Jugendlichen kulturell bedingt „weniger ausgeprägte" Werte und Normen besitzen und es somit zu mehr Regelübertretungen kommt. Diese diskriminierende bis rassistische Ideologie, die Menschen aufgrund ihres Äußeren, ihres Namens, ihrer (vermeintlichen) Kultur, Herkunft oder Religion abwertet, begründet sich auf Biases, wobei die Illusorische Korrelation dafür sehr häufig anzutreffen ist. Die Gründe der Regelverstöße können vielschichtig sein. Die systemische Aufarbeitung der Gründe ist der Schlüssel zu Veränderungen nicht unreflektierte Parolen als schnelle Korrelationsvermutungen.

Warum ist das Wissen um Biases so relevant?
Biases beeinflussen unser tägliches Handeln, oft ohne, dass wir es merken. In der Sozialen Arbeit ist es essenziell, sich dieser Verzerrungen bewusst zu sein, um weniger subjektivierte Entscheidungen zu treffen, sondern individuelle Unterstützung zu gewährleisten. Kritisches Denken und kontinuierliche Selbstreflexion helfen dabei, unbewusste Verzerrungen zu erkennen und zu minimieren. Anstatt impulsiv zu reagieren, ermöglicht eine reflektierte Haltung, Situationen differenzierter zu betrachten und fundiertere Entscheidungen zu treffen.

Diese kognitiven Mechanismen sind keine bloßen Meinungen oder Zufallsphänomene, sondern gut erforschte Prozesse, die durch zahlreiche Studien aus Psychologie und Neurowissenschaften belegt sind. Sie zeigen, wie unser Gehirn Informationen filtert, bewertet und häufig verzerrt wahrnimmt/decodiert. Sich dieser Prozesse bewusst zu sein bedeutet, eigene Denkmuster immer wieder zu hinterfragen, um stereotype Beurteilungen zu vermeiden. Wer offen für neue Perspektiven bleibt, kann fundiertere Einschätzungen treffen und individueller auf Menschen und Situationen eingehen.

Wir können Biases nicht vollständig vermeiden, aber wir können lernen, mit ihnen umzugehen. Die bewusste Auseinandersetzung mit diesen Verzerrungen ermöglicht ein differenzierteres Denken und gesichertere Entscheidungen. Gerade in der Sozialen Arbeit ist es wichtig, sich dieser Mechanismen bewusst zu sein, um Fairness, eine Objektivitätsannäherung und professionelles Handeln zu gewährleisten.

Biases sind keine Schwächen – sie sind ein Teil der menschlichen Wahrnehmung. Doch wer sie erkennt und reflektiert, kann verhindern, dass sie unbewusst das eigene Urteilsvermögen dominieren.

41

Beauty-Bias – viel Tier, wenig Mensch

Unsere Gesellschaft ist fasziniert von äußerlicher Schönheit – sie scheint fast wie ein allmächtiges Kriterium zu sein, das Menschen automatisch positive Eigenschaften zuschreibt. Dieser sogenannte Beauty-Bias – auch häufig als „Pretty Privilege" bezeichnet – basiert auf einem tief verwurzelten, biologischen Mechanismus. Instinktiv bevorzugen wir Form vor Inhalt (siehe Abb. 41.1). Schon seit den frühen Studien zur Attraktivität, etwa von DION, BERSCHEID UND WALSTER (1972), ist klar wissenschaftlich belegt, dass schöne Menschen oft als intelligenter, moralisch integrer, begabter, vertrauenswürdiger und sogar als empathischer eingeschätzt werden – selbst wenn diese Zuschreibungen keinerlei Korrelation zur Schönheit haben.

Die Rolle von Medien und Werbung

In der Praxis zeigt sich dies in vielen Bereichen. In den Medien, der PR und in der Werbung werden oft nicht die inhaltlichen Qualitäten von Produkten, Ideen oder sogar Personen in den Vordergrund gestellt, sondern ihre äußerliche Erscheinung. Influencer, deren Auftritte durch professionelle Inszenierungen und visuelle Attraktivität glänzen, werden häufig als vertrauenswürdige und kompetente Ratgeber dargestellt. Dabei geht es weniger um die Tiefe ihrer Expertise als vielmehr um den unmittelbaren, instinktiven Eindruck ihrer Erscheinung. So entsteht ein Effekt, der dazu führt, dass wir ihnen eher unsere Geheimnisse anvertrauen, als dass wir kritisch hinterfragen, ob ihre Aussagen auch auf fundiertem Wissen basieren.

M. Boehm, *Ist es normal, nur weil alle es tun?*,
https://doi.org/10.1007/978-3-662-73190-1_41

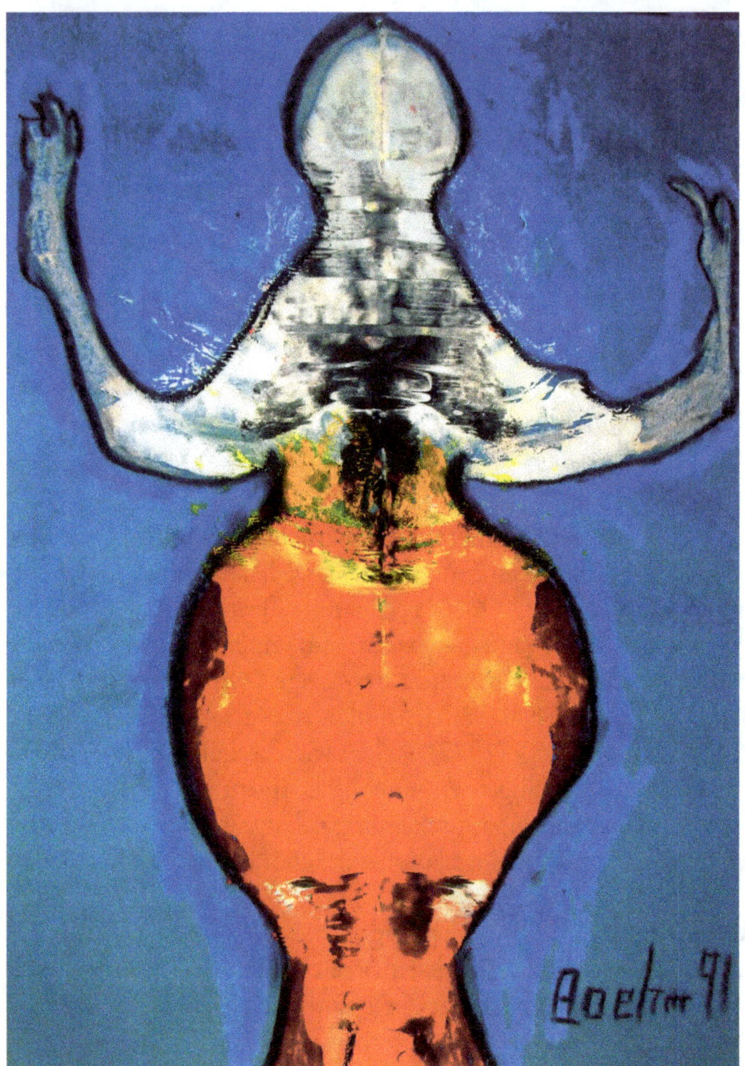

Abb. 41.1 Betrachtung der Unversehrtheit (Ölkreide auf Karton – C.J. Boehm)

Psychologie des Beauty-Bias – der Halo-Effekt
Die biologische Ästhetik, die uns dazu verleitet, schöne Menschen als „besser"
zu bewerten, zeigt sich in unserem Gehirn. Unsere visuelle Wahrnehmung
und unser neuronaler Apparat neigen dazu, positive Merkmale zu verallge-
meinern – ein Phänomen, das unter den Halo-Effekt fällt. Dieser Bias führt
dazu, dass eine einzige positive Eigenschaft, wie Attraktivität, alle anderen
Eigenschaften in einem übermäßig günstigen Licht erscheinen lässt. Dies ist

instinktiv und evolutionär bedingt, da in der Urzeit eine attraktive Erscheinung oft mit Gesundheit und Vitalität assoziiert wurde (also: ein guter Partner, um sicher die eigenen Gene weiterzugeben). Doch in der modernen Welt führt dies zu einer verzerrten Wahrnehmung, bei der der äußere Schein über den inneren Wert gestellt wird.

Das Shiny-Object-Syndrom – Die Ablenkung durch Oberflächlichkeit

Ein weiteres Phänomen, das eng mit dem Beauty-Bias verwoben ist, ist das sogenannte Shiny-Object-Syndrome. Hierbei werden Menschen und auch Entscheidungsträger von (auch im übertragenen Sinne) kurzfristig glänzenden, oberflächlich ansprechenden Ideen abgelenkt. Wenn etwas rein äußerlich verlockend erscheint, neigen wir dazu, uns schnell davon mitreißen zu lassen – oft auf Kosten einer tieferen, inhaltlichen Auseinandersetzung. Dieses Syndrom zeigt sich nicht nur in der Wirtschaft und im Marketing, sondern auch in der Alltagskommunikation und sogar im Lernverhalten. Der Überfluss an attraktiven Reizen führt dazu, dass bestehende, aber vielleicht weniger „glänzende" Ideen schnell fallengelassen werden – zugunsten impulsgesteuerter *Fast-Mood-Entscheidungen.*

Die Verstärkung des Beauty-Bias durch soziale Netzwerke

Die Medien und insbesondere soziale Netzwerke spielen hier eine zentrale Rolle. Sie verstärken den Beauty-Bias, indem sie Bilder und Inhalte hervorheben, die auf äußerlicher Attraktivität beruhen. Dabei werden oft stereotype Schönheitsideale propagiert, die wenig mit der tatsächlichen Vielfalt menschlicher Eigenschaften zu tun haben. Studien, etwa von EAGLY ET AL. (1991) und RHODES (2006), belegen, dass Attraktivität in vielen Kulturen als universeller Indikator für positive Eigenschaften gilt – ein Trend, der sich in den sozialen Medien besonders stark manifestiert.

Motivationstrainer als Beispiel für den Beauty-Bias

Die Riege der (selbsternannten) besten Motivationstrainer arbeitet ebenfalls durchweg mit dem Beauty-Bias. Sehnige, durchtrainierte, braungebrannte, dauerweißgrinsende Menschen, modisch-modern gestylte Kleidung und hochpreisige Accessoires runden das manipulative Konzept von Alpha-Tier-Gehabe (als Leitwolf unter Wölfen) und somit „tierischem" Erfolg ab. Als „self-fullfilling prophecy" werden Hallen mit allen Mitteln mit Menschen gefüllt, um die Berechtigung der Vermarktung des Selbstbildes zu bestätigen.

Gesellschaftliche Folgen des Beauty-Bias

Letztlich steht der Beauty-Bias exemplarisch für ein größeres gesellschaftliches Problem. Unsere Tendenz, äußere Erscheinungen über den inneren Wert zu stellen, führt zu einer oberflächlichen Beurteilung von Menschen und Dingen. Dabei wird häufig übersehen, dass wahre Kompetenz, moralische Integrität und persönliche Tiefe nicht an äußeren Merkmalen gemessen werden können. In der Sozialen Arbeit, aber auch in anderen gesellschaftlich relevanten Bereichen, ist es daher von zentraler Bedeutung, sich dieser Verzerrungen bewusst zu werden und sie kritisch zu hinterfragen.

Der Umgang mit dem Beauty-Bias in der Sozialen Arbeit

Die Herausforderung besteht darin, den Einfluss dieser Biases zu minimieren und stattdessen auf den Wert von inhaltlicher Substanz und authentischem Engagement zu setzen. Eine reflektierte Haltung, die sich nicht von oberflächlichen Schönheitsidealen leiten lässt, kann dazu beitragen, dass Menschen als Ganzes wahrgenommen werden – als komplexe Wesen mit inneren Qualitäten, die weit über die bloße Betrachtung der Unversehrtheit ihrer Hülle hinausgehen.

42

Die 3U-Problematik – Ursachen, Wirkung und Perspektiven

Jeder Mensch steht täglich vor Herausforderungen, deren Ursachen entweder in äußeren Umständen oder in der eigenen Person gesucht werden können. Die 3U-Problematik beschreibt dabei eine besondere Form der Wahrnehmungsverzerrung, nämlich die Tendenz, **Ursachen für Umstände im Umfeld** zu suchen und dabei die eigene Rolle auszublenden. Das bedeutet, dass Reflexion fehlt und die Schuld für Irrtum und Schwierigkeiten ausschließlich bei anderen Personen oder äußeren Faktoren verortet wird.

Die 3U-Problematik als Schutzmechanismus
Diese Problematik steht in enger Verbindung mit dem sogenannten **Selbstwert-Schutz-Attributionsfehler,** einer kognitiven Verzerrung, die dazu dient, das eigene Selbstbild stabil zu halten. Fehler und Misserfolge werden bevorzugt äußeren Umständen zugeschrieben, während Erfolge als eigene Leistung interpretiert werden. Dadurch bleibt das Selbstwertgefühl unangetastet – allerdings auf Kosten einer sachlichen Selbstreflexion, mit verzerrter Wahrnehmung. (siehe Abb. 42.1)

Doch die 3U-Problematik hat zwei Seiten
Sie kann nicht nur als unbewusste Schutzstrategie auftreten, sondern auch gezielt genutzt werden. Viele Klient:innen greifen unbewusst auf diesen Mechanismus zurück, um sich vor unangenehmen (teilweise unausweichlichen) Fakten zu schützen oder sich selbst zu entlasten. Wenn Veränderungen bedrohlich wirken oder persönliche Verantwortung unbequem ist, bietet es

M. Boehm, *Ist es normal, nur weil alle es tun?*,
https://doi.org/10.1007/978-3-662-73190-1_42

Abb. 42.1 Wahrnehmungsverzerrungen (Farben und geschmolzenes Plastik auf Glas – C.J. Boehm)

sich an, äußere Umstände (auch Fachkräfte) als Ursache für Probleme zu definieren. Dieser Schutzmechanismus kann erstaunlich lange aufrechterhalten bleiben und scheint sich in einem Kreislauf selbst zu verstärken.

Drei zentrale Kommunikationsmissverständnisse
Innerhalb sozialer Prozesse, insbesondere in professionellen Kontexten wie der Sozialen Arbeit, können drei zentrale U-Faktoren die 3U-Problematik verstärken. Sie führen zu Missverständnissen, Konflikten und blockieren Veränderungsprozesse:

1. **Unsicherheit** – Klient:innen fühlen sich oft unsicher in Bezug auf Veränderungen, Ziele oder ihre eigene Zukunft. Diese Unsicherheit führt dazu, dass sie an alten Denkmustern festhalten und Veränderung als Bedrohung empfinden.
2. **Unverbindlichkeit** – Wenn es an klaren Absprachen, Transparenz und Zuverlässigkeit mangelt, entsteht ein diffuses Vertrauensverhältnis. Fachkräfte müssen sich bewusst machen, dass jede unklare Kommunikation zu Verwirrung führt und Kooperation verhindern kann.

3. **Unzufriedenheit** – Wenn sich Klient:innen nicht wertgeschätzt fühlen oder ihre Bedürfnisse nicht ausreichend berücksichtigt werden, kann eine tiefe Unzufriedenheit entstehen. Diese emotionale Ebene beeinflusst das gesamte Unterstützungssystem und kann Widerstand gegen Hilfsangebote erzeugen.

Wie die 3U-Problematik Zusammenarbeit beeinflusst

Diese drei U-Faktoren verstärken sich oft gegenseitig und können langfristig die Motivation und Leistungsfähigkeit in der Zusammenarbeit negativ beeinflussen. Unsicherheit führt zu Passivität, Unverbindlichkeit erzeugt Misstrauen und Unzufriedenheit kann schließlich zum Rückzug führen. Die Herausforderung liegt darin, diese Dynamiken zu erkennen und bewusst gegenzusteuern.

Ein konstruktiver Umgang mit der 3U-Problematik

Anstatt die 3U-Problematik nur als Hindernis zu betrachten, kann sie auch als wertvolles Diagnosetool dienen. Fachkräfte sollten sich folgendes fragen:

* Wo in meiner Arbeit tauchen diese drei U-Faktoren auf – kann ich sagen warum?
* Welche unbewussten Schutzmechanismen nutzen meine Klient:innen?
* Wie kann ich Klarheit und Verbindlichkeit in die Kommunikation bringen?

Wer diese Fragen reflektiert, kann gezielt daran arbeiten, Unsicherheit zu reduzieren, Verbindlichkeit zu schaffen und Unzufriedenheit vorzubeugen. Denn die Lösung liegt nicht darin, Schuld zuzuweisen – sondern darin, Verantwortung zu übernehmen, Missverständnisse aufzulösen und Veränderung aktiv zu gestalten.

43

Reversed Dunning-Kruger-Effekt

Der Dunning-Kruger-Effekt hat sich in den letzten Jahren zu einer Art Universalkeule entwickelt, die in Diskussionen gezückt wird, sobald sich jemand selbst überschätzt (und es idealerweise auch nicht merkt). Wer sich in Online-Debatten oder intellektuellen Gesprächsrunden bewegt, wird den Effekt fast zwangsläufig als Argument hören: „Typisch: Dunning-Kruger!" Doch genau hier liegt das Paradox. Wer den Effekt benutzt, um andere zu diskreditieren, begeht dabei selbst eine kognitive Verzerrung – und landet mitten im Reversed Dunning-Kruger-Effekt.

Wenn sich Überheblichkeit als Intelligenz tarnt

Der ursprüngliche Dunning-Kruger-Effekt beschreibt, dass Menschen mit geringer Kompetenz ihre Fähigkeiten überschätzen, während kompetente Menschen dazu neigen, sich zu unterschätzen. Doch was passiert, wenn jemand diesen Effekt so oft und reflexartig anwendet, dass er selbst zum Opfer einer Fehleinschätzung wird? Genau das ist das Wesen des Reversed Dunning-Kruger-Effekts. Die Annahme, dass das Wissen um eine kognitive Verzerrung automatisch zur Überlegenheit führt (doch dabei lediglich Überheblichkeit ist).

Statt echte Expertise zu zeigen, genügt es diesen Menschen oft, den Dunning-Kruger-Effekt in die Runde zu werfen, um sich selbst als reflektierter und intelligenter darzustellen, ohne weiter auf Argumente eingehen zu müssen. Besonders in sozialen Netzwerken und polarisierten Debatten entsteht so ein seltsames Phänomen. Ein Begriff, der ursprünglich für wissenschaftliche

M. Boehm, *Ist es normal, nur weil alle es tun?*,
https://doi.org/10.1007/978-3-662-73190-1_43

Erkenntnisse über menschliche Wahrnehmung stand, wird zu einer rhetorischen Waffe degradiert.

DONALD TRUMP als Dauerbeispiel – und warum das zu kurz greift

Ein besonders häufig genutztes Beispiel für den Dunning-Kruger-Effekt ist DONALD TRUMP. Immer wieder wird ihm unterstellt, dass er sich selbst für klüger hält, als er tatsächlich ist, und dass er unfähig sei, seine eigenen Defizite zu erkennen. Doch diese Einordnung greift zu kurz. Der Reversed Dunning-Kruger-Effekt führt dazu, dass viele Menschen mit einer schnellen Ferndiagnose seine politische Gefährlichkeit unterschätzen – weil sie ihn als „lediglich inkompetent" abtun. Dabei zeigt die Geschichte, dass vermeintlich unfähige Machthaber oft erschreckend wirksam sein können.

Die Satire wird zur Wissenschaft erhoben

Der Dunning-Kruger-Effekt ist in Wahrheit eine ironisch überspitzte Interpretation eines psychologischen Phänomens, das durch DAVID DUNNING und JUSTIN KRUGER ursprünglich untersucht wurde. Doch in der populären Rezeption wurde er zu einer absoluten Wahrheit stilisiert, die sich leicht und überall anwenden lässt – so lange, bis selbst Menschen mit fundiertem Wissen blind mit ihm argumentieren und sich dabei der gleichen Hybris hingeben, die sie anderen vorwerfen.

Wie man dem Reversed Dunning-Kruger-Effekt entkommt

Wahre Reflexion bedeutet, nicht nur andere auf ihre Denkfehler hinzuweisen, sondern auch die eigenen kognitiven Verzerrungen zu hinterfragen. Wer glaubt, durch das bloße Anwenden eines Konzepts klüger zu sein als sein Gegenüber, hat sich möglicherweise bereits in die Falle des Reversed Dunning-Kruger-Effekts begeben. Ein wenig Demut, ein Hinterfragen der eigenen Argumente und ein Bewusstsein für die eigene Voreingenommenheit sind die besten Wege, um dieser Falle zu entkommen.

Und nun?

Es ist an der Zeit, den inflationären Gebrauch des Dunning-Kruger-Effekts kritisch zu hinterfragen. Nicht jede Person, die sich überschätzt, ist ein Paradebeispiel dafür – und nicht jeder, der den Begriff nutzt, ist klüger als die Person, die sie damit kritisiert. Der Reversed Dunning-Kruger-Effekt zeigt, dass wahre Intelligenz nicht in der schnellen Diagnose anderer liegt, sondern im stetigen Hinterfragen der eigenen Wahrnehmung.

44

KOMMUNIKATION – Vernunft und Urteilskraft

Die Frage „Was ist der Mensch?" bildet den Kern unseres Verständnisses von Identität, Gemeinschaft und Kultur. Kommunikation ist das Fundament, auf dem soziale Strukturen errichtet werden, und sie ist tief in der biologischen Architektur unseres Gehirns verankert. Im Cluster-Vortex ist sie mit dem Kollektivhirn (Frontallappen) verbunden – der Region, die für soziale Kognition, Sprache, abstraktes Denken und moralisches Urteilen zuständig ist. Die Fähigkeit, Bedeutung zu erzeugen und weiterzugeben, ist das, was uns als Spezies auszeichnet. (siehe Abb. 44.1)

Philosophische Auseinandersetzung – Der Mensch als kommunikatives Wesen
Seit der Antike wird der Mensch als „zoon politikon", als soziales und politisches Wesen, betrachtet. ARISTOTELES erkannte, dass Sprache nicht nur ein Mittel zur Verständigung ist, sondern auch dazu dient, Werte und Normen zu verhandeln. KANT sah in der Vernunft die Grundlage für moralische Urteile und zwischenmenschliches Handeln.

Doch Kommunikation ist mehr als reine Informationsübertragung – sie ist eine ständige Auseinandersetzung mit dem Selbst und der Welt. Sie erschafft (eigene) Realität, indem sie Bedeutungen setzt und diese innerhalb sozialer Gruppen verhandelt. Sprache gibt dem Menschen nicht nur die Möglichkeit, Wissen zu teilen, sondern auch sich selbst zu reflektieren. Ohne Kommunikation bliebe der Mensch ein isoliertes Wesen, unfähig, sich in soziale Systeme einzubetten.

Kollektivhirn
(Frontallappen/Lobus Frontalis

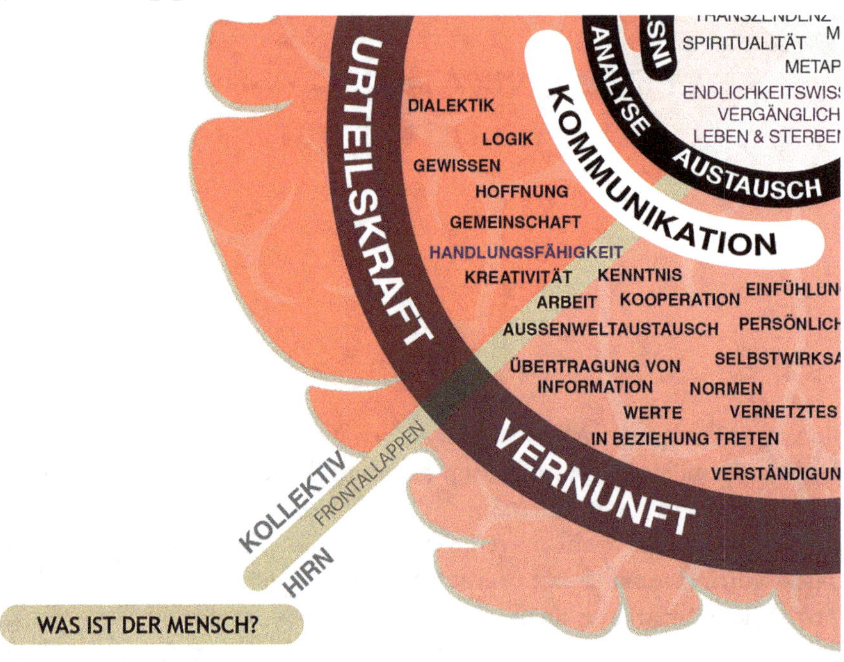

Abb. 44.1 Cluster-Vortex-Modell – Ausschnitt Kollektivhirn; Vernunft und Urteilskraft

Neurobiologische Perspektive – Der Frontallappen als Zentrum der sozialen Intelligenz

Der *Frontallappen*, insbesondere der präfrontale Kortex, ist essenziell für komplexe kognitive Prozesse wie Empathie, moralisches Urteilen und Entscheidungsfindung. Er ermöglicht es uns, nicht nur Informationen zu verarbeiten, sondern sie auch in einen sozialen und kulturellen Kontext einzuordnen.

Ein entscheidender Faktor ist die Fähigkeit zur *Theory of Mind*. Es ist das Bewusstsein, dass andere Menschen eigene Gedanken, Absichten und Emotionen haben. Ohne diese Fähigkeit wäre jede tiefere Form von Kommunikation unmöglich. Studien zeigen, dass der präfrontale Kortex eine Schlüsselrolle spielt, wenn es darum geht, sich in andere hineinzuversetzen und moralische Entscheidungen abzuwägen.

Kommunikation als Konzept – Die Verbindung von Vernunft und Urteilskraft

Im Cluster-Vortex steht *Kommunikation* für die Prozesse, durch die Menschen Bedeutung erschaffen und weitergeben. *Vernunft* beschreibt die Fähigkeit, Informationen zu strukturieren, Argumente zu entwickeln und über das eigene Handeln nachzudenken. *Urteilskraft* ist das Werkzeug, mit dem soziale Normen interpretiert, moralische Entscheidungen getroffen und zwischenmenschliche Beziehungen gestaltet werden.

Die Frage „Was ist der Mensch?" ist daher nicht nur eine metaphysische, sondern eine kommunikative. Der Mensch definiert sich durch seine Fähigkeit, in Sprache, Gesten und Symbolen Sinn zu erzeugen. In der Sozialen Arbeit zeigt sich dies besonders deutlich. Gelungene Kommunikation ist die Basis für Beziehungsarbeit, für Empowerment und für die Fähigkeit, Menschen eine Stimme zu geben. Ohne Kommunikation gibt es keine Gemeinschaft – und ohne Gemeinschaft keine Menschlichkeit. (siehe Abb. 44.2)

Abb. 44.2 Der lange Weg (Öl auf Leinwand – C.J. Boehm)

45

Innere und äußere Haltung

Fast jedes Kapitel hätte einen eigenen Aufsatz oder gar ein ganzes eigenes Buch verdient. Bei dem Thema Haltung zucke selbst ich, denn dazu biete ich mit Sebastian Unger (Baum-Buddy), als shinrin-yoku (森林浴) Lehrer, ganzheitlich-fachliche Seminar ohne Wände an (forest & bridges). Trotzdem werde ich das Kapitel nur als Facts-Dropper aufbauen, um zur Diskussion anzuregen. Es ist die Einführung zum gegensätzlichen Thema des Mind-Sets. (siehe Abb. 45.1)

Ein wichtiger Aspekt von *innerer Haltung* ist intrinsische Motivation über

- Wertschätzung und Respekt,
- bedingungslose Akzeptanz (als überraschungsoffene Grundhaltung),
- Veränderungsbereitschaft (als Innovation),
- Fehler- und Ressourcenkultur (nicht stumpfe Stärkenorientierung),
- flach-hierarchische professionelle Nähe-Distanz (eine Sichtweise: Duzen ist kein Kumpelverhalten, sondern die Achtung der Fähigkeiten und Fertigkeiten des anderen) und
- Fremd- und Selbstreflexion (als diskursive Kritikfähigkeit).

Diese Faktoren, die in der persönlichen sozio-emotionalen Entwicklungsgeschichte in die eigene Persönlichkeit eingebaut wurden, sind die Basis für die *äußere Haltung*, wie

- Weltanschauung (Einstellung zum Machtbegriff und gesellschaftlicher Orientierung – inklusive politische Ausrichtungen),

M. Boehm, *Ist es normal, nur weil alle es tun?*,
https://doi.org/10.1007/978-3-662-73190-1_45

Abb. 45.1 Zwischen innerer und äußerer Haltung (Gips und Metall – C.J. Boehm)

- Lebensphilosophie (Ethik und Moralvorstellungen, Verhaltens-Prinzipien gegenüber anderen und sich selbst),
- kulturelle Orientierung (Zugehörigkeitsgefühl zu kulturellen Werten und Normen),
- soziale Rollen (gesellschaftlich erwartetes Verhalten – oder eben nicht),
- religiöse oder spirituelle Ausrichtung (Glaubenssysteme oder Sinnsuche – oft fernab von Esoterik),
- ästhetische Werte (individuell-differenzierte Wahrnehmung von Kunst und Alltag),

- Identitätsmerkmale (Geschlecht, Gender, sexuelle Ausrichtung, soziale Herkunft und weitere Selbstbeschreibungen),
- Kommunikationsstil (Meinungsäußerungen und Einstellungen – von diplomatisch, über provokativ, bis zurückhaltend),
- Lebensstil und Prioritäten (gewählte Entscheidungen darüber, wie man lebt und worauf man den Fokus legt – von Minimalismus über ökologischen Lebensstil, bis Materialismus),
- Bildung und Wissenszugang (Einfluss von Wissen in das Weltbild – auch durch Bildungshintergrund)

46

Glaubensmantra „Mindset"

Die Faktoren der inneren und äußeren Haltung werden oft als „Mind-Set" beschrieben. Diesen Begriff als Denkweise und Einstellung zu übersetzen ist legitim.

Es gibt aber einen weiteren Mindset Begriff. Dieser geht auf die hoch renommierte und dotierte US-amerikanische Psychologin Carol Susan Dweck (*1946) zurück, die unter anderem auf dem Gebiet der Motivation forschte.

Sie benannte dazu zwei Denkweisen. Das dynamische Selbstbild mit Wachstumsdenken (growth mindset) und das statische Selbstbild mit Stagnationsdenken (fixed mindset).

Zunächst passt diese Idee von Dweck voll in mein Handeln. Über ein Brain-Storming etwas Griffiges erschaffen, um eine Hypothesengrundlage zu bilden. Viele meiner Ideen in diesem Buch sind genau so etwas. Ideen, die ich ans Licht der Welt geholt habe, um eine Diskussionsgrundlage zu haben, um in den Diskurs mit anderen gehen zu können – auch ohne bisherige wissenschaftliche Basierung. Als solche muss man die Theorien dann aber auch definieren.

Zumindest die Anhängerinnen und Anhänger von Dweck haben die growth mindset/fixed mindset Idee im sogenannten „Mindset Change" zu einem Art Glaubensmantra erhoben, das den Stempel der Wissenschaftlichkeit erhält, ohne, das dies belegt ist. „Alles ist erreichbar, wenn man nur hart genug daran arbeitet", heißt es nur zu oft in Motivations-Seminaren und vor allem Vertriebs-Unternehmen.

Timothy C. Bates, selbst Professor für Psychologie im schottischen Edinburgh versucht bereits seit Jahren die „Mindset Theory" zu validieren. Wissenschaftlich ist die Theorie jedoch nicht reproduzierbar und damit nicht gültig. Unterschiedlichste wissenschaftliche Studien belegen, dass die innere und äußere Haltung nicht einfach durch eine Einstellung oder ein Verlangen auf Erfolg „umprogrammiert" werden kann. Bates findet klare Worte. Er sagt: „Durch die Hypothese der growth/fixed mindsets wird 100 Jahre Gehirnforschung mit Füßen getreten."

Die Anerkennung im wirtschaftlichen Segment scheint jedoch nicht von der wissenschaftlichen Validität abzuhängen. Der Ausdruck „die Komfort-Zone verlassen, um zu wachsen" ist bereits in den allgemeinen Sprachgebrauch übernommen worden – und schon fast als Maxime gesellschaftlich integriert.

Diese plakativen Kreise, von der Komfort-Zone, über die Angst-Zone, bis irgendwann zur Wachstums-Zone ist griffig und die Wirtschaft braucht (zumindest meint sie es) keine wissenschaftliche Basierung der Theorien oder Methoden. Die „Mindset Theory" ist ein probates Mittel zur hierarchischen Unterdrückung von Mitarbeitenden, um Machtstrukturen als notwendig auszulegen. Über kognitive Verzerrungen wird den Mitarbeitenden glauben gemacht, dass sie nur ihr Mindset „changen" müssen, um ihre Ziele zu erreichen. Wer also noch nicht Erfolg hat (Erfolg besteht aus Reichtum, Anerkennung und Macht – keine sozialen Werte), ist selbst schuld und ist noch zu sehr im eigenen „fixed mindset" gefangen. Natürlich sind hier alle Spielarten denkbar. Erst über gebuchte kostenintensive Seminare, werden Mitarbeitende befähigt das „growth mindset" zu aktivieren und so weiter, sodass es nicht nur Schneeball-/Pyramiden-Strukturen schürt, sondern fast sektenartige Strukturen annehmen kann.

Ein nicht rückverfolgbares Internet-Zitat fasst diese Betrachtung dabei zusammen: „Wer von Mindset spricht, hat den Verstand bereits verloren."

Wichtig ist vielmehr, aus der „Kommt-Vor-Zone" herauszukommen, um es sich nicht mit den Kolleginnen und Kollegen zu verscherzen: „Ich habe den Termin vergessen – kommt vor."

Meine persönliche „Mindset-Change-Meme": Es gibt zwei Grundsätze für Erfolg.

- Erstens: Gib nicht alles preis.

47

Psychologische Artefakte – die Täuschung der Forschung

Wissenschaftliche Forschung gilt als objektiv, überprüfbar und methodisch sauber. Jedoch entstehen oft Fehlinterpretationen, Verzerrungen und methodische Trugbilder, die selbst Wissenschaftler:innen nur schwer durchschauen. Diese Trugbilder werden als psychologische Artefakte bezeichnet. Sie sind keine absichtlichen Täuschungen (na ja, manchmal schon geduldet), sondern Nebenprodukte von Forschung, die durch fehlerhafte Methoden oder unzureichend kontrollierte Rahmenbedingungen entstehen.

Ein psychologisches Artefakt ist also ein Ergebnis, das nicht aus dem eigentlichen Untersuchungsgegenstand hervorgeht, sondern durch die Forschungsmethode selbst erzeugt wird. Das bedeutet, dass wir glauben ein Phänomen entdeckt zu haben, obwohl es in Wahrheit ein Produkt unserer Untersuchungsweise ist.

Ein bekanntes Beispiel ist die Mindset-Theorie (siehe vorheriges Kapitel). Sie postuliert, dass Menschen aus einem statischen Mindset in ein dynamisches Mindset wachsen können. Doch bei näherer Betrachtung fehlt eine tiefgehende neurowissenschaftliche Begründung und vor allem Belegung. Viele Studien, die die Theorie stützen, basieren auf fragwürdigen methodischen Annahmen. Das Konzept ist zwar populär und in der Praxis weit verbreitet – doch es könnte mehr Artefakt als tatsächliches psychologisches Prinzip sein.

Arten von psychologischen Artefakten

Psychologische Artefakte sind Verzerrungen, die in wissenschaftlichen Untersuchungen auftreten und zu fehlerhaften oder irreführenden Ergebnissen

© Der/die Autor(en), exklusiv lizenziert an Springer-Verlag GmbH, DE, ein Teil von Springer Nature 2026
M. Boehm, *Ist es normal, nur weil alle es tun?*,
https://doi.org/10.1007/978-3-662-73190-1_47

führen können. Dabei gibt es verschiedene Arten, die auf unterschiedliche Weise entstehen.

Statistische Artefakte treten auf, wenn Stichproben nicht repräsentativ sind, Daten fehlerhaft erhoben oder unangemessen ausgewertet werden. Ein klassisches Beispiel ist die Überschätzung von Korrelationen. Nur weil zwei Phänomene gleichzeitig auftreten, bedeutet das nicht, dass eines das andere bedingt. Solche Fehlschlüsse entstehen häufig, wenn Kontexte nicht beachtet oder Zufallskorrelationen überbewertet werden.

Ein weiteres Beispiel ist das **Versuchsleiterartefakt,** auch bekannt als Rosenthal-Effekt. Hier beeinflusst die Erwartungshaltung der Forschenden unbewusst das Verhalten der Teilnehmenden. Wenn ein Versuchsleiter – oft ohne es zu merken – eine bestimmte Erwartung an die Versuchspersonen weitergibt, kann sich diese Erwartung in deren Verhalten widerspiegeln. Dadurch entstehen Ergebnisse, die weniger auf der eigentlichen Forschungsfrage basieren, sondern auf subtiler Kommunikation zwischen Forschenden und Proband:innen.

Auch **Messartefakt**e und Placebo-Effekte spielen eine entscheidende Rolle. Messinstrumente selbst können Ergebnisse verzerren – sei es durch schlecht gewählte Skalen, suggestive Fragen oder den Umstand, dass sich Menschen allein durch die Teilnahme an einer Studie anders verhalten. Der Hawthorne-Effekt beschreibt genau dieses Phänomen. Wenn Menschen wissen, dass sie beobachtet werden, verändern sie ihr Verhalten – unabhängig davon, ob eine Intervention tatsächlich wirksam ist.

Bereits diese Artefakte zeigen, wie wichtig eine sorgfältige Methodik in der Forschung ist. Wer sich dieser Verzerrungen bewusst ist, kann Studiendesigns gezielt anpassen, um Fehlinterpretationen zu vermeiden. Damit ist der Weg zu validen Ergebnissen frei.

Warum sind Artefakte relevant für die Soziale Arbeit?

Sozialarbeitende müssen mit Studien, Statistiken und Diagnosen umgehen. Doch wie zuverlässig sind diese? Wenn Diagnosen in Gutachten oder Anamnesen nur aufgrund fragwürdiger Tests oder verzerrter Daten gestellt werden, können falsche Schlussfolgerungen für Klient:innen gezogen werden.

Ein Beispiel aus der Praxis. Ein Kind mit Verhaltensauffälligkeiten wird auf ADHS getestet. Der verwendete Fragebogen beruht jedoch auf elterlichen Einschätzungen, die durch die eigene Stressbelastung und vermuteten Erwartungen verzerrt sind. Das Kind erhält eine Diagnose – doch diese basiert möglicherweise mehr auf der elterlichen Wahrnehmung als auf einer objektiveren Grundlage.

Hier zeigt sich, dass transkonnektives Arbeiten essenziell ist. Eine Verbindung aus Psychologie, Medizin, Sozialer Arbeit, Neurowissenschaften und systemischer Perspektive könnte helfen, methodische Schwächen zu erkennen und bessere Diagnostikansätze zu entwickeln.

Psychologische Artefakte sind nicht nur ein Problem der Wissenschaft – sie beeinflussen auch soziale Strukturen, Diagnosen und die Wahrnehmung von „objektiven" Fakten. Wer sich ihrer bewusst ist, kann Fehlschlüsse vermeiden und eine kritisch-reflektierte Haltung gegenüber scheinbar gesichertem Wissen entwickeln.

48

Dissozialität im Funktionsmodus – Dark Triad und soziale Berufe

Die psychologischen Merkmale der sogenannten Dark Triad – Narzissmus, Machiavellismus und Psychopathie – werden in der Fachliteratur zunehmend auch in sozialen Berufsfeldern beobachtet. Besonders relevant ist dies, wenn diese Merkmale nicht im klinisch-destruktiven, sondern im hochfunktionalen Modus auftreten. Die Forschung spricht hier teils von „subklinischer Psychopathie" oder „funktionaler Dissozialität" (PAULHUS & WILLIAMS, 2002; BABIAK & HARE, 2006). In sozialen Feldern wie der Sozialen Arbeit, im Bildungsbereich oder in der Medizin kann dies ein ambivalentes Spannungsfeld erzeugen: Einerseits profitieren Institutionen von den analytischen, stressresistenten und strategischen Anteilen dieser Persönlichkeitszüge – andererseits bergen sie ein erhöhtes Risiko für Manipulation, emotionale Kälte oder Machtmissbrauch, insbesondere wenn keine ausreichende Selbstreflexion und Supervision erfolgen.

Narzisstische Persönlichkeitsmerkmale zeigen sich dabei weniger in offener Selbstüberhöhung, sondern in subtilen Mustern von Selbstdarstellung, Statuswahrung und überhöhter Kompetenzwahrnehmung (CAMPBELL & FOSTER, 2007). In helfenden Berufen kann das zu einer Idealisierung der eigenen Rolle führen – nicht aus Altruismus, sondern aus dem Wunsch, als unersetzlich oder besonders wahrgenommen zu werden.

Machiavellistische Muster äußern sich hingegen in einer hohen instrumentellen Flexibilität – Menschen und Systeme werden als manipulierbare Ressourcen verstanden. Dieser Persönlichkeitsanteil kann in Leitung, Case Management oder komplexer Klientenarbeit kurzfristig Erfolge bringen, da Entscheidungen effizient und ohne emotionale Hemmung getroffen werden.

Langfristig gefährdet er jedoch die ethische Kohärenz von Institutionen, wenn nicht klar kommunizierte Grenzen existieren (JONES & PAULHUS, 2014).

Psychopathische Merkmale, insbesondere im High-Functioning-Bereich, sind im Cluster-Vortex-Modell der Kognition und Kommunikation zuzuordnen. Sie ermöglichen ein hohes Maß an „kühler Steuerung" – was in Kontexten, in denen andere Fachkräfte emotional überfordert wären, durchaus stabilisierend wirken kann. Innerhalb des Modells zeigt sich hier eine Verschiebung von der klassischen Bindung (Sensorik/limbisches System) hin zur technischen Bindung, bei der empathisches Verhalten nicht aus Mitgefühl, sondern aus verstandesgesteuerter Intuition erfolgt. In der neurologischen Sprache wäre das eine Verschiebung der Steuerung vom limbischen System (Amy & Ip) hin zum Frontalkortex (MO, also Modular Observer).

Hierzu passt auch das Phänomen, das ich als „absolutes Gefühl" beschreibe: eine präzise, analytisch-intuitive Wahrnehmung von sozialen Interaktionen, wie sie in der Forschung zur „emotionalen Intelligenz bei manipulativen Persönlichkeiten" angedeutet wird (NAGLER ET AL., 2014). Dieses Phänomen ist bisher kaum untersucht, könnte aber als überdurchschnittliche soziale Mustererkennung verstanden werden – ohne moralische Einbettung, aber mit hoher Treffsicherheit. Für Fachkräfte mit einem solchen Profil ist Bindung nicht emotional, sondern taktisch. Sie „spüren" die Beziehung – aber nicht durch Mitgefühl, sondern durch eine Art inneres Modell der anderen Person, das jederzeit aktualisiert und genutzt werden kann.

Erzieher:innen und Lehrkräfte sind dabei nicht nur Zielgruppe dieser Dynamiken, sondern häufig auch selbst Träger:innen solcher Merkmalscluster – insbesondere wenn sie über Jahre hinweg in belasteten Systemen agieren und lernen, sich emotional zu distanzieren, ohne dabei ihre fachliche Kompetenz zu verlieren. Das kann als psychologische Schutzstrategie oder als evolutionäre Anpassung verstanden werden. Im Sinne des Cluster-Vortex-Modells könnte man sagen: Ihr limbisches System (Sensorik) wird zurückgefahren, während kognitive (Kognition) und frontale (Kommunikation) Bereiche die Führung übernehmen – ein neuropsychologischer Shift vom Affekt zur Strategie. Nicht aus Kälte – sondern aus Notwendigkeit.

Die Forschung zur Dark Triad zeigt, dass diese Persönlichkeitszüge kontextabhängig wirken: destruktiv in ungehemmter Form, funktional unter ethischer Rahmung. Die Soziale Arbeit sollte daher neue Kategorien entwickeln, die zwischen pathologischer Dissozialität und hochfunktionaler, strategisch-empathischer Arbeitsweise differenzieren. Der *White-Coat Psychopath* – als Figur einer sozialen Psychopathie im beruflichen Funktionsmodus – markiert ein solches Zwischenfeld. Nicht pathologisch – aber auch nicht klassisch prosozial. Ein unbeschriebenes Blatt, das nun gefüllt werden will.

Die Auseinandersetzung mit Persönlichkeitsmerkmalen wie Narzissmus, Machiavellismus und funktionaler Psychopathie zeigt somit, dass nicht alle Menschen, die in helfende Berufe gehen, dies aus rein altruistischen Motiven tun. Manche verfügen über ein ausgeprägt strategisches Verständnis sozialer Dynamiken – eine Fähigkeit, die sowohl stabilisierend als auch manipulativ wirken kann.

Im folgenden Kapitel führe ich dieses Spannungsfeld anhand einer konkreten Figur weiter: dem sogenannten *White-Coat Psychopath* – einem Typus, der weder als klassische Störung noch als Held stilisiert werden soll, sondern als blinder Fleck in der sozialpsychologischen Forschung und als notwendige Provokation für unser professionelles Selbstbild.

49

Soziale Psychopathie
High Functioning/High Monitoring

Psychopathie: Zwischen Störungsbild und Funktionsmodus
Der Begriff Psychopathie findet sich nicht explizit in der ICD, sondern wird über die dissoziale bzw. antisoziale Persönlichkeitsstörung (APS) definiert (ICD-10 F60.2/ICD-11 06D10/06D11). Die Diagnose beschreibt Täuschung, Manipulation, geringe Empathie, Reizbarkeit und ein fehlendes Schuldbewusstsein.

Psychopathie wird in der öffentlichen Wahrnehmung oft mit Delinquenz in Verbindung gebracht – insbesondere mit manipulativer Kriminalität, Betrug oder Machtmissbrauch. Doch diese Verbindung greift zu kurz. Viele Menschen mit psychopathischen Persönlichkeitsmerkmalen fallen gesellschaftlich kaum auf. Sie haben Mechanismen entwickelt, die es ihnen ermöglichen, innerhalb sozialer Systeme zu funktionieren – entweder durch bewusste Kontrolle der eigenen Impulsivität oder durch eine gezielte Instrumentalisierung der eigenen Eigenschaften in beruflich erfolgreichen Kontexten.

High-Functioning Psychopathen – Anpassung als Überlebensstrategie
Nicht alle Psychopathen werden straffällig – die Mehrheit integriert sich in soziale Systeme, ohne gesetzlich auffällig zu werden. Die Fähigkeit zur kognitiven Empathie, also dem Verstehen der Emotionen anderer ohne eigene emotionale Beteiligung, erlaubt es ihnen, sich strategisch an soziale Normen anzupassen.

M. Boehm, *Ist es normal, nur weil alle es tun?*,
https://doi.org/10.1007/978-3-662-73190-1_49

Ein besonderer Typus, der gesellschaftlich bisher nicht betrachtet wurde, ist der White-Coat Psychopath (Weißkittel-Psychopath) – ein hochfunktionaler Psychopath, der seine Eigenschaften nutzt, um in sozialen, therapeutischen und medizinischen Berufsfeldern herausragende Leistungen zu erbringen. Während psychopathische Merkmale oft mit Machtausübung, Gewalt oder Betrug assoziiert werden (zum Beispiel auch beim White-Collar-Psychopath), können voll ausgeprägte soziale Psychopathen gezielt für soziale Bindungsarbeit und Führung genutzt werden.

Kognitive Empathie und strategische Manipulation

Psychopathie ist geprägt durch eine geringe affektive Empathie, aber oft eine hochentwickelte kognitive Empathie. Während affektive Empathie bedeutet, emotionale Zustände anderer tatsächlich zu fühlen, beschreibt die kognitive Empathie die Fähigkeit, Gedanken, Absichten und Emotionen anderer zu erkennen, ohne sie emotional nachzuempfinden.

Diese Fähigkeit zur „emotionalen Distanzierung bei gleichzeitiger Menschenkenntnis" ermöglicht es White-Coat Psychopathen, präzise soziale Dynamiken zu erfassen und zu beeinflussen. Sie sind in der Lage, Menschen so zu (ver-)führen, dass diese ihnen freiwillig folgen – ein Verhalten, das im sozialen und medizinischen Kontext sowohl positiv als auch problematisch sein kann.

White-Coat Psychopathen und ihre Rolle in der Sozialen Arbeit

Viele White-Coat Psychopathen sind in besonders herausfordernden sozialen Berufsfeldern zu finden – in geschlossenen psychiatrischen Einrichtungen, im Regelvollzug und der forensischen Psychiatrie. Das gilt auch für Sozialeinrichtungen, die mit Menschen arbeiten, deren Verhalten extreme Anforderungen an Fachkräfte stellen.

Diese Berufswahl ist kein Zufall. White-Coat Psychopathen empfinden eine mentale Nähe zu Menschen mit dissozialen oder komplexen Persönlichkeitsstrukturen. Sie haben ein tiefes Verständnis für unkonventionelles Verhalten, weil sie selbst außerhalb gängiger sozialer Normen fungieren – allerdings ohne den Impulsverlust oder die destruktiven Affekte, die viele ihrer Klient:innen auszeichnen.

Ihr entscheidender Vorteil ist ihre Fähigkeit zur **Technischen Bindung.** Während andere Fachkräfte sich emotional auf Beziehungen einlassen oder in konflikthaften Dynamiken aufgerieben werden, bleiben sie sachlich, kalkuliert und manipulationsresistent. Genau das macht sie für die Arbeit mit herausfordernden Klient:innen besonders wertvoll. Sie „verbrüdern" sich nicht unbewusst mit den Menschen, mit denen sie arbeiten, sondern steuern die Beziehung bewusst, ohne selbst manipulierbar zu werden.

„Technische Bindung" als Fachkompetenz
In der klassischen Bindungstheorie entsteht eine sekundäre Bindung durch emotionale Nähe, Schutz und Stabilität. White-Coat Psychopathen hingegen bauen eine völlig andere Art von Bindung auf – eine, die weniger auf Emotionen und mehr auf Strategie und Kontrolle basiert. Sie nutzen ihre Manipulationsfähigkeiten nicht destruktiv, sondern gezielt, um eine „technische Bindung" herzustellen.

Dabei gibt es entscheidende Unterschiede zu herkömmlichen Beziehungsdynamiken. Sie schaffen Verlässlichkeit, ohne sich emotional zu involvieren. Wo andere Fachkräfte früher oder später in den Sog herausfordernder Klient:innen geraten können, halten sie konsequent eine professionelle Distanz. Sie sind nicht anfällig für den Going-Native-Effekt – also die unbewusste Identifikation mit der Klientel –, sondern steuern die Interaktion bewusst.

Ein weiterer Vorteil ist ihre psychologische Manipulationsfähigkeit. Sie verstehen und bedienen nicht nur manipulative Mechanismen, sondern sind auch deshalb resistent dagegen. Während sich andere Fachkräfte in destruktiven Beziehungsmustern verstricken, behalten White-Coat Psychopathen die Kontrolle. Hinzu kommen ihre Sachlichkeit und emotionale Stabilität, die sie widerstandsfähiger gegenüber emotionaler Belastung machen – ein Punkt, an dem viele Fachkräfte in sozialen Berufen regelmäßig scheitern.

Diese Eigenschaften machen White-Coat Psychopathen zu einer wertvollen Ressource in Arbeitsfeldern, in denen klassische Bindungsarbeit oft an ihre Grenzen stößt – etwa bei Menschen mit schweren Verhaltensstörungen, dissozialen Strukturen oder Gewaltbereitschaft. In diesen Kontexten kann die „technische Bindung" eine der wenigen funktionierenden Brücken sein, um eine verlässliche und dennoch stabile Beziehungsebene herzustellen.

Das „Absolute Gefühl" - Eine besondere Wahrnehmungsfähigkeit
Ein weiteres bemerkenswertes Phänomen, das mit dieser Gruppe einhergeht, nenne ich das „Absolute Gefühl" – eine außergewöhnliche Form sozialer Wahrnehmung, die in ihrer Präzision mit dem Absoluten Gehör in der Musik vergleichbar ist. Während Klang-Perfektionisten Tonhöhen sofort identifizieren können, erkennen White-Coat Psychopathen innerhalb von Sekunden die inneren Mechanismen und Schwachstellen eines Gegenübers.

Diese Fähigkeit beruht auf mehreren Faktoren. Zum einen auf einem tief vernetzten Wissen über Körpersprache, Habitus und Mikromimik – also der Kunst, aus kleinsten nonverbalen Signalen präzise Rückschlüsse zu ziehen. Hinzu kommt eine Kombination aus kognitiver Empathie und hoher Manipulationskompetenz, die es ermöglicht, nicht nur zu verstehen, was in einem Menschen vorgeht, sondern diesen auch dazu zu bringen ihn „lesbar" zu machen. Entscheidend ist außerdem eine neurologisch bedingt schwache emotionale Beteiligung, die kognitive Verzerrungen minimiert. Dadurch werden Wahrnehmungen nicht durch eigene Emotionen oder moralische Filter gefärbt, sondern bleiben analytisch und sachlich.

In der Praxis heißt es, dass eine sorgfältige diagnostische Einschätzung normalerweise Stunden psychometrischer Testungen und detaillierter Analysen erfordert. Ein White-Coat Psychopath kann zu einer vergleichbaren Einschätzung innerhalb weniger Minuten gelangen. Nicht, weil er rät oder oberflächlich urteilt, sondern weil seine Wahrnehmung so geschärft und intuitiv ist, dass sie sich der klassischen Diagnostik oft als überlegen erweist.

Führungsstil, Macht und soziale Dynamik

Meistern sie die Hürden der Sozialisation und werden nicht selbst Klient:innen, finden sich White-Coat Psychopathen häufig in Führungsrollen wieder, besonders in Kliniken, therapeutischen Einrichtungen oder sozialen Institutionen. Ihr Führungsstil ist ein Paradoxon – eine Mischung aus visionärer Klarheit und strategischer Manipulation, aus analytischer Kontrolle und plötzlicher Unberechenbarkeit.

Auf der einen Seite sind sie charismatisch und visionär, oft mit einem klaren Verständnis für Strukturen und Dynamiken, das ihnen ermöglicht, Teams effizient zu führen. Gleichzeitig wirken sie jedoch unberechenbar, weil ihre Entscheidungen nicht von emotionalen Faktoren beeinflusst werden – was für andere oft beliebig und verstörend wirkt.

Sie agieren strategisch schützend gegenüber ihrem Team, kämpfen mit allen Mitteln für „ihre" Leute. Loyalität ist für sie wichtig, doch nicht auf emotionaler Ebene, sondern als taktisches Werkzeug, das sich je nach Situation verschieben kann.

Ein weiteres Charakteristikum ist ihre extreme analytische Präzision, gepaart mit plötzlichen, impulsiven Reaktionen. Ihre Wahrnehmung ist geschärft, ihre Berechnungen meist zutreffend – doch wenn es um manipulative Macht geht oder sie auf Widerstand stoßen, kann ihr Verhalten überraschend aggressiv und direktiv werden.

Besonders in Krisensituationen zeigt sich ihr einzigartiges Profil. Während andere emotional erfasst oder überfordert werden, bleiben sie vollkommen sachlich. Doch genau das kann verstörend wirken. Ein Team mag in emotionaler Anspannung sein, doch das Führungsverhalten der White-Coat-Psychopathen bleibt unberührt – bis zu dem Moment, in dem sie impulsiv reagieren, verbal oder nonverbal Grenzen setzen und sich kurz darauf wieder vollkommen rational und scheinbar emotionslos verhalten. Keine Restspannung, keine Reflexion – für sie ist der Konflikt beendet, sobald er entschieden ist. Diese Mischung aus Souveränität und plötzlicher Unvorhersehbarkeit macht sie in bestimmten Situationen zu außergewöhnlichen Führungskräften – aber auch zu Figuren, die für ihr Umfeld oft ein Rätsel bleiben.

Störung oder evolutionäre Anpassung?

Die entscheidende Frage bleibt. Ist die White-Coat Psychopathie eine klassische Persönlichkeitsstörung oder eine besondere „mikro-evolutionäre" Anpassung, die in bestimmten sozialen Kontexten von Vorteil ist?

Wird sie dysfunktional und destruktiv, entspricht sie den Kriterien der antisozialen Persönlichkeitsstörung (APS). Sie kann dann zu Manipulation, Machtausübung ohne Rücksicht auf andere oder einem instrumentellen Umgang mit Menschen führen. Doch wenn sie produktiv genutzt wird, etwa um soziale Strukturen zu verbessern, Bindungen zu besonders herausfordernden Menschen aufzubauen oder in Krisensituationen eine außergewöhnliche Führung zu übernehmen, könnte sie eher als extreme Persönlichkeitsvariante betrachtet werden – eine, die in speziellen Umfeldern sogar von Vorteil ist.

Da es für dieses Profil bisher keine wissenschaftliche Kategorisierung gibt, bleibt die Auseinandersetzung mit dem Phänomen vorerst qualitativ und spekulativ. Doch genau hier liegt das Problem. Was wir nicht kategorisieren, können wir nicht systematisch erfassen – und was wir nicht erfassen, bleibt ein blinder Fleck in der Forschung.

Ein ungelöstes Paradoxon der Sozialen Arbeit

White-Coat Psychopathen – als Begriff für die volle Ausprägung der sozialen Psychopathie – bewegen sich an der Grenze zwischen sozialem Unterstützungs-Anteil und manipulativer Macht. Sie können einerseits eine stabilisierende Rolle in sozialen Berufen spielen, andererseits durch ihre impulsiven und machtorientierten Anteile auch dysfunktionale Systeme verstärken.

Die Zukunft der Forschung muss klären, ob es sich bei meiner Betrachtung um ein psychologisches Artefakt (siehe entsprechendes Kapitel) oder eine neue, nicht pathologische Persönlichkeitsstruktur handelt. Andererseits müssen wir vielleicht eine neue Kategorie einer hochfunktionalen Form der antisozialen Persönlichkeitsstörung anlegen. (siehe Abb. 49.1)

Abb. 49.1 Visualisierung von Realitäten – Die Panne (Ölkreide auf Bütten – C.J. Boehm)

50

Warum macht die Haustür eigentlich nicht „Dong-Ding"?

Nach einem intensiven Thema folgt scheinbar ein kleines Entspannungskapitel. Aber keine Sorge – die Wendung lässt nicht lange auf sich warten! Denn auch Sprache hat ihre faszinierenden Gesetzmäßigkeiten, über die wir im Alltag kaum nachdenken.

Es geht um ein sprachliches Phänomen, das fast jede und jeder unbewusst anwendet, ohne zu wissen, dass es eine feste Regel dafür gibt. Und diese Regel erklärt, warum eine Haustür immer „Ding-Dong" macht – und niemals „Dong-Ding".

Ein verborgenes Gesetz der Sprache – Die „Ablaut Reduplication"
In der Linguistik gibt es zahlreiche Prinzipien, die steuern, wie wir Sprache intuitiv nutzen. Eine besonders spannende Regel ist in Deutschland gar nicht üblich, sondern kommt aus dem englischen Sprachraum, die „Ablaut Reduplication" – ein Begriff, der sich zwar wissenschaftlich sperrig anhört, aber ein ganz alltägliches Phänomen beschreibt. (siehe dazu DOWNING 2007 oder auch ALDERETE & O'SHAUGHNESSY 2021)

Das Prinzip der Vokal-Abfolge
Wenn zwei oder drei Wörter mit ähnlichem Klang wiederholt werden, folgt eine feste Reihenfolge der Vokale:

* Bei zwei oder drei Wortbestandteilen lautet die Abfolge immer I → A → O/U.

© Der/die Autor(en), exklusiv lizenziert an Springer-Verlag GmbH, DE, ein Teil von Springer Nature 2026
M. Boehm, *Ist es normal, nur weil alle es tun?*,
https://doi.org/10.1007/978-3-662-73190-1_50

Diese Regel ist im Englischen so tief verankert, dass sie dort ganz natürlich angewendet wird – ohne dass man sie je bewusst lernen muss.

King Kong mit den Flip-Flops

Sehen wir uns ein paar englische Beispiele an, die dieser Regel folgen:

- tick-tock, tip-top, flip-flop, ping-pong, zig-zag, chit-chat, dilly-dally, King Kong

Die Ablaut Reduplication ist so mächtig, dass sie sich sogar über andere grammikalische Regeln hinwegsetzt. Im Englischen gibt es eine feste Reihenfolge für Adjektive: Meinung – Größe – Alter – Form – Farbe – Herkunft – Material – Zweck – Nomen.

Deshalb würde ein Brite eine Burg als „scary little old round brown Scottish stone castle" beschreiben – und jede andere Reihenfolge klänge für Muttersprachler falsch.

Aber wenn wir über den „Big Bad Wolf" sprechen, müsste nach dieser Regel eigentlich „Bad Big Wolf" korrekt sein. Doch das klingt völlig unnatürlich. Warum? Weil die Ablaut Reduplication Vorrang hat – das „I" in „big" muss vor dem „A" in „bad" stehen.

Deutsche Sprache, gleiche Regel – nur unbewusst

Im Deutschen findet dieses Phänomen weniger linguistisch Beachtung, aber ist dennoch tief in der Sprache verankert. Vor allem wird dann eher von „alten" Wörtern gesprochen. Wir nutzen zusätzlich gerne noch sich wiederholende Vokale. Einige Beispiele:

- Klipp-Klapp (denn die Mühle klappert nicht „Klapp-Klipp" am rauschenden Bach)
- Hick-Hack, Wirrwarr, Tüddelüüt, Kuddelmuddel

Auch in Tierlauten finden wir es wieder:
Ein Esel ruft „I-A", nicht „A-I".

Es gibt also sprachliche Regeln, die wir nicht aktiv lernen, aber dennoch automatisch anwenden. Wir nutzen sie, weil sie sich über Generationen hinweg in der Sprachentwicklung durchgesetzt haben – aus Gründen der Phonetik und Sprachökonomie.

Ordnung im Chaos des Klangs
Diese kleine Exkursion zeigt, wie Sprache von unsichtbaren Mustern gesteuert wird, die wir intuitiv beherrschen. Wenn also jemand sagt, dieses Kapitel sei wischi-waschi, dann freut euch – denn genau das ist ein weiteres Beispiel für die Ablaut Reduplication! Und wenn euch das alles zu viel Schnick-Schnack ist, dann denkt daran: Es ist nicht irgendein Krims-Krams, sondern ein echtes linguistisches Phänomen!

Sprache macht etwas mit uns – Die psychologische Dimension
Sprache ist weit mehr als ein bloßes Kommunikationswerkzeug. Sie ist selbst eine Kategorie, sie formt unsere Wahrnehmung, unser Denken und letztlich unser Verhalten. Die Art, wie wir sprechen und wie Begriffe verwendet werden, beeinflusst uns, wie wir die Welt sehen.

In der Psychologie gibt es dafür mehrere Erklärungsmodelle, eines der bekanntesten ist die Sapir-Whorf-Hypothese, die besagt, dass die Sprache, die wir sprechen, unsere kognitiven Möglichkeiten strukturiert.

Das bedeutet, wer die Sprache kontrolliert, hat Einfluss darauf, wie Menschen die Realität wahrnehmen. Diese Erkenntnis wird in Politik, Werbung und Medien gezielt genutzt (Wording), um Deutungsrahmen (Framing) zu setzen.

Wenn ein Gesetz nicht „Massenüberwachung", sondern „Sicherheitsgesetz" heißt, wenn „Kürzungen" im Sozialbereich als „Reformen" verkauft werden oder wenn Unternehmen nicht von „Kündigungen", sondern von „Umstrukturierungen" sprechen, dann geht es nicht nur um die Wortwahl, es geht um eine gezielte Manipulation der gesellschaftlichen Wahrnehmung.

Auch in unserer persönlichen Kommunikation spielt Sprache eine immense Rolle. Die Worte, die wir für uns selbst und andere wählen, formen unser Selbstbild und unser emotionales Erleben.

Die Sapir-Whorf-Hypothese – Sprache formt Denken
Noch einmal deutlicher zum Konzept der Sapir-Whorf-Hypothese. Sie geht davon aus, dass Sprache nicht nur ein Werkzeug ist, um Gedanken auszudrücken, sondern dass sie unsere Gedankenwelt überhaupt erst mitformt. Wie wir sprechen, bestimmt auch, wie wir wahrnehmen und denken.

Ursprünglich formulierten der Anthropologe Edward Sapir und sein Schüler Benjamin Lee Whorf die Idee, dass jede Sprache ihre eigene Weltsicht in sich trägt. Die Begriffe, die wir zur Verfügung haben – und jene, die uns fehlen – beeinflussen unser Denken, unsere Aufmerksamkeit und unsere kulturellen Muster.

Ein klassisches Beispiel lautet, dass während viele europäische Sprachen nur ein Wort für Schnee haben, kennt die Sprache der Inuit zahlreiche Begriffe, die feine Unterschiede im Schnee beschreiben. Die Sprache ermöglicht es ihnen ihre Umwelt differenzierter wahrzunehmen, da es ihnen einen Vorteil im Leben ermöglicht (wie z. B. früher Gefahren erkennen, Jagd planen, Tag strukturieren).

Sprache prägt ein Land – Kultur, Denken und nationale Strukturen
Die Sprache eines Landes oder einer kulturellen Gemeinschaft beeinflusst nicht nur die Art und Weise, wie Menschen denken, sondern auch, wie Gesellschaften sich entwickeln und welche Schwerpunkte sie setzen. Sprache ist nicht nur Ausdruck einer Kultur – sie gestaltet ihre Strukturen aktiv mit.

- Altgriechisch entwickelte Begriffe wie „Demokratie", „Logik", „Ethik" und „Dialektik", die die Grundlage für die intellektuelle Blüte Griechenlands bildeten (vgl. OBER, 2008).
- Deutsch als Sprache der Präzision fördert eine Kultur von Struktur, Technik und detaillierter Planung – sichtbar in Wissenschaft, Bürokratie und Ingenieurskunst.
- Französisch und Spanisch sind metaphorischer und emotionaler – sie prägen Kulturen mit starken ästhetischen und rhetorischen Traditionen.
- Chinesisch, mit seiner logografischen Schrift, fördert visuelles Denken und holistische Wahrnehmung (vgl. BORODITSKY, 2001).

Spielarten der Sapir-Whorf-Hypothese
- Die **starke Version** behauptet: Sprache **bestimmt** unser Denken.
- Die **schwache Version** meint: Sprache **beeinflusst** unser Denken.

In der heutigen Forschung gilt eher die abgeschwächte Variante als plausibel. Wir denken also nicht nur, was wir sagen können – aber es fällt uns leichter, über das nachzudenken, wofür wir Begriffe (Kategorien) besitzen.

Und genau deshalb ist es so spannend, dass wir über Dinge wie „Ding-Dong" sprechen. Denn selbst in der scheinbar albernen Frage, warum die Haustür nicht „Dong-Ding" macht, steckt ein tieferes Muster. Unsere Sprache ist rhythmisch organisiert – und unser Denken folgt unbewusst diesen rhythmischen Kadenzen. Die Reihenfolge klingt nicht zufällig richtig. Sie ist geprägt durch ein inneres Ordnungsprinzip, das auf unserer Muttersprache und deren Klangstrukturen beruht.

Soziale Arbeit und Sprache – Ein eigenes Fachvokabular

Auch die Soziale Arbeit hat ihre eigene Sprache – geprägt von Bindung, Teilhabe und Ressourcenorientierung. Doch genau diese Fachsprache erschwert oft den Austausch mit Medizin, Psychologie oder Verwaltung, da Begriffe unterschiedlich interpretiert werden.

Die ICF (Internationale Klassifikation der Funktionsfähigkeit) schafft hier eine gemeinsame Basis, indem sie objektive, interdisziplinär verständliche Begriffe für Einschränkungen, Fähigkeiten und soziale Teilhabe bereitstellt. Durch eine gemeinsame Sprache kann echte Vernetzung gelingen.

51

Schwarze Pädagogik – Visionen einer Kindererziehung ohne Bindung

Die sogenannte „Schwarze Pädagogik" hat die Erziehung des 20. Jahrhunderts in vielerlei Hinsicht geprägt und steht für einen autoritären, bindungsarmen Erziehungsstil. Eine der bekanntesten Vertreterinnen dieses Ansatzes ist Johanna Haarer (1900–1988), deren Buch „Die deutsche Mutter und ihr erstes Kind" während der NS-Zeit einen beispiellosen Erfolg feierte. Ihre Erziehungsideale waren geprägt von Disziplin, Strenge und emotionaler Distanz – Konzepte, die nicht nur im Nationalsozialismus, sondern auch in der Nachkriegszeit verbreitet waren.

Doch auch Haarers Ideen waren nicht neu. Bereits vor dem Nationalsozialismus war ein autoritärer Erziehungsstil weit verbreitet. Ärzte wie Adalbert Czerny propagierten Anfang des 20. Jahrhunderts, Säuglinge „in Ruhe zu lassen" und nur für die Grundversorgung mit Ihnen zu interagieren. Die „Schwarze Pädagogik" wurde zu einer anerkannten Norm, die emotionale Nähe und Zuwendung als Schwäche ansah.

Die NS-Ideologie griff diese Prinzipien auf und machte sie zu einem zentralen Bestandteil der Erziehung. Haarers Buch wurde in den sogenannten Mutterschulen als Lehrmaterial verwendet und sollte helfen, Kinder zu „Volksgenossen" zu erziehen, die den ideologischen Ansprüchen des Regimes genügten. Werdende Mütter wurden dazu angehalten, ihre Kinder im Geiste des Regimes zu erziehen und ihnen früh die Werte von Gehorsam, Disziplin und Opferbereitschaft für das Vaterland beizubringen. Die Mutter wurde als Schlüsselfigur für die Schaffung des „neuen Menschen" im Nationalsozialismus angesehen, wobei emotionale Bindungen als nachrangig gegenüber der

M. Boehm, *Ist es normal, nur weil alle es tun?*,
https://doi.org/10.1007/978-3-662-73190-1_51

physischen Gesundheit und der ideologischen Indoktrination gesehen wurden. Im Zentrum von HAARERS Ratgebern stand die Rolle der Mutter als Erzieherin im Sinne des Nationalsozialismus.

Strenge und Ideologie – die Vision der Kindererziehung im Nationalsozialismus

JOHANNA HAARER, als umstrittene (bemerkenswerterweise nie gebannte) Figur der deutschen Geschichte, wurde 1900 im böhmischen Bodenwald geboren. Nach einem Medizinstudium spezialisierte sie sich zur Lungenfachärztin in München. Obwohl sie keine Kinderärztin war, noch eine pädagogische Ausbildung hatte, prägte sie mit ihren Erziehungsratgebern das Bild der Mutter und der Kindererziehung im Nationalsozialismus nachhaltig. Ihr bekanntestes Werk, „Die deutsche Mutter und ihr erstes Kind", erschien erstmals 1934 und verkaufte sich bis zum Ende des Zweiten Weltkriegs knapp 700.000-mal. Der Nachfolger „Unsere kleinen Kinder" (1936) war ebenfalls ein großer Erfolg, so wie das Buch „Mutter, erzähl von Adolf Hitler!" (1939). Sie prägte mit ihren Erziehungsratgebern die Ansichten von hunderttausenden Eltern, mit langfristigen Auswirkungen auf die Kindererziehung in Deutschland. Ihr Hauptwerk wurde bis 1987 immer wieder neu aufgelegt.

HAARER wirkt bis heute

Ja, richtig gelesen. Der Erziehungsratgeber ohne Bindungsidee [natürlich kam der Begriff der „Bindungstheorie" erst nach dem Zweiten Weltkrieg auf, aber es geht um das Prinzip von Bindungsarbeit], mit emotionalem Abstand, strengen Routinen und Vermeidung körperlicher Zuneigung, war nicht nach dem Zusammenbruch des NS-Regimes passé. JOHANNA HAARER (die übrigens in der jungen Bunderepublik ihre Approbation verlor) und ihre Erziehungsratgeber kamen erst spät in die Kritik. Im *Carl Gerber Verlag* wurden die Bücher „Die Mutter und ihr erstes Kind" und „Unsere kleinen Kinder" neu illustriert (ohne Hakenkreuze, aber mit schnittigen Kinderfotos) und überarbeitet (eigentlich nur eine Entnazifizierung des direkten NS-Bezugs, aber eben nicht eine Änderung der Methodik) und wurden bereits ab 1950 wieder auf den Markt gebracht. (In der DDR wurde das Buch nicht erneut aufgelegt, da dort eine eigene indoktrinierende Methodik der Kindererziehung installiert wurde.).

Nicht nur, dass die nächste Generation Eltern die eigenen Kinder weiter nach den Prinzipien Strenge, Disziplin und das Zurückstellen kindlicher Bedürfnisse erzogen. Vielmehr wurden die Bücher HAARERS sogar die Standard-Lehrwerke für die Hebammenausbildung – bis in die 1980er-Jahre. Und letztlich schwingt die bindungsferne Erziehungsidee bis heute nach. Dass Bücher wie „Jedes Kind kann schlafen lernen" noch immer empfehlenswerte Standards bei jungen Eltern sind, beruht auf der langen, unbewussten Tradition der Ideologie der Strenge, Bedürfnisunterdrückung und der Beherrschung des Willens.

Emotionale Nähe erzieht Haustyrannen

HAARERS zentrale Botschaft war klar. Kinder müssen von klein auf Disziplin und Gehorsam lernen, um sich den Bedürfnissen der Gemeinschaft unterzuordnen. Emotionale Nähe und Zärtlichkeit betrachtete sie als schädlich und warnte vor den Gefahren einer „Affenliebe", die Kinder zu „Haustyrannen" erziehen würde.

Dabei handelte sie sehr effektiv als Gehilfin der nationalsozialistischen Idee ADOLF HITLERS, auch unter heutigen neurowissenschaftlichen Gesichtspunkten. Ihre Ratgeber waren Framing und Manipulation durch die ausführenden Eltern auf die besonders vulnerable – da unreflektierte – Gruppe der Säuglinge und Kleinkinder. Durch die Programmierung ohne Bindung wurden lenkbare Untertanen geschaffen, die offen für Indoktrination durch Propaganda blieben. HAARERS Erziehung erzeugte führbare Marinonetten – die ohne Widerstand in die nächsten Strukturen überführt werden konnten – ihr ganzes Leben lang.

Ein Gegenbeleg zum „Wir-Wussten-Von-Nichts"

Das Konzept der Indoktrinierung beschrieb ADOLF HITLER 1938 in der „Reichenberger Rede", wobei er noch nicht die Vorzüge des frühkindlichen Framings betrachtete, sondern die Mechanismen der „ersten Generation" darstellte, wie er quasi am Ende des hier wiedergegeben Ausschnitts auch verdeutlichte. Da die Rede zur Ideologie so eindrücklich klar auf Manipulation und Unterdrückung der Individualität aufgebaut ist, steht sie für sich, als Dokument, das deutlich gegen völkisch-nationale Ideale spricht, ohne die Rede dabei viel kommentieren zu müssen. Sie wurde über den Rundfunk auf die Volksempfänger in alle Haushalte übertragen und in der Zeitung „Völkischer Beobachter" abgedruckt. Die Rede ist somit ein Puzzleteil dazu, dass es ein „wir wussten davon nichts" nicht gab.

Reichenberg-Rede HITLERS

Dies ist der bedeutende Ausschnitt aus der Reichenberg-Rede (heute Liberec in Tschechien) am 02. Dezember 1938 bei einer Art Wahlkampf-Veranstaltung vor Angehörigen und Funktionären der Hitler-Jugend und

NSDAP. Durch das Münchner Abkommen vom 30. September 1938 trat die Tschechoslowakei das Sudetenland an das Deutsche Reich ab. Die Aneignung dieses Gebietes sollte rechtmäßig aussehen. Aus diesem Grund fand in Reichenberg am 4. Dezember 1938 eine Nachwahl zum Reichstag statt. Dazu waren jedoch lediglich Kandidaten der NSDAP zugelassen. (Auszug des Transkripts der Rede): „Diese Jugend, die lernt ja nichts anderes als deutsch denken, deutsch handeln. Und wenn nun diese Knaben, diese Mädchen mit ihren zehn Jahren in unsere Organisationen hineinkommen und dort so oft zum ersten Mal überhaupt eine frische Luft bekommen und fühlen, dann kommen sie vier Jahre später vom Jungvolk in die Hitler-Jugend, und dort behalten wir sie wieder vier Jahre, und dann geben wir sie erst Recht nicht zurück in die Hände unserer alten Klassen- und Standeserzeuger, sondern dann nehmen wir sie sofort in die Partei oder in die Arbeitsfront, in die SA oder in die SS, in das NSKK und so weiter. Und (…) sie werden nicht mehr frei ihr ganzes Leben [Beifall], und sie sind glücklich dabei. (…) Der Nationalsozialismus steht nicht am Ende seiner Tage, sondern erst am Anfang."

Die Prinzipien der Schwarzen Pädagogik mit Schwerpunkt HAARER
HAARERS Erziehungsphilosophie fußte auf der Idee, dass Kinder durch autoritäre Maßnahmen und emotionale Distanz „abgehärtet" werden müssten, um den Herausforderungen des Lebens gewachsen zu sein. Ihre zentralen Leitlinien lauteten:

Emotionale Distanz

- Mütter sollten ihre Kinder nicht mit Zärtlichkeiten überschütten oder ihnen zu viel Aufmerksamkeit schenken.
- Direkt nach der Geburt empfahl HAARER, das Kind für 24 h in einem abgedunkelten Raum allein zu lassen.

Disziplin und Gehorsam

- Trotzverhalten soll mit Strenge und Konsequenz unterdrückt werden.
- Ein schreiendes Kind sollte „kaltgestellt" werden – in einen separaten Raum gebracht und ignoriert werden, bis es sich beruhigt.

Verzicht auf Verwöhnung

* Haarer empfahl, Kindern nur das Nötigste zu geben.
* Ein Kind, das Nahrung verweigerte, sollte „einmal hungern gelassen" werden.

Abhärtung gegen Schwäche

* Kinder sollten früh lernen, ihre Wünsche und Bedürfnisse zugunsten der Gemeinschaft zurückzustellen.
* „Nachgiebigkeit" galt als schädlich für die Entwicklung eines „nützlichen Gliedes der Volksgemeinschaft".

Kritik und Nachwirkungen

Haarer selbst lebte, was sie predigte. Ihre Tochter Gertrud beschrieb sie als streng, unnahbar und „respektvoll furchteinflößend". Körperliche Nähe war in ihrer Erziehung kaum vorhanden, Zärtlichkeiten wurden bewusst vermieden.

Heute wird Haarers Erziehungsstil als psychologisch und pädagogisch verfehlt angesehen. Die Entwicklungspsychologie zeigt, dass Urvertrauen, Bindung, Zuwendung und Sicherheit essenziell für eine gesunde emotionale und soziale Entwicklung sind. Haarers Prinzipien stehen im direkten Widerspruch zu aktuellen Erkenntnissen über die Bedürfnisse von Kindern. Trotzdem hinterließ die „Schwarze Pädagogik" tiefe Spuren. Viele Generationen wurden durch diese Erziehung geprägt, was zu einer Kultur der emotionalen Distanz und einer Normalisierung autoritärer Strukturen führte.

Was heißt das für die Zukunft?

Die „Schwarze Pädagogik" mit Johanna Haarer als Gallionsfigur, ist ein Beispiel dafür, wie gesellschaftliche Ideologien in Erziehungsstile einfließen können. Sie zeigt, welche negativen Auswirkungen emotionale Distanz und übermäßige Strenge auf die Entwicklung von Kindern haben. Die Erkenntnisse der modernen Pädagogik betonen heute, wie wichtig es ist, Kindern Zuwendung, Sicherheit durch Bindung und die Möglichkeit zur freien Entfaltung zu geben.

Die Auseinandersetzung mit Haarers Werk dient als Mahnung, pädagogische Konzepte stets kritisch zu hinterfragen und das Wohl der Menschen – hier der Kinder – in den Mittelpunkt zu stellen. (siehe Abb. 51.1)

Abb. 51.1 Schwarze Zeiten (Öl auf Leinwand – C.J. Boehm)

52

Siebenteilung der Lebenszeit – Das Paradox der Moderne

Die Zeit scheint heute schneller zu laufen als je zuvor. Wir leben in einer Ära der permanenten Erreichbarkeit, der digitalen Vernetzung und eines unaufhörlichen Informationsflusses. *Die gefühlte Beschleunigung der Zeit ist jedoch keine bloße Illusion, sondern eine tief in den Strukturen unseres Gehirns verankerte Erfahrung.* Der Mensch kann Zeit nur relativ wahrnehmen – sie dehnt sich aus oder zieht sich zusammen, je nachdem, wie intensiv wir Momente erleben, wie stark unsere Aufmerksamkeit gebunden ist und wie viele neue Eindrücke unser episodisches Gedächtnis speichert.

Unser modernes Paradox besteht darin, dass uns heute mehr Freizeit zur Verfügung steht als jemals zuvor – und dennoch fühlen sich viele Menschen gestresster und getriebener als jede frühere Generation. Während die Möglichkeiten zur Erholung, Selbstverwirklichung und Muße theoretisch unendlich sind, wächst zugleich der Wunsch nach einer einsamen Insel der Entschleunigung. Die *Siebenteilung der Lebenszeit* liefert eine erweiterte Perspektive darauf, warum wir unsere verfügbare Zeit oft als so begrenzt empfinden – und was das für unsere persönliche und gesellschaftliche Entwicklung, sowie unsere Resilienz bedeutet.

M. Boehm, *Ist es normal, nur weil alle es tun?*,
https://doi.org/10.1007/978-3-662-73190-1_52

52.1 Von der Antike bis zur digitalen Zerstreuung – Ein Blick auf das historische Zeitverständnis

Vertreibung aus dem Paradies: Vom Instinkt zur Reflexion
Die ersten Menschen lebten im Einklang mit ihrer Umwelt. Die Begriffe „Arbeit" und „Freizeit" existierten nicht – das Überleben bestimmte den Tagesrhythmus. Erst mit der Entwicklung von *Sprache, Reflexion und abstraktem Denken* wurde eine Trennung zwischen instinktivem Handeln und zielgerichteten Tätigkeiten möglich. Diese Loslösung von der reinen Instinktnatur ermöglichte Kreativität und Fortschritt – war aber auch die „Vertreibung aus dem Paradies", die den Menschen in eine Welt von Entscheidungen, Unsicherheiten und Strukturen katapultierte.

Muße in der Antike – Zweckfrei oder gesellschaftlicher Auftrag?
In der Antike galt die *Muße* (griech. „scholé", lat. „otium") als eines der höchsten Güter. Wer arbeitsfrei war, konnte sich geistigen und politischen Aufgaben widmen. Doch schon damals war diese Form der Freiheit ein Privileg weniger Menschen. Arbeit galt als etwas für Unfreie – während die Elite die „freie Zeit" für Studium, Kunst und Politik nutzte. Gleichzeitig entstanden bereits im Römischen Reich die ersten massenmedialen Ablenkungen. „Brot und Spiele" diente nicht nur der Unterhaltung, sondern vor allem der politischen Kontrolle.

Vom Müßiggang zur Arbeitsethik – Die Umkehrung der Werte
Mit dem Mittelalter und der zunehmenden Macht der christlichen Kirche änderte sich die Sichtweise radikal. Muße wurde zu „Müßiggang" und damit zur Quelle des Lasters. Arbeit wurde zum göttlichen Gebot, Faulheit zur moralischen Sünde. Der protestantische Arbeitsethos verstärkte diese Sichtweise und ebnete den Weg für den modernen Kapitalismus, in dem nicht mehr der göttliche Lohn, sondern der ökonomische Erfolg zur treibenden Kraft wurde.

Industrialisierung und Freizeit als Produktivitätsfaktor
Die Industrialisierung brach endgültig mit der Vorstellung von „natürlichem Zeitfluss". Die Arbeitszeit wurde getaktet, standardisiert und maschinell optimiert. Freizeit existierte nur in Abhängigkeit von Arbeit. Der Mensch wurde zur Funktion innerhalb eines mechanisierten Produktionsprozesses. Erst durch die Arbeiterbewegung wurde freie Zeit als soziale Errungenschaft erkämpft – und durch die entstehenden Medien (Zeitungen, Bewegtbild,

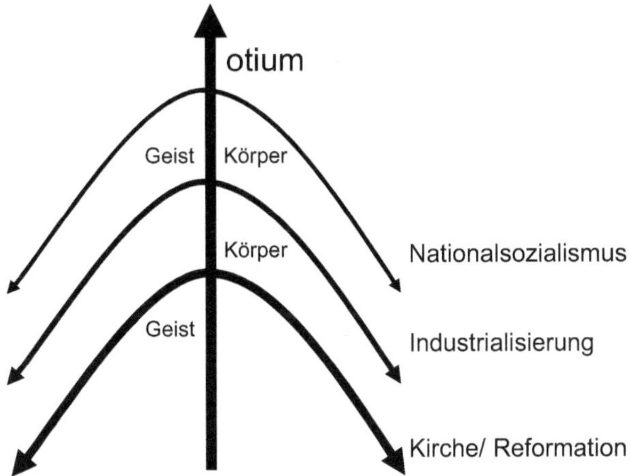

Abb. 52.1 Antithetische Zeitabschnitte der Lebenszeit zur Stärkung der Macht. (eigene Darstellung)

Radio) auch direkt wieder als Instrument der Beeinflussung und Unterhaltung genutzt. (siehe Abb. 52.1)

Digitale Zeit – Die unendliche Verlängerung des Jetzt
Die Digitalisierung hat die Grenzen zwischen Arbeit, Freizeit und sozialer Interaktion vollständig aufgelöst. Heute existiert kein fester Rhythmus mehr – Zeit wird *gleichzeitig konsumiert, gestaltet und vernetzt.* Während Menschen mehr Entscheidungsspielräume haben als je zuvor ist die Folge, dass sie sich gleichzeitig getriebener und fremdbestimmter fühlen. Durch endlose Streams, algorithmische Inhalte und digitale Kommunikation entsteht eine neue Form der Freizeit, *die fragmentierte Freizeit,* in der ständige Zerstreuung echten Ruhemomenten entgegensteht.

52.2 Die Siebenteilung der Lebenszeit als Modell der modernen Zeitwahrnehmung

Das Modell der *Siebenteilung der Lebenszeit* basiert auf der Annahme, dass der traditionelle Dualismus von Arbeit und Freizeit nicht ausreicht, um die Vielschichtigkeit menschlicher Zeitnutzung zu erklären. Unsere Lebenszeit ist nicht nur in „produktive" und „unproduktive" Abschnitte unterteilt – sie folgt viel feineren Strukturen, die unser Wohlbefinden, unsere kognitiven Prozesse und unsere emotionale Entwicklung maßgeblich beeinflussen. (siehe Abb. 52.2)

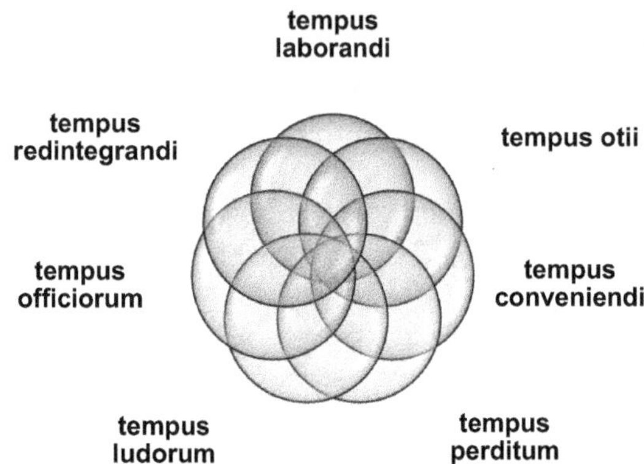

Abb. 52.2 „tempus vivendi" - ein Modell zur Siebenteilung der Lebenszeit. (eigene Darstellung)

1. Tempus Laborandi – Die Arbeitszeit

Diese Zeit ist traditionell am einfachsten zu definieren. Sie umfasst alle Tätigkeiten, die der Erwerbstätigkeit oder dem beruflichen Zweck dienen. Doch hier liegt ein zentraler Trugschluss. Nicht jede Arbeit ist produktiv und nicht jede Produktivität ist Arbeit. Studien zeigen, dass kreative Prozesse oft dann stattfinden, wenn Menschen nicht aktiv an einer Aufgabe arbeiten – sondern in scheinbar *nutzlosen* Momenten des Innehaltens.

2. Tempus Redintegrandi – Die Regenerationszeit

Erholung ist ein Grundbedürfnis des Menschen, doch moderne Gesellschaften haben es verlernt, echte Pausen zu nehmen. Während früher klare Ruhemomente existierten (Mittagsschlaf, Siesta, abendliche Gespräche, Teilung des Nachtschlafes), sind heute viele Erholungszeiten von unterschwelliger Informationsaufnahme durchsetzt. Das Gehirn bleibt in einem permanenten Halberregungszustand, der echten Schlaf, echte Ruhe und echte Regeneration behindert.

3. Tempus Officiorum – Die Verpflichtungszeit

Ob Haushalt, Behördengänge oder der Weg zur Arbeit – diese Zeit ist nicht freiwillig, aber notwendig. Viele Menschen erleben sie als „verlorene Zeit", obwohl sie eine zentrale Funktion für Struktur und Sicherheit hat. Durch die Digitalisierung wird diese Zeit oft scheinbar reduziert, aber auch fragmentiert und geklittert. Wo früher klare Abläufe existierten, ist heute permanente Organisation nötig.

4. Tempus Otii – Die Mußezeit

Muße ist die produktivste aller nicht produktiven Zeiten. Sie ermöglicht Reflexion, Lernen und Kreativität. Doch genau diese Zeitform verschwindet durch die digitale Dauerverfügbarkeit zunehmend. Wer heute Zeit hat, fühlt sich oft verpflichtet, sie zu „nutzen" – anstatt ihr einfach Raum zu lassen. *Neurowissenschaftliche Studien zeigen, dass unser Gehirn gerade in diesen „nutzlosen" Momenten die tiefsten Erkenntnisse gewinnt.*

5. Tempus Conveniendi – Die soziale Zeit

Diese Zeit umfasst alle sozialen Interaktionen, die nicht direkt berufsbezogen oder funktional sind. Studien zur Sozialen Arbeit zeigen, dass Bindung und Gemeinschaft zentrale Faktoren für psychische Gesundheit sind. Doch genau diese Zeit ist durch soziale Medien oft nur noch simuliert – Likes ersetzen nicht echte Nähe, Influencer (parasoziale Interaktionen) ersetzen nicht tiefgehende Gespräche.

6. Tempus Ludorum – Die Spielzeit

Spiel ist mehr als Unterhaltung – es ist ein Grundprinzip menschlicher Entwicklung. Während Kinder über das Spiel die Welt entdecken, vergessen viele Erwachsene diese Dimension. Spiel ist aber nicht nur Kindersache – es ist ein zentrales Element von Innovation, Problemlösung und sozialer Verbundenheit.

7. Tempus Perditum – Die Leerzeit

Leerzeit ist die scheinbar „verschwendete" Zeit. Sie kann Langeweile, Warten oder Unproduktivität bedeuten. Doch gerade diese Zeiten sind essenziell für *mentale Erholung, Selbstregulation und emotionale Balance.* Forschungen zur kognitiven Entwicklung zeigen, dass Menschen ohne Leerzeiten in einem Zustand permanenter Überforderung landen – weil das Gehirn keine Chance zur Neuorganisation erhält.

Warum wir lernen müssen, Zeit anders zu denken

Die Siebenteilung der Lebenszeit zeigt, dass *„Freizeit" nicht gleich „freie Zeit" ist.* Unser modernes Paradox liegt darin, dass wir Zeit zwar immer effizienter nutzen – sie uns aber immer weniger gehört. Das Bewusstsein für diese Strukturen hilft, die eigene Zeitnutzung bewusster zu gestalten – und sich aus der Falle der digitalen Dauerpräsenz zu lösen.

53

Weiche Fähigkeiten | Harte Fertigkeiten – Das Zusammenspiel von geschulter Intuition und wissenschaftlicher Methodik

In der Sozialen Arbeit bewegen sich Fachkräfte zwischen zwei Polen. Einerseits sind da die messbaren, wissenschaftlich fundierten Methoden, andererseits die erfahrungsbasierten und intuitiven Herangehensweisen, die sich im Arbeitsalltag bewähren. Diese beiden Seiten der Sozialen Arbeit lassen sich als harte Fertigkeiten und weiche Fähigkeiten bezeichnen. Während harte Fertigkeiten methodische Standards, Forschung, Diagnostik, Testverfahren und evidenzbasierte Interventionsstrategien umfassen, gehören zu den weichen Fähigkeiten die geschulte Intuition, das Gespür für zwischenmenschliche Dynamiken und die Fähigkeit, in komplexen sozialen Situationen flexibel zu reagieren.

Ader betont 2021 in ihrem Artikel „Analytischer ‚Scharfsinn' und geschulte Intuition im Dialog" die Bedeutung der geschulten Intuition in der professionellen Urteilsbildung. Sie beschreibt Fallverstehen und soziale Diagnostik als Schlüsselprozesse, die es ermöglichen, hochkomplexe Lebens- und Problemlagen fundiert einzuschätzen und darauf aufbauend mit Adressat:innen tragfähige Hilfen zu gestalten. Dabei hebt sie hervor, dass soziale Diagnostik immer einen hypothetischen Charakter hat und sich die professionelle Urteilsbildung in der Sozialen Arbeit in einem spezifischen Handlungskontext vollzieht, der durch strukturelle Ungewissheit geprägt ist. [Wird die soziale Diagnostik mit weiteren diagnostischen Disziplinen verbunden, wird sie zur Syngnostik und der hypothetische Charakter wird deutlich verkleinert.]

Obwohl in der Wissenschaft oft der Fokus auf harten, überprüfbaren Methoden liegt, sind weiche Fähigkeiten, insbesondere die geschulte Intuition, ebenso wertig. Sie ermöglichen eine situative Anpassung, fördern tragfähige

© Der/die Autor(en), exklusiv lizenziert an Springer-Verlag GmbH, DE, ein Teil von Springer Nature 2026
M. Boehm, *Ist es normal, nur weil alle es tun?*,
https://doi.org/10.1007/978-3-662-73190-1_53

Beziehungen und sind zentral für eine individualisierte, ressourcenorientierte Soziale Arbeit. Ein reflektierter Umgang mit beiden Elementen führt zu einem professionellen und zugleich menschlichen Zugang.

Weiche Fähigkeiten sind viel geschulte Intuition

Geschulte Intuition als zentrales Element professioneller Entscheidungskompetenz ist also weit mehr als nur ein diffuses Bauchgefühl. Sie entwickelt sich durch eine Kombination aus Lebenserfahrung, Berufserfahrung, reflektierter Praxis und theoretischem Hintergrundwissen.

Unser Gehirn arbeitet mit Erfahrungswissen, speichert Muster und kann auf dieser Grundlage in Sekundenbruchteilen Einschätzungen treffen. Gerade in der Sozialen Arbeit, in der Fachkräfte oft mit komplexen und dynamischen Situationen konfrontiert sind, ist die geschulte Intuition ein wertvolles Instrument.

Fachkräfte der Sozialen Arbeit und Pädagogik greifen intuitiv auf Erfahrungen und Muster zurück, die sie in ihrer Arbeit immer wieder beobachten. Dies bedeutet jedoch nicht, dass jede Intuition gleich wertvoll ist. Vielmehr handelt es sich um einen **kontinuierlichen Lernprozess,** in dem Fachkräfte ihre Intuition durch Reflexion und Wissensabgleich weiterentwickeln.

Doch diese Form der Einschätzung ist nicht immer fehlerfrei. Oft gleicht die Praxis einem **Versuch-und-Irrtum-Prozess** *(trial and error),* bis eine passgenaue Maßnahme gefunden wird. Das Problem dabei ist, dass ohne begleitende wissenschaftliche Erhebungen die Gefahr bestehen bleibt, dass lediglich Symptome beschrieben und behandelt werden, während die eigentliche Ursache einer Störung unerkannt bleibt. Ähnlich wie in der Medizin, wo ein Schmerzmittel kurzfristig Abhilfe schafft, aber selbst nicht die Ursache des Schmerzes aufdeckt (sondern dämpft), besteht auch in der Pädagogik und Sozialen Arbeit die Gefahr, dass ohne fundierte Diagnostik und wissenschaftlichen Kontext nur oberflächliche Maßnahmen ergriffen werden.

Harte Fertigkeiten – Wissenschaftliche Erhebungsmethoden als Ergänzung

Um die Einschätzung von Störungen des Entwicklungsalters oder andere diagnostische Fragen zu objektivieren, braucht es harte Instrumente. Diese umfassen standardisierte Testverfahren und wissenschaftliche Methoden.

Die drei wesentlichen Gütekriterien wissenschaftlicher Verfahren sind:

- **Validität** (Misst das Verfahren wirklich das, was es zu messen vorgibt?)
- **Reliabilität** (Sind die Ergebnisse zuverlässig und reproduzierbar?)
- **Objektivität** (Ist das Ergebnis unabhängig von der Person, die den Test durchführt?)

Auch mit validen, reliablen und objektiven Instrumenten – und damit wissenschaftlicher Absicherung – bleibt ein entscheidender Punkt bestehen. Sie sind nur so gut wie die Interpretation der Ergebnisse. Ein Testergebnis allein sagt wenig aus, wenn es nicht im sozialen und biografischen Kontext der Person betrachtet wird.

Es ist wichtig, zwischen Methoden und Instrumenten zu unterscheiden. Während Methoden – wie Gespräche, Beobachtungen oder biografische Analysen – flexible und anpassbare Verfahren sind, handelt es sich bei Instrumenten um strukturierte, systematische Testverfahren. Diese helfen dabei, präzise und belastbare Aussagen zu treffen.

Dazu gehören drei zentrale Komponenten:

- **Durchführung** – Die Art des Materials, die Anforderungen des Tests sowie die Protokollierung und Erfassung der Antworten.
- **Auswertung** – Die Berechnung von Rohwerten und deren Umwandlung in Normwerte, um eine Vergleichbarkeit herzustellen.
- **Interpretation** – Die Verarbeitung der Ergebnisse, die diagnostische Einordnung und die daraus abgeleitete Handlungsempfehlung.

Die Herausforderung liegt darin, dass wissenschaftliche Testungen oft als unflexibel oder zu starr empfunden werden. Doch sie bieten einen unschätzbaren Vorteil, nämlich eine standardisierte Vergleichbarkeit und eine fundierte Absicherung von Entscheidungen.

Der Weg des Wissens – von der Erfahrung zur Erkenntnis

Eine der größten Herausforderungen in der Sozialen Arbeit besteht darin, die richtige Balance zwischen weichen und harten Methoden zu finden. Im Rahmen der beruflichen Laufbahn sammeln Fachkräfte wertvolle Erfahrungen, die sie mit wissenschaftlichem Wissen verknüpfen müssen, um fundierte und reflektierte Entscheidungen zu treffen. Erfahrungswissen allein ist wertvoll, doch es darf nicht von Mythen oder persönlichen Überzeugungen geleitet werden. Wissenschaftliche Erkenntnisse bieten hier eine notwendige Kontrollinstanz, um sicherzustellen, dass subjektive Wahrnehmungen nicht zu Fehlentscheidungen führen.

Gleichzeitig müssen harte Instrumente mit Bedacht genutzt werden. Diagnosen und Testverfahren können wertvolle Hinweise geben, dürfen jedoch nicht zu starren Kategorien führen, die Menschen auf ein Testergebnis reduzieren. Jedes Resultat muss im individuellen Kontext betrachtet werden, um eine passgenaue Unterstützung zu ermöglichen.

Neben dem wissenschaftlichen Abgleich und der gezielten Nutzung von Instrumenten spielt auch die geschulte Intuition eine zentrale Rolle. Intuitive Urteile sind oft schnell und praxisnah, doch sie sollten regelmäßig hinterfragt und durch Fachwissen ergänzt werden. Erst wenn Intuition und analytische Schärfe in einem reflektierten Zusammenspiel genutzt werden, kann eine professionelle und zugleich empathische Soziale Arbeit entstehen.

Das Zusammenspiel – Methoden und Instrumente ergänzen sich

Es gibt keine Konkurrenz zwischen weichen Fähigkeiten und harten Fertigkeiten – sie ergänzen sich. Wer nur auf harte Instrumente setzt, läuft Gefahr, die individuelle Perspektive der Menschen aus dem Blick zu verlieren. Wer nur auf geschulte Intuition vertraut, kann in kognitive Verzerrungen geraten. Die Lösung liegt in der Kombination beider Elemente. Die objektiven Daten der Testverfahren liefern eine fundierte Grundlage, während die geschulte Intuition und soziale Kompetenz den Rahmen für die praktische Umsetzung setzen.

Ein Beispiel hierfür ist der Umgang mit dem Entwicklungsalter. Wie bereits mehrfach beschrieben, entsprechen die emotionale und soziale Entwicklung einer Person nicht zwangsläufig ihrem biologischen Alter. Menschen mit Entwicklungsverzögerungen können in einem bestimmten Bereich auf einem Niveau agieren, das nicht ihrem chronologischen Alter entspricht. Eine rein wissenschaftliche Betrachtung würde eine Testdiagnose liefern, aber erst der professionell geschulte Blick der Fachkraft kann die wahre Bedeutung für den Alltag und die Zukunft erfassen.

Weiche Fähigkeiten formen, harte Fertigkeiten schleifen

Weiche Fähigkeiten sind erlernbar – sie entstehen durch Erfahrung, Reflexion und kontinuierliche Auseinandersetzung mit der eigenen professionellen Haltung. Harte Fertigkeiten hingegen sind messbar und standardisiert – sie lassen sich durch Schulungen und Weiterbildungen gezielt erweitern.

Ein reflektiertes Zusammenspiel beider Dimensionen führt zu einer fachlich fundierten, aber gleichzeitig empathischen und individuell angepassten Sozialen Arbeit. Letztendlich geht es nicht um eine Entscheidung für die eine oder die andere Seite, sondern um die Frage, wie beide optimal genutzt werden können, um professionelle, wertschätzende und passgenaue Unterstützung zu ermöglichen. Das gehört in den konnektiven Prozess in Richtung transkonnektive Soziale Arbeit.

In der Sozialen Arbeit ist es wichtig, das richtige Gleichgewicht zwischen *Empathie und Evidenz, Intuition und Wissenschaft, Methoden und Instrumenten* zu finden. Der Anspruch an Fachkräfte sollte daher sein, nicht nur *zu fühlen*, sondern auch *zu wissen* – und sich gleichzeitig bewusst zu sein, dass Wissen ohne menschliches Feingefühl unzureichend bleibt.

Eine professionelle Fachkraft verlässt sich nicht ausschließlich auf Testverfahren, aber sie ignoriert sie auch nicht. Sie lässt sich nicht allein von ihrer Intuition leiten, aber sie wertschätzt ihre Erfahrungen. Erst im Dialog zwischen Herz und Kopf, zwischen weichen Fähigkeiten und harten Fertigkeiten, entsteht eine wirklich fundierte Praxis, die den Menschen in den Mittelpunkt stellt.

54

Icho – Beschreibung eines Störungsbildes

»Was ist ein Icho?«, wollte sie wissen, obwohl sie eigentlich unzählige andere Fragen hatte.

»Ein Icho ist der Hall ins eigene Innere, das wiederholende, ansteigende Geräusch von etwas Erlebtem, Gesagtem oder Getanem, auch aus eigenen, längst vergessenen Zeiten«, sagte AO ruhig,

»ein Icho verstärkt sich mit jeder Wiederholung, bis zur Unerträglichkeit. Je mehr Leere in dir steckt, desto stärker schwillt der Klang an. Manchmal ist es eine Zeitlang still, bis der Hall mit der nächsten Welle zurückkehrt, so viel lauter als zuvor.

Keine Möglichkeit zu entfliehen, keine Möglichkeit nachzudenken, sich zu verstehen, außer du wirst selbst lauter als das allumfassende Geräusch oder du versuchst das Erlebte zu zerschlagen, mit aller Kraft. Vielleicht hilft es, zumindest für den Moment.«

Aus meinem belletristischen Roman „Oseberg Paradoxon. Krieg des letzten Tages.“ (siehe Abb. 54.1)

Ein Icho ist kein klassisches psychologisches Konzept, doch seine Beschreibung weist Parallelen zu bekannten Störungsbildern auf. Die aufdringliche Wiederkehr von Gedanken, das Echo traumatischer Erfahrungen, das Gefühl der inneren Leere, das sich mit innerlich erstickter Lautstärke füllt – all das sind Mechanismen, die sich in vielen psychischen Belastungen wiederfinden lassen.

M. Boehm, *Ist es normal, nur weil alle es tun?*,
https://doi.org/10.1007/978-3-662-73190-1_54

Abb. 54.1   AO, der Reisende (Grafit auf Papier – Holger Klein)

Ob unkontrollierte Erinnerungen mit Flash-Backs bei posttraumatischen Belastungsstörungen (PTBS), das obsessive Grübeln bei Zwangsstörungen oder das Echo der Selbstzweifel und Sinnsuche in depressiven Episoden: Icho ist der innere Lärm, der nicht verstummt.

Das Icho gleicht dem reflektierten Schall eines Echos – doch statt eines bloßen Widerhalls sind es aus dem Kontext gelöste Gedanken, Zweifel, Ängste und Nöte, die nicht nach außen dringen, sondern tief ins „innere Ich" dröhnen.

Vielleicht ist es genau diese Erfahrung, die für manche Menschen den Unterschied zwischen einem geordneten Leben und der völligen Überforderung ausmacht. Ein Schwimmen im Wellenbecken der Selbstkontrolle.

55

Radikale und Bedingungslose Akzeptanz – Zwei Wege des Verstehens

Die Begriffe radikale Akzeptanz und bedingungslose Akzeptanz beschreiben Ansätze, die darauf abzielen, Menschen und Situationen ohne Widerstand oder Vorurteile anzunehmen. Beide Konzepte stammen aus unterschiedlichen psychologischen Traditionen, haben jedoch das Ziel, Akzeptanz als Grundlage für Veränderung und Verständnis zu nutzen.

Radikale Akzeptanz – Die Realität annehmen, ohne zu bewerten
Radikale Akzeptanz ist ein Konzept aus der dialektisch-behavioralen Therapie (DBT), die von Marsha Linehan 1993 entwickelt wurde. Es geht darum, die Realität als gegeben zu akzeptieren – unabhängig davon, ob sie angenehm oder schmerzhaft ist. Dieses Akzeptieren bedeutet nicht, die Umstände gutzuheißen oder zu rechtfertigen, sondern sie ohne Widerstand anzunehmen.

Diese Grundidee wird auch gerne in eher esoterische Handlungsabläufe eingebaut, ist aber therapeutischen Ursprungs. Doch neu ist die Idee der radikalen Akzeptanz nicht. Das Gebet von Franz von Assisi ist über 750 Jahre älter als die DBT, besitzt aber eine ähnliche Idee:

> „Herr, gib mir die Kraft, das zu akzeptieren, was ich nicht ändern kann; den Mut, das zu ändern, was ich ändern kann; und die Weisheit, beide Umstände zu erkennen."

Kernprinzipien der radikalen Akzeptanz
Akzeptanz kann Leid verringern – nicht, weil sie Schmerzen auslöscht, sondern weil der Widerstand gegen das Unvermeidliche zusätzlichen Schmerz erzeugt. Wer sich gegen die Tatsache auflehnt, die sich nicht ändern lässt, kämpft nicht nur gegen äußere Umstände, sondern auch gegen sich selbst.

© Der/die Autor(en), exklusiv lizenziert an Springer-Verlag GmbH, DE, ein Teil von Springer Nature 2026
M. Boehm, *Ist es normal, nur weil alle es tun?*,
https://doi.org/10.1007/978-3-662-73190-1_55

Radikale Akzeptanz ist der erste Schritt zu Veränderung. Solange ihr eine Situation nicht wirklich anerkennt, bleibt jede Veränderung oberflächlich. Erst wenn ihr euch dem stellt, was ist, könnt ihr euch sinnvoll entscheiden, wie ihr damit umgehen wollt.

Doch Akzeptanz bedeutet nicht Zustimmung. Es heißt nicht, dass ihr etwas gutheißt oder euch damit abfindet – es bedeutet nur, dass ihr eine unvermeidliche Situation nicht länger verleugnet.

Ein Mensch mit einer chronischen Krankheit kann sich dafür entscheiden, die Diagnose radikal zu akzeptieren. Statt wertvolle Energie darauf zu verwenden, gegen eine Tatsache zu kämpfen, die nicht rückgängig zu machen ist, wird die Tatsache vollständig anerkannt. Genau in diesem Moment entsteht ein neuer Raum. Ein Ort, in dem Veränderungen möglich werden, in dem sich Abstufungen des eigenen Handlungsspielraums herausarbeiten. Erst durch Akzeptanz kann sich der Fokus verschieben – weg vom Kampf gegen das Unveränderliche, hin zur Gestaltung der eigenen bestmöglichen Lebensqualität und -zufriedenheit.

Bedingungslose Akzeptanz – Die Person vorbehaltlos annehmen

Bedingungslose Akzeptanz ist ein Konzept aus der *personzentrierten Psychologie* nach CARL ROGERS. Es beschreibt die Fähigkeit, einen Menschen ohne Vorbehalte oder Bedingungen anzunehmen (vorbehaltlose positive Wertschätzung), unabhängig davon, welche Handlungen, Überzeugungen oder Impulse die Person einbringt.

Wirkliche Akzeptanz bedeutet, eine Person *in ihrer eigenen Wahrheit* zu sehen – nicht in der, die man ihr zuschreibt. Gerade in pädagogischen oder therapeutischen Kontexten ist dies essenziell, um Vertrauen aufzubauen, Verhaltensweisen besser zu verstehen und Menschen in ihrer Entwicklung zu begleiten. Dabei geht es nicht darum, jedes Verhalten gutzuheißen oder unangemessenes Handeln zu legitimieren. Es geht darum, die **individuelle Realität** eines Menschen anzuerkennen, um darauf aufbauend konstruktiv arbeiten zu können.

Die bedingungslose Akzeptanz beruht auf drei Kernprinzipien. Sie erfordert ein **vorurteilsfreies Annehmen,** bei dem der Mensch in seiner Gesamtheit akzeptiert wird, ohne dass diese Akzeptanz an Bedingungen geknüpft ist. Sie beginnt mit einem tiefen **Verständnis,** das darauf abzielt, Gedanken- und Gefühlswelten zu erkunden, um sinnvolle Hypothesen und Ansätze für den weiteren Umgang zu entwickeln. So bildet sie die **Grundlage für tragfähige Beziehungen** – sei es in der Pädagogik, der Sozialen Arbeit oder der Therapie. Denn ohne eine Atmosphäre des Angenommenseins kann keine echte Bindungsarbeit stattfinden.

Eine Einschränkung

(von vielleicht mehreren) sei hier erwähnt. Die bedingungslose Akzeptanz ist auch eine Methode, die in kriminaltechnischen und erkennungsdienstlichen Untersuchungen zur Aufklärung von Straftaten angewandt wird. Hier ist ein vorurteilsfreies Annehmen wichtig, um Gedanken und Beweggründe von möglichen Straftätern zu verstehen, aus deren Sicht heraus. Es geht nicht um eine aufbauende Soziale Arbeit, sondern um zügige und tiefgreifende analytische Aufklärungsarbeit.

Im Bereich der Sozialen Arbeit ist die bedingungslose Akzeptanz dagegen oft der Schlüssel zu einem Bindungsaufbau. Ein Beispiel könnte sein, dass ein Jugendlicher, der wiederholt durch aggressives Verhalten auffällt, in einem Setting der Sozialen Arbeit nicht verurteilt wird. Stattdessen wird versucht, seine Perspektiven und die Ursachen seines Verhaltens zu ergründen. Durch diese Haltung entsteht die Basis für mögliche Veränderungen.

Akzeptanz ist nicht gleich Billigung

In institutionellen und pädagogischen Kontexten wird oft argumentiert, dass bedingungslose oder radikale Akzeptanz gleichbedeutend mit dem Gutheißen von Verhaltensweisen ist. Diese Annahme ist jedoch falsch. Akzeptanz bedeutet nicht, dass man ein Verhalten gutheißt oder toleriert, sondern dass man die Realität eines anderen Menschen anerkennt, ohne diese (zunächst) zu bewerten.

Zeit- und Ressourcenmangel hemmt

Pädagogische und therapeutische Institutionen stehen oft unter finanziellem und zeitlichem Druck. Es müssen schnelle Lösungen geliefert werden. Dies erschwert die Akzeptanzarbeit. Zudem steht die Erwartung, dass Fachkräfte der Sozialen Arbeit „Probleme lösen" müssen im Widerspruch zur Notwendigkeit, zunächst Akzeptanz aufzubauen. Dies ist eine institutionelle, wenn nicht sogar gesellschaftliche Diskrepanz, die moderne inhaltliche Arbeitsfähigkeit hemmt.

Akzeptanz als Grundlage für Veränderung

Radikale und bedingungslose Akzeptanz sind keine passiven Haltungen, sondern aktive Prozesse, die Raum für Wachstum und Entwicklung schaffen. Während radikale Akzeptanz darauf abzielt, die äußeren Umstände zu akzeptieren, bildet die bedingungslose Akzeptanz die Grundlage für Vertrauen und eine wertschätzende Beziehung und Bindungsgrundlage.

Abb. 55.1 Akzeptanzarbeit innen/außen (Öl auf Leinwand Miniatur – C.J. Boehm)

Beide Ansätze fordern uns dazu auf, uns mit der Realität – ob äußerlich oder innerlich – auseinanderzusetzen, die Individualität anzunehmen und auf dieser Basis Veränderungen möglich zu machen. In einer (pädagogischen) Welt, die oft von Urteilen und schnellen Lösungen geprägt ist, bietet Akzeptanzarbeit einen Weg zu echter Begegnung und nachhaltiger Entwicklung. (siehe Abb. 55.1)

56

Gesellschaftliche Normen und die Grenze zwischen krank und normal

Wie nah liegen krank und gesund beieinander?
Ein Schrank wird von zwei Möbelträgern verrückt. Dabei sagt der Schrank: „Manchmal denke ich, ich werde verrückt." Dieser kleine Satz spielt mit der Wortbedeutung – dem körperlichen Verschieben des Schranks und der psychischen Wahrnehmung von „Verrücktheit". Doch wie schnell kann ein Mensch selbst „verrückt" werden? Wo verläuft die Grenze zwischen normal und krank? Ist sie überhaupt eindeutig? (siehe Abb. 56.1)

Die Konstruktion von Normalität
Normalität ist keine biologische Tatsache, sondern eine gesellschaftliche Konstruktion. Sie wird durch kulturelle, medizinische und soziale Normen definiert. Wer von diesen Normen abweicht, gilt schnell als „anders", „krank" oder von der normierten Mitte in eine Richtung „verrückt". Doch was ist gesund? Ist es die vollständige Abwesenheit von Symptomen oder das subjektive Gefühl von Wohlbefinden? Die Weltgesundheitsorganisation definiert Gesundheit als einen Zustand vollständigen körperlichen, geistigen und sozialen Wohlbefindens – ein Ideal, das kaum jemand dauerhaft erreicht. Sind wir also alle nicht-normal?

Die Psychologie zeigt, dass viele psychische Störungen fließende Übergänge haben. Menschen mit Angststörungen, Depressionen oder Persönlichkeitsbesonderheiten bewegen sich oft auf einem Spektrum zwischen Anpassung und Beeinträchtigung. Viele Eigenschaften, die als Störung diagnostiziert werden, sind in anderer Ausprägung vollkommen unauffällig oder sogar

Abb. 56.1   der „verrückte" Schrank (Idee/digitale Zeichnung – Marco Boehm)

vorteilhaft. Ein hoher Perfektionismus kann sowohl eine Arbeitsstörung als auch eine Stärke sein. Emotionale Empfindlichkeit kann sowohl eine Belastung als auch eine soziale Kompetenz darstellen.

Psychische Störungen und ihre Nähe zur Normalität
Schizophrenie und Psychosen gelten als klassische Beispiele für schwere psychische Störungen. Doch die Symptome, die sie ausmachen, sind nicht völlig fremd. Stimmen hören? Viele Menschen erleben gelegentlich auditive Halluzinationen, etwa im Halbschlaf oder in Phasen extremer Erschöpfung. Paranoide Gedanken? Wer hat nicht schon einmal das Gefühl gehabt, beobachtet oder bewertet zu werden? Die Übergänge sind fließend.

Das Gehirn filtert permanent Informationen und konstruiert eine Wirklichkeit aus den verfügbaren Reizen. In psychotischen Zuständen funktioniert dieser Mechanismus anders – Wahrnehmungen, die sonst ausgefiltert würden, werden intensiver erlebt und erscheinen als Realität. Wer einmal durch Schlafentzug oder Isolation eine veränderte Wahrnehmung erlebt hat oder sich nur einmal im Halbdunkel im Spiegel über einen längeren Zeitraum selbst beobachtet, bekommt eine leise Ahnung davon, wie nah psychische Störungen an „normalen" Erlebnissen liegen können.

Der gesellschaftliche Umgang mit psychischen Erkrankungen

Menschen mit psychischen Diagnosen erleben oft Stigmatisierung. Das gesellschaftliche Bild von psychischen Störungen ist geprägt von Unverständnis und Angst. Wer als „verrückt" gilt, wird schnell ausgegrenzt, obwohl die meisten psychischen Erkrankungen behandelbar sind und viele Betroffene ein selbstbestimmtes Leben führen können.

Doch warum braucht unsere Gesellschaft die strikte Trennung zwischen krank und gesund? Einerseits, um Unterstützung und Therapie zu legitimieren. Andererseits, um eine klare Linie zwischen „uns" und „den anderen" zu ziehen, auch wegen der Angst davor selbst betroffen zu sein. Dieses Denken führt jedoch dazu, dass viele Menschen, die sich in einer Krise befinden, zögern, sich Hilfe zu holen – aus Angst, als „krank" abgestempelt zu werden.

Akzeptieren statt Reparieren

Nicht jede Diagnose erfordert eine „Heilung". In der Neurodiversitätsbewegung (auch: Neurodivergenz) wird betont, dass manche neurologische Unterschiede – wie zum Beispiel bei Autismus-Spektrum-Störungen oder ADHS – keine Krankheiten sind, sondern natürliche Variationen des menschlichen Geistes. Statt Menschen zu ändern, sollten Umgebungen so gestaltet werden, dass unterschiedliche Denkweisen und Wahrnehmungen Platz haben.

Auch in der Therapie gibt es eine Bewegung weg vom reinen „Reparieren" hin zu einem Akzeptieren individueller Unterschiede. Nicht jede psychische Besonderheit muss verschwinden. Manchmal reicht es, Strategien zu entwickeln, um mit ihr zu leben, anstatt gegen sie zu kämpfen.

Muss jeder Mensch „gesund gemacht" werden?

Die Idee, dass jeder Mensch „gesund" oder „normal" gemacht werden muss, ist problematisch. Gesundheit ist subjektiv und kann für jede Person etwas anderes bedeuten. Für manche Menschen bedeutet es, trotz Einschränkungen ein erfülltes Leben zu führen, anstatt einem medizinischen Musterbild zu entsprechen. Menschen mit intellektuellen Entwicklungsstörungen, körperlichen Einschränkungen oder psychischen Erkrankungen haben das Recht, so zu leben, wie sie sind – ohne den Zwang, in ein gesellschaftliches Ideal zu passen. Wenn jede Abweichung von der Norm als Krankheit betrachtet wird, besteht die Gefahr der Pathologisierung. Menschen werden so oft auf ihre Diagnosen reduziert und stigmatisiert.

Ein Plädoyer für Akzeptanz und Vielfalt

Statt alle Menschen zu „heilen" und damit zu „normalisieren", sollte der Fokus auf Akzeptanz und Unterstützung liegen. Jeder Mensch bringt einzigartige Fähigkeiten und Perspektiven mit, die unsere Gesellschaft bereichern. Ziel sollte es sein, Menschen so zu unterstützen, dass sie ihr Leben selbstbestimmt gestalten können – unabhängig davon, ob sie sich als „normal" bezeichnen oder nicht. Eine inklusive Gesellschaft akzeptiert Vielfalt und ermöglicht Teilhabe für alle Menschen. Das Umfeld muss mit betrachtet werden und an die individuellen Bedürfnisse angepasst werden. Wer sich von starren Normen löst, erkennt, dass das Menschsein in seiner ganzen Bandbreite gelebt werden darf.

Normalität neu denken

Eine inklusive Perspektive auf Gesundheit und Normalität öffnet den Raum für ein Leben, das nicht von Idealen, sondern von Akzeptanz geprägt ist. Wenn krank und gesund keine klaren Gegensätze sind, müssen wir unsere Vorstellungen von Normalität überdenken. Psychische Gesundheit ist nicht ein Zustand, den man entweder hat oder nicht, sondern ein dynamisches Gleichgewicht. Manchmal ist der Schrank nur ein wenig versch(r)oben – und das ist vollkommen in Ordnung.

57

Wechselwirkungen zwischen kognitiven und psychischen Faktoren

Endlich lösen sich die veralteten Kategorisierungen auf – „geistig", „körperlich", „psychisch/seelisch". Lange Zeit wurden Menschen mit Beeinträchtigungen in strikte Kategorien eingeordnet. Geistig-körperlich oder psychisch-seelisch hießen die Kategorien in Jugendhilfe und Eingliederungshilfe. Diese Einteilung war nicht nur unvollständig, sondern auch ausgrenzend, da sie gegenseitige Ausschlusskriterien schuf. Wer als „geistig behindert" galt, wurde kaum mit „psychischen Behinderungen" in Zusammenhang gebracht – und bei einer Diagnose einer psychischen Störung, wurde die Möglichkeit einer grundsätzlichen geistigen Beeinträchtigung nicht getestet. Diese Dichotomie ist mit unserem heutigen Wissen nicht mehr haltbar.

Die Wechselwirkungen von Intelligenzminderung und psychischen Störungen

Mit der ICD-11 wurde nicht nur die Begrifflichkeit verändert – der stigmatisierende und von Menschen mit Beeinträchtigung eher abgelehnte Begriff der „geistigen Behinderung" wird aufgelöst in „intellektuelle Entwicklungsstörung" –, sondern auch eine breitere Perspektive auf Komorbiditäten ermöglicht. Ein prominentes Beispiel ist die gleichzeitige Diagnose von Autismus-Spektrum-Störung (ASS) und Aufmerksamkeitsdefizit-/Hyperaktivitätsstörung (ADHS), die in früheren Diagnosesystemen noch als unvereinbar galten. Ebenso müssen wir das *Verhältnis* zwischen intellektuellen Einschränkungen und psychischen Erkrankungen überdenken.

© Der/die Autor(en), exklusiv lizenziert an Springer-Verlag GmbH, DE, ein Teil von Springer Nature 2026
M. Boehm, *Ist es normal, nur weil alle es tun?*,
https://doi.org/10.1007/978-3-662-73190-1_57

Menschen mit einer intellektuellen Entwicklungsstörung haben eine individuelle Sozialisation durch ihre Umwelt. Eltern, Geschwister, Lehrer:innen, Assistenz – sie alle prägen die individuelle Wahrnehmung der Welt. Dabei spielt nicht nur die soziale Erfahrung eine Rolle, sondern auch die spezifische Art und Weise, wie die betroffene Person die Umwelt durch ihre kognitiven Besonderheiten interpretiert. Diese neurodiverse Wahrnehmung beeinflusst nicht nur das soziale Verhalten, sondern auch die Art und Weise, wie Emotionen verarbeitet werden.

Psychische Störungen als Folge von intellektuellen Einschränkungen

Ein bislang wenig beachtetes Phänomen ist die Möglichkeit, dass intellektuelle Einschränkungen selbst als Katalysator für psychische Erkrankungen wirken können. So, wie Drogen Psychosen auslösen können (durch entsprechende Dispositionen), könnte auch eine intellektuelle Entwicklungsstörung die Basis für psychische Störungen legen. Doch nicht nur Dispositionen können eine auslösende Schwelle von psychischen Störungen verringern. Die Herausforderungen in der sozialen Interaktion, das wiederholte Scheitern an gesellschaftlichen Erwartungen, die permanente Erfahrung von Überforderung oder sozialer Ausgrenzung – all das kann langfristig zu psychischen Störungen führen.

Subtile intellektuelle Einschränkungen, die im Alltag kaum auffallen, können initiale Faktoren sein, die die Entwicklung psychischer Erkrankungen begünstigen. Kleine kognitive Defizite könnten beispielsweise dazu führen, dass bestimmte soziale oder emotionale Signale nicht stimmig verarbeitet werden, was wiederum Unsicherheiten, Ängste oder depressive Episoden verstärkt.

Neue Perspektiven auf Diagnostik und Unterstützung

Eine moderne sozialdiagnostische Betrachtung muss diese komplexen Zusammenhänge berücksichtigen. Durch die Methoden der sozialen Diagnostik (Biografiearbeit, Anamnese, hermeneutische Interviews, ethnographische Beobachtungen etc.) können bereits in orientierenden Gesprächen Beobachtungen formuliert werden, die im folgenden diagnostischen Prozess die Hypothesenbildung ausschlaggebend unterstützen können. Menschen mit einer intellektuellen Einschränkung sind nicht nur in ihrer kognitiven Verarbeitung einzigartig, sondern auch in ihrer emotionalen Entwicklung und psychischen Widerstandsfähigkeit. Die Annahme, dass eine intellektuelle Beeinträchtigung automatisch psychische Stabilität bedeutet oder umgekehrt, ist überholt.

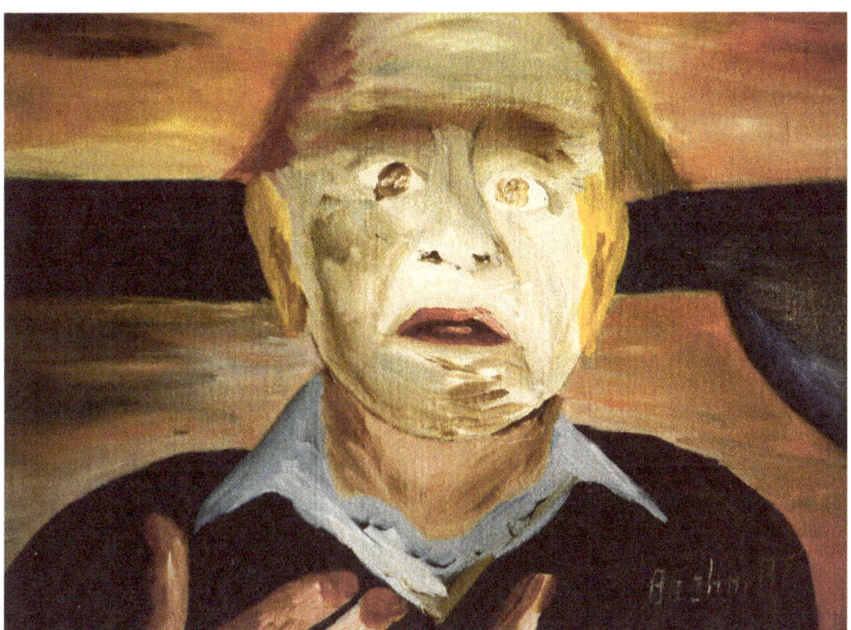

Abb. 57.1　Ellias Vision (Öl auf Leinwand – C.J. Boehm)

Die Zukunft der Diagnostik muss daher ein integratives Modell verfolgen, das die Wechselwirkungen zwischen kognitiven, emotionalen und sozialen Faktoren berücksichtigt (Syngnostik). Nur so können wir ein umfassendes Verständnis der individuellen Situation einer Person entwickeln – und verhindern, dass alte Ausschlusskriterien den konnektiven Blick einschränken. (siehe Abb. 57.1)

58

Modediagnosen – Entlastung oder Stigmatisierung?

Die Vergabe von Diagnosen ist ein hochsensibles Thema. Aus der Medizin und Psychiatrie kommend, sind sie schon lange in der Sozialen Arbeit angekommen. Diagnosen können ein Rettungsanker sein, weil sie Hilfe ermöglichen, Zusammenhänge erklären und eine gemeinsame Perspektive für Eltern, Kinder und Fachkräfte bieten. Gleichzeitig bergen sie die Gefahr der Stigmatisierung – einmal ausgesprochen, begleiten sie Menschen oft ein Leben lang. Die Grenze zwischen einer notwendigen medizinischen oder pädagogischen Diagnose und einer Modediagnose ist dabei fließend. Doch wann wird eine Diagnose zur Mode? Wann wird sie aus pragmatischen, aber nicht zwingend medizinischen Gründen vergeben? Und welche Konsequenzen hat das?

Die Entwicklung von Diagnosen – Ein gesellschaftliches Phänomen
Die Geschichte psychologischer und entwicklungsbezogener Diagnosen zeigt deutliche Trends. In den 1990er-Jahren war es das Aufmerksamkeits-Defizit-Syndrom (ADS), das zunehmend diagnostiziert wurde. Mit der Zeit wurde erkannt, dass viele Kinder nicht nur unaufmerksam, sondern auch hyperaktiv waren – aus ADS wurde ADHS. In den 2010er-Jahren rückte die Autismus-Spektrum-Störung (ASS) in den Vordergrund, und heute steht das Fetale Alkoholsyndrom (FASD) besonders im Fokus.

Die steigende Anzahl von Diagnosen kann verschiedene Ursachen haben. Es können verbesserte Diagnosemöglichkeiten sein, gesellschaftliche Sensibilisierung oder auch veränderte Erwartungen an Kinder und Erwachsene. Doch es gibt eine andere, weniger oft ausgesprochene Tatsache. Diagnosen können entlasten. Sie helfen Eltern, das Verhalten ihrer Kinder einzuordnen, und ermöglichen es, Unterstützung zu erhalten. Anstatt sich kontinuierlich rechtfertigen zu müssen oder eine nicht definierte Schuld zu empfinden und damit eine erhöhte Möglichkeit eine eigene Störung auszuprägen, kann eine Diagnose unterstützten. Gleichzeitig können Modediagnosen jedoch ein Kind in eine veränderte Identitätskurve manövrieren, noch bevor es sich selbst gefunden hat.

Modediagnosen gab es schon immer

Der heutige Blick auf Modediagnosen kann den Eindruck erwecken, als sei dieses Phänomen neu. Doch bereits in früheren Jahrhunderten gab es überdiagnostizierte Störungen, die den gesellschaftlichen Normen ihrer Zeit entsprachen. Im 19. Jahrhundert galt Hysterie als weitverbreitete Frauenkrankheit – eine Diagnose, die eher gesellschaftliche Kontrolle als medizinische Erkenntnis widerspiegelte. In den 1980er-Jahren wurden Legasthenie und Dyskalkulie noch selten erkannt, während sie später fast inflationär diagnostiziert wurden. Linkshändigkeit wurde lange Zeit als Abweichung betrachtet und „umtrainiert". Diese Beispiele weisen darauf hin, dass Diagnosen, die heute als Mode abgetan werden, morgen als medizinische Erkenntnis gelten – oder als gesellschaftlich geprägter, überholter Irrtum.

Das moralische Paradox: Hilfe oder Stigma?

Hier entsteht ein moralisches Dilemma. Niemand soll Menschen Diagnosen verweigern, die Unterstützung benötigen. Doch ebenso wenig sollte es inflationäre Diagnosen geben, die möglicherweise mehr schaden als nutzen. (Übrigens auch denen, die eine passgenaue Diagnose erhalten haben, aber hier ebenfalls in die Schublade „Modediagnose" fallen und dadurch mit ihren Störungen nicht passgenau unterstützt werden.)

Wer die Vergabe von Modediagnosen kritisiert, läuft Gefahr, Eltern indirekt zu unterstellen, sich eine einfache Erklärung für Probleme zu suchen oder gar die förderliche Erziehung infrage zu stellen. Umgekehrt kann eine zu schnelle Diagnose Menschen in eine Schublade stecken, aus der sie kaum wieder herauskommen.

Selbststigmatisierung

Ein weiteres, oft übersehenes Problem ist die Selbststigmatisierung. Diagnosen können eine Erklärung sein, aber auch eine Ausrede. Manche Menschen greifen ihre Diagnose auf und nutzen sie, um sich nicht mehr mit Herausforderungen auseinanderzusetzen. „Ich kann das nicht, weil ich ADHS habe."; „Das schaffe ich nicht, weil ich Autist bin." Die Grenze zwischen hilfreicher Akzeptanz und selbst auferlegten Begrenzungen ist schmal. Selbststigmatisierung erleichtert es den diagnostizierten Menschen das Zepter der Selbstverantwortung aus der Hand zu legen und so die eigene Selbstbestimmung zu erschweren.

Gesellschaftliche Einflussfaktoren: Warum Diagnosen „Mode" werden
Modediagnosen entstehen nicht zufällig. Sie sind oft weniger das Ergebnis reiner medizinischer Erkenntnisse als vielmehr ein Produkt gesellschaftlicher Strukturen. Bildungssysteme verlangen Diagnosen, weil sie die Voraussetzung für Nachteilsausgleiche und Fördermaßnahmen sind. Soziale Systeme brauchen sie, um Unterstützung zu bewilligen – ohne medizinisches Label gibt es oft keine Hilfe. Eltern geraten unter Druck, das Verhalten ihrer Kinder erklären zu müssen. Eine Diagnose kann eine Entlastung sein, weil sie (persönlich empfundene) Schuldgefühle mindert. Gleichzeitig hat die Pharmaindustrie ein wirtschaftliches Interesse an neuen Diagnosen, da sie Märkte für Medikamente schafft.

Das bedeutet nicht, dass die überwiegende Anzahl an Diagnosen unbegründet ist. Vielmehr zeigt es, dass Diagnosen mehr als medizinische Befunde sind – sie sind auch gesellschaftliche Konstrukte. Manche von ihnen spiegeln weniger biologische Gegebenheiten wider als vielmehr den jeweiligen Zeitgeist und die Systeme, die sie hervorrufen und aufrechterhalten.

Ein bewusster Umgang mit Diagnosen
Wie also mit dieser Problematik umgehen? Eine differenzierte Sichtweise ist entscheidend. Diagnosen sollten unterstützen, nicht festlegen. Sie sollten als Werkzeuge verstanden werden, nicht als Identitätsmerkmale. Der bewusste Umgang mit dem Spannungsfeld zwischen Notwendigkeit und Mode ist essenziell, um sowohl Stigmatisierung als auch leichtfertige Etikettierung zu vermeiden. Nur so kann gewährleistet werden, dass Diagnosen Menschen stärken, anstatt sie in eine vorgeschriebene Biografie zu drängen. Für Fachkräfte der Sozialen Arbeit gilt, dass der Schlüssel zu Diagnosen fundiertes Wissen ist. Das begleitet einmal mehr den Apell, dass ICD-Diagnostik und ICF-Items zum Lernfeld der sozialen Fachkräfte gehören müssen, um eine etikettierende Persönlichkeitsdiagnose (durch kognitive Verzerrung der Fachkräfte) zu minimieren.

59

IC … what the … F (ein Überblick)

Ich habe viele hanebüchene Dinge über die ICF gehört und es bestehen noch immer viele Vorbehalte und Missverständnisse zu der Klassifikation. Da über die UN-BRK (UN-Behindertenrechtskonvention 2009 von Deutschland ratifiziert) zum BTHG (Bundesteilhabegesetz) eine Novellierung des SGB IX umgesetzt wurde, in dem sich auf die ICF mit den *neun Lebensbereichen* im *bio-psycho-sozialen Modell* explizit bezogen wird, ist die ICF Standardwissen in der Sozialen Arbeit.

Durch die gerade laufende Novellierung des SGB VIII über die „große Lösung" des KJSG (Kinder- und Jugendstärkungsgesetz) wird auch im Kinder- und Jugendbereich die ICF immer größere Gewichtung bekommen.

Puh, so viele Abkürzungen. Das klingt mehr nach „MFG" von den FANTA 4 als nach „Ganz normal", aber auch hier sind wir wieder beim Titel dieses Buches angekommen, denn das „neue Normal" ist gelebte Inklusion. Bei der Inklusion geht es nicht darum „alle gleich zu machen", sondern es allen zu ermöglichen individuell bleiben zu können. Das spiegelt die ICF – ehrlicher Weise ziemlich komplex – wider.

Einführung und Blickpunkte der ICF

Die Internationale Klassifikation der Funktionsfähigkeit, Behinderung und Gesundheit (ICF) wurde von der Weltgesundheitsorganisation (WHO) entwickelt, um eine weltweit einheitliche Sprache für die Beschreibung von Gesundheit und deren Beeinträchtigungen zu schaffen. Sie ergänzt die Internationale Klassifikation der Krankheiten (ICD), indem sie nicht nur Gesundheitsprobleme erfasst, sondern auch deren Auswirkungen auf die

Funktionsfähigkeit und Teilhabe der betroffenen Personen beschreibt. Das Ziel dieser Kombination ist es, ein umfassenderes Bild der Gesundheit zu erhalten und dadurch fundiertere Entscheidungen über Interventionen und Unterstützungsmaßnahmen treffen zu können.

Die Entstehung der ICF

Die ICF hat ihre Wurzeln in der 1980 erstmals veröffentlichten International Classification of Impairments, Disabilities and Handicaps (ICIDH). Diese erste Klassifikation verfolgte das Ziel, zwischen Schädigung, Funktionsstörung und sozialer Beeinträchtigung zu unterscheiden. Ab 1993 begann eine umfassende Überarbeitung der ICIDH, um deren Praxistauglichkeit zu verbessern. In diesen Prozess waren über 50 Länder und 1800 Expert:innen eingebunden. 1997 entstanden die ersten Beta-Entwürfe der überarbeiteten Klassifikation. Eine bedeutende Neuerung war die Berücksichtigung von Kontextfaktoren, die sowohl als Umweltfaktoren als auch als persönliche Faktoren Einfluss auf die Funktionsfähigkeit nehmen können. Im Jahr 2001 wurde die final überarbeitete Fassung unter dem neuen Namen ICF von der WHO veröffentlicht.

ICF und das bio-psycho-soziale Modell

Ein zentraler Paradigmenwechsel der ICF liegt in ihrer Abkehr von einem rein medizinischen Modell von Behinderung. Während die ICD die medizinische Diagnose beschreibt, geht die ICF weiter und betrachtet die funktionale Gesundheit in einem bio-psycho-sozialen Modell. Dieses Modell integriert sowohl medizinische als auch soziale Perspektiven und ermöglicht eine umfassendere Bewertung der gesundheitlichen Situation einer Person. Es betont, dass Behinderung nicht nur eine individuelle Eigenschaft ist, sondern durch das Zusammenspiel zwischen individuellen Beeinträchtigungen und gesellschaftlichen Barrieren entsteht.

Das komplexe Interdependenzmodell

Die ICF steht damit in dem Spannungsfeld eines komplexen Interdependenzmodells. Durch die Wechselwirkungen zwischen Körperfunktionen, Aktivitäten, Teilhabe und Umweltfaktoren besteht die gegenseitige Abhängigkeit der Faktoren. Da Gesundheit nicht isoliert betrachtet werden kann, sondern immer im Zusammenspiel mit dem sozialen und physischen Umfeld verstanden werden muss ist die Interdependenz (gegenseitige Abhängigkeit) sehr komplex: Mensch versus Umwelt.

Ein zentrales Zitat verdeutlicht diesen Ansatz: „Nicht die Beeinträchtigung allein definiert die Behinderung, sondern die Bedingungen, unter denen ein

Mensch lebt." Ich sage es gerne deutlicher: „Ein Mensch ist nicht behindert, ein Mensch wird behindert."

Dieses Verständnis hebt hervor, dass unterstützende Strukturen aber auch Barrieren maßgeblich daran mitwirken, wie Menschen mit gesundheitlichen Einschränkungen ihr Leben gestalten können.

Die zentralen Prinzipien der ICF

Die ICF basiert auf mehreren grundlegenden Prinzipien, die sie von klassischen Diagnosemodellen unterscheiden. Sie trennt klar zwischen Körperfunktionen, Körperstrukturen, Aktivitäten und Teilhabe – ein Ansatz, der den Menschen nicht nur auf seine Einschränkungen reduziert, sondern seine gesamte Funktionsweise im Blick behält. Dabei werden nicht nur individuelle Merkmale betrachtet, sondern auch fördernde und hindernde Umweltfaktoren, die den Alltag beeinflussen können.

Ein wesentlicher Vorteil der ICF ist ihre interdisziplinäre Anwendbarkeit. Sie wurde so gestaltet, dass sie in verschiedenen Fachbereichen genutzt werden kann – von der Medizin über die Soziale Arbeit bis hin zur Bildungs- und Rehabilitationspraxis. Gleichzeitig stellt sie eine gemeinsame Sprache bereit, die sowohl interdisziplinär als auch international funktioniert und eine einheitliche Beschreibung von Funktionsfähigkeit ermöglicht. Damit wird sie zur wissenschaftlichen und praktischen Grundlage für die Erfassung und Bewertung von Gesundheitszuständen – ohne dabei in rein medizinische oder defizitorientierte Kategorien zu verfallen.

ICF und die UN-Behindertenrechtskonvention

Die UN-Behindertenrechtskonvention (UN-BRK) stützt sich auf das Verständnis der ICF. In der Präambel der Konvention wird Behinderung nicht als feststehende Eigenschaft einer Person verstanden, sondern als Ergebnis der Wechselwirkung zwischen individuellen Beeinträchtigungen und gesellschaftlichen Barrieren. Menschen werden also nicht als behindert definiert, sondern durch Barrieren behindert, die ihre gleichberechtigte Teilhabe an der Gesellschaft einschränken. Dies zeigt die Notwendigkeit auf, gesellschaftliche Strukturen so zu gestalten, dass sie allen Menschen eine selbstbestimmte Teilhabe ermöglichen.

ICF und ihre praktische Anwendung

Die ICF ist ein Instrument, das in vielen Bereichen Anwendung findet. Sie dient der Dokumentation von Ressourcen und Defiziten, der interdisziplinären Fallbesprechung, der Beurteilung von Funktionsfähigkeit und der Entwicklung gezielter Unterstützungsmaßnahmen. Besonders in der Rehabilitation, der Sozialen Arbeit und der Gesundheitsversorgung bietet sie eine einheitliche Basis für die Kommunikation zwischen Fachdisziplinen und die Gestaltung von Hilfsangeboten.

Die fünf Domänen der ICF

Die ICF strukturiert ihre Klassifikation in fünf zentrale Domänen:

- **b = Körperfunktionen** (body functions)
- **s = Körperstrukturen** (body structures)
- **d = Aktivitäten und Teilhabe** (activity & participation) [auch: daily activities]
- **e = Umweltfaktoren** (environmental factors)
- **p = personenbezogene Faktoren** (personal factors, derzeit ohne Kodierung)

Diese Struktur ermöglicht eine differenzierte Erfassung und Bewertung der individuellen Funktionsfähigkeit in verschiedenen Lebensbereichen.

Die neun Lebensbereiche der ICF

Im Rahmen der ICF wurden neun zentrale Lebensbereiche definiert, die für die Bewertung der Teilhabe und Aktivität einer Person entscheidend sind.

1. **Lernen und Wissensanwendung** – Dieser Bereich umfasst die Fähigkeit, neues Wissen zu erwerben, zu verarbeiten und anzuwenden. Dazu gehören Lesen, Schreiben, Problemlösen sowie das Entwickeln von Strategien zur Bewältigung neuer Situationen.
2. **Allgemeine Aufgaben und Anforderungen** – Hier geht es um die grundlegenden Fähigkeiten und Fertigkeiten des Alltags, wie das Planen und Organisieren von Aktivitäten, den Umgang mit Stressoren oder das Anpassen an veränderte Lebensumstände.
3. **Kommunikation** – Dieser Bereich beschreibt die Fähigkeit, sich mit anderen auszutauschen, Informationen aufzunehmen, zu verstehen und selbst zu vermitteln – sei es durch Sprache, Mimik, Gestik oder technische Hilfsmittel.
4. **Mobilität** – Gemeint ist die körperliche Beweglichkeit im Alltag. Es sind unter anderem Laufen, Gehen, sich fortbewegen – mit oder ohne Hilfsmittel, auch das Nutzen von Transportmöglichkeiten als Hilfsmittel.
5. **Selbstversorgung** – Dieser Bereich umfasst die Fähigkeit zur eigenständigen Körperpflege, Ernährung und Gesundheitsvorsorge – vom Anziehen über das Essen bis hin zum Umgang mit Medikamenten oder hygienischen Routinen.

6. **Häusliches Leben** – Hierunter fallen alle Tätigkeiten, die für die Führung eines Haushalts erforderlich sind, wie Kochen, Einkaufen, Putzen, Haushaltsorganisation und das Erledigen von finanziellen Angelegenheiten.

7. **Interpersonelle Interaktionen und Beziehungen** – Dieser Bereich beschreibt die Fähigkeit, soziale Kontakte aufzubauen, zu pflegen und in unterschiedlichen Kontexten angemessen zu interagieren – von Freundschaften über Familienbeziehungen bis hin zu beruflichen Kontakten.

8. **Weitere bedeutende Lebensbereiche (Bildung, Arbeit, wirtschaftliches Leben)** – Hier geht es um die Teilhabe an gesellschaftlich relevanten Bereichen, wie schulische und berufliche Bildung, Erwerbsarbeit, finanzielle Unabhängigkeit und wirtschaftliche Selbstständigkeit.

9. **Gemeinschafts-, soziales und staatsbürgerliches Leben** – Dieser Bereich beschreibt die aktive Teilnahme am gesellschaftlichen Leben, sei es durch Freizeitaktivitäten, kulturelle Teilhabe, ehrenamtliches Engagement oder politische und staatsbürgerliche Aktivitäten.

Diese Bereiche bilden die Grundlage für die Einschätzung, inwieweit eine Person durch gesundheitliche Einschränkungen in ihrer Lebensgestaltung beeinträchtigt ist und welche Unterstützung sie benötigt.

ICF und ICF-CY: Anpassungen für Kinder und Jugendliche

Die ICF wurde ursprünglich für Erwachsene entwickelt, doch schnell zeigte sich, dass einige Kategorien für Kinder und Jugendliche nicht ausreichend differenziert waren. Daher wurde 1998 die Entwicklung einer kind- und jugendspezifischen Version, der ICF-CY (Children and Youth), begonnen. Diese Erweiterung berücksichtigt zusätzliche Aspekte wie Spiel, sozial-emotionales Verhalten und spezifische Umweltfaktoren, die für die Entwicklung von Kindern und Jugendlichen entscheidend sind.

Bedeutung der ICF für die Gesellschaft

Die Einführung der ICF hat einen tiefgreifenden Wandel im Verständnis von Gesundheit und Behinderung angestoßen. Sie fordert ein Umdenken von einer überwiegend medizinisch-zentrierten Betrachtung hin zu einer gesamtgesellschaftlichen Verantwortung. Eine inklusive Gesellschaft kann nur entstehen, wenn individuelle Bedürfnisse anerkannt und gesellschaftliche Barrieren abgebaut werden. Die ICF liefert hierfür ein wertvolles Instrument, um Funktionsfähigkeit und Einschränkungen nicht als persönliche Defizite, sondern als Wechselwirkungen zwischen Individuum und Umwelt zu verstehen und zu gestalten.

Einige Tabellen und Grafiken

Zur Übersichtlichkeit habe ich noch einige Tabellen und Grafiken zur ICF erstellt. Diese hänge ich einfach an dieser Stelle an, um nicht noch weiter in die Tiefe zu gehen. Vielleicht hilft es ja dem einen oder der anderen, um Aspekte in die eigene Wissensbasis einzubauen. (siehe Tab. 59.1, 59.2, 59.3, und 59.4)

Tab. 59.1 ICD versus ICF

Medizinisches Modell (ICD)	Soziales Modell (ICF)
„Behinderung" ist eine Folge einer Krankheit, eines Traumas oder eines anderen Gesundheitsproblems.	„Behinderung" ist hauptsächlich ein gesellschaftlich verursachtes Problem.
„Behinderung" ist ein Problem der Person.	„Behinderung" ist kein Merkmal der Person, sondern ein komplexes Geflecht von Bedingungen, von denen viele vom gesellschaftlichen Umfeld geschaffen wurden.
Behandlung des/der Betroffenen; Heilmittelverordnung	Veränderung der Einstellungen; Durchsetzung der Menschrechte
Thema der Gesundheitspolitik	**Thema des politischen Diskurses**

Tab. 59.2 Aktivitätskonzept (ICF-CY)

Performance	Capacity
Handlung	Leistungsfähigkeit
Das, was eine Person tatsächlich in Lebensbereichen tut und umsetzt.	Das, was eine Person in einem Lebensbereich tun kann oder könnte.

Tab. 59.3 Leistung/Leistungsfähigkeit (ICF-CY)

Leistung	Leistungsfähigkeit
Art und Umfang der tatsächlichen Durchführung einer Aktivität in einem Lebensbereich d unter bestimmten, realen Umweltbedingungen.	Maximales Leistungsniveau einer Person in einem Lebensbereich d unter • Testbedingungen (Assessment/ Diagnostik) oder • hypothetischen Umweltbedingungen H (Standard, Ideal- oder optimale Bedingungen) „ Was wäre wenn …?"

Tab. 59.4 Klassifikationen der Faktoren (ICF)

ICIDH (1980)	Übersetzung	ICIDH-2 (1997)
Impairment	Schädigung	Körperfunktionsstörung
Disability	Fähigkeitsstörung	Aktivitäten
Handicap	Beeinträchtigung	Partizipation
(defizitorientiert)		(limitierende und befähigende Faktoren)

Im deutschsprachigen Raum ist bis heute für alle Bereiche der alleinstehende Begriff „Behinderung" (manchmal „Einschränkung") gebräuchlich. In der ICD-11 wird der Begriff für „geistige Behinderung" zu „intellektuelle Entwicklungsstörung".

60

Landkarte der Geschichte der Sozialen Arbeit

Die Geschichte der Sozialen Arbeit wird oft in stark verkürzten Narrativen erzählt. JANE ADDAMS und das *Hull-House* mit wissenschaftlicher Begleitung durch JOHN DEWEY. Die US-Amerikanerin MARY ELLEN RICHMOND als Begründerin der *Sozialen Diagnostik,* deren Hauptwerk von ALICE SALOMON übersetzt und weiterentwickelt wurde – SALOMON als Mutter der Sozialen Arbeit im deutschsprachigen Raum. Dann die deutschen Reformpädagogen PAUL NATORP und HERMAN NOHL, gefolgt von der sozialpolitischen Aufbruchsstimmung der 68er-Generation, die das Berufsfeld tiefgreifend veränderte. Schließlich die formale Fusion von Sozialarbeit und Sozialpädagogik in den 2000ern. Fertig.

Doch das ist lediglich ein „Dash" (Tröpfchen) der Geschichte der Sozialen Arbeit.

Soziale Arbeit – oder besser: das soziale Handeln als strukturierte gesellschaftliche Funktion – ist nicht erst mit den genannten Personen entstanden. Sie zieht sich durch alle Epochen, durch alle Gesellschaftssysteme, durch alle Kulturen. Sie war stets das dynamisch-temperamentvolle Zentrum vieler Nachbarwissenschaften, die selbst erst im Laufe der Jahrhunderte entstanden. Die zentralen Fragen der Sozialen Arbeit – nach Fürsorge, nach Teilhabe, nach Gerechtigkeit – wurden nicht nur diskutiert, sondern aktiv gestaltet, verhandelt und in gesellschaftliche Strukturen eingewoben.

Ergänzende Information Die elektronische Version dieses Kapitels enthält Zusatzmaterial, auf das über folgenden Link zugegriffen werden kann [https://doi.org/10.1007/978-3-662-73190-1_60].

M. Boehm, *Ist es normal, nur weil alle es tun?,*
https://doi.org/10.1007/978-3-662-73190-1_60

277

Im Sinne einer transkonnektiven Sozialen Arbeit plädiere ich daher für einen vielschichtigeren, interdisziplinären Blick auf diese Geschichte. Philosophie, soziologie, Medizin und Psychologie darf die Soziale Arbeit nicht nur als historische Begleiterscheinung werten, sondern sie ist der integrale Bestandteil des professionellen Handelns. Ebenso gehört die Neurowissenschaft – insbesondere Psychiatrie und Medizin – in unser Curriculum. Denn nur wenn wir die biologische, soziale und emotionale Entwicklung des Menschen zusammen denken, können wir die Herausforderungen unserer Zeit professionell und reflektiert beantworten. (siehe Abb. 60.1)

Abb. 60.1   Landkarte der Sozialen Diagnostik. (Eigene Darstellung)

61

Das Alphabet der transkonnektiven Sozialen Arbeit – Eine Toolbox

Die transkonnektive Soziale Arbeit ist kein starres Konzept, sondern eine dynamische Verbindung verschiedener Disziplinen, Perspektiven und Methoden. Dieses Kapitel ist keine einfache Begriffssammlung, sondern eine Toolbox – ein Fundus an zentralen Konzepten, die in der Sozialen Arbeit *praktisch relevant* sind. (siehe Abb. 61.1)

A – Anamnese als Schlüssel zur Geschichte

Jede professionelle Begleitung beginnt mit dem Verstehen individueller Lebenswege. Dabei geht es nicht um bloße Datensammlung, sondern um empathisches Zuhören. Methoden wie ethnografisches Beobachten, hermeneutische Interviews, Fallchronologien, Netzwerkkarten, Lebenslinien oder Genogrammarbeit helfen, biografische Zusammenhänge sichtbar zu machen.

B – Biografische Prozesse und Bindung

Jeder Mensch trägt seine Geschichte in sich. Die Arbeit mit biografischen Mustern ermöglicht es, Verhaltensweisen zu verstehen und gezielt Unterstützung zu bieten. Dies reicht von Bindungstheorien (BOWLBY, AINSWORTH) bis zur Bedeutung von biographischen Brüchen für die Identitätsbildung.

© Der/die Autor(en), exklusiv lizenziert an Springer-Verlag GmbH, DE, ein Teil von Springer Nature 2026
M. Boehm, *Ist es normal, nur weil alle es tun?*,
https://doi.org/10.1007/978-3-662-73190-1_61

Abb. 61.1 Strechani & Plastenno (Ölkreide und experimentelle Techniken auf Leinwand – C.J. Boehm)

C – Cluster-Vortex-Modell – Wie unser Gehirn uns formt

Unser Gehirn ist ein dynamisches Netzwerk. Das Cluster-Vortex-Modell zeigt, dass Denken, Emotionen und Wahrnehmung keine starren Kategorien, sondern ein fließendes System sind. Wer neurobiologisch arbeitet, erkennt, dass Wahrnehmung keine objektive Wahrheit ist, sondern immer subjektiv geprägt.

D – Diagnosen: Werkzeug oder Stigma?

Diagnosen können helfen, aber auch schaden. Ein fundiertes Wissen über ICD, DSM und ICF schützt vor vorschnellem Etikettieren. Diagnosen sind kein Käfig, sondern eine Landkarte, die Orientierung bietet – solange sie mit transkonnektivem Denken verbunden bleibt.

E – Entwicklungsalter statt Kalenderalter

Nicht das biologische Alter bestimmt das Bedürfnis eines Menschen, sondern sein sozio-emotionales Entwicklungsalter (Došen). Eine präverbale Entwicklungsstufe benötigt andere Zugänge als eine reflexiv-verbal gesteuerte Interaktion.

F – Freiheit durch Struktur – Warum Systeme nötig sind

Soziale Arbeit darf nicht reaktiv sein. Strukturierte Ansätze aus der **Syngnostik (synaptischen Diagnostik)** ermöglichen es, Entwicklungsräume gezielt zu schaffen. Freiheit entsteht selten durch echtes Chaos, häufiger durch intelligente Steuerung.

G – Gehirn & Gesellschaft – Der soziale Mensch

Das Gehirn ist kein isoliertes Organ – es entwickelt sich durch Interaktion. Ohne soziale Erfahrungen verkümmern synaptische Verbindungen. Wer transkonnektiv arbeitet, sieht Menschen nicht als Einzelwesen, sondern als Teil eines permanenten Wechselspiels mit ihrer Umwelt.

H – Haltung als innerer Kompass

Wissenschaft kann nur ein Teil professionellen Handelns sein. Fachkräfte bringen ihre eigene Geschichte mit. Die Reflexion der eigenen Haltung ist kein Selbstzweck, sondern essenziell für professionelle Distanz und Nähe.

I – Intuition? Geschulte Intuition!

Intuition ist keine willkürliche Eingebung, sondern das Ergebnis von Erfahrung und Wissen. Geschulte Intuition (Ader) bedeutet, sich auf implizites Wissen zu verlassen, ohne die Reflexion zu vernachlässigen.

J – Jugendarbeit bis Altenhilfe – Alter ist nur ein Konzept

Die Soziale Arbeit erstreckt sich über alle Lebensphasen. Ob Kinder, Jugendliche oder ältere Menschen – die Prinzipien der Bindung, Identität und Resilienz bleiben universell.

K – Konnektivität als Schlüsselbegriff

Transkonnektivität bedeutet, Wissen nicht nebeneinander, sondern miteinander zu denken. Es geht um die Verbindung von Neurowissenschaft, Biografie, Sozialwissenschaft und Praxis, um ganzheitliche Lösungsansätze zu entwickeln.

L – Lebensweltorientierung als Basis für echte Teilhabe

Die berühmte Forderung „die Menschen dort abzuholen, wo sie stehen" bleibt wichtig – aber sie muss über Phrasen hinausgehen. Lebensweltorientierte Arbeit bedeutet, individuelle Lösungen zu finden, statt Menschen in vorgefertigte Konzepte zu pressen.

M – Methodenvielfalt – Flexibel bleiben, aber mit System

Es gibt keinen perfekten Ansatz. Fachkräfte, die sich auf eine einzige Methode versteifen, verlieren ihre Handlungsfähigkeit. Wer sich transkonnektiv bewegt, kombiniert Methoden so, dass sie der jeweiligen Person gerecht werden.

N – Neurowissenschaft als Werkzeug der Praxis

Gehirn und Verhalten hängen zusammen. Moderne Forschung zeigt, wie sich Stress, Bindung, Trauma und Resilienz auf synaptischer Ebene auswirken. Wer das versteht, kann Interventionen und Förderung gezielter einsetzen.

O – Orientierung in einer komplexen Welt

Soziale Arbeit ist oft das Gegenteil von „einfachen Lösungen". Struktur, klare Zielsetzungen und ein systemischer Blick ermöglichen nachhaltige Entwicklung.

P – Praxis und Wissenschaft zusammenbringen

Soziale Arbeit darf nicht im Theoretischen verharren. Wissenschaftliche Erkenntnisse müssen praktisch anwendbar sein, um wirksam zu werden.

Q – Qualitätssicherung durch Reflexion

Supervision, kollegiale Beratung und kritische Selbstbefragung sind keine „Extras", sondern essenziell für eine professionelle Praxis.

R – Ressourcen statt Defizite sehen

Die Defizitorientierung bleibt weit verbreitet in sozialen Systemen. Ein transkonnektiver Blick fragt nicht „Was fehlt?", sondern „Was ist da?" (Enssource) – Defizitorientierung ist weit entfernt von der Anerkennung von Fehlern und Irrtum. Der Fehler ist die Grundlage für Ressourcen.

S – Syngnostik – Die transkonnektive, synaptische Diagnostik
Es ist Diagnostik, die sich nicht nur auf Einzelaspekte konzentriert, sondern medizinische, psychologische, soziale, emotionale und neurobiologische Faktoren integriert.

T – Transkonnektive Soziale Arbeit – Mehr als interdisziplinär
Hier fließen die Fäden zusammen. Es braucht einen vernetzten Blick, der sich nicht an Disziplingrenzen aufhält.

U – Unterstützung mit Augenmaß
Autonomie und selbstbestimmtes Leben mit Sinn und Zufriedenheit ist das Ziel jeder Begleitung und Assistenz. Wer unterstützt, muss gleichzeitig loslassen können.

V – Vernetzung als Grundprinzip
Niemand arbeitet allein. Kooperationen sind keine Zusatzoption, sondern Grundvoraussetzung für wirksame Soziale Arbeit.

W – Wunder der kleinen Schritte
Veränderung ist oft unsichtbar. Wer transkonnektiv arbeitet, erkennt die mikroskopischen Fortschritte, die langfristig entscheidend sind.

X – X-Faktor – Zwischen Wissenschaft und Menschlichkeit
Methoden, Konzepte und Forschung sind essenziell – aber der Mensch bleibt der Schlüssel. Fachliche Kompetenz muss mit persönlicher Präsenz einhergehen (auch mit digitaler Vernetzung).

Y – Yoga, Resilienz und Selbstfürsorge
Fachkräfte müssen lernen, sich selbst zu schützen, um langfristig gesund und wirksam zu bleiben. Selbstfürsorge ist keine Schwäche, sondern Professionalität.

Z – Zauberformeln der Praxis gibt es nicht – aber es gibt Erfahrung
Methoden sind Werkzeuge, keine magischen Lösungen. Das Zauberbuch der magischen Sprüche der Sozialen Arbeit gibt es nicht. Jede Situation braucht eine eigene Antwort, jeder Mensch verdient eine individuelle Betrachtung.

62

Supervision, Fach-Coaching, Mentoring – Ähhm, was ist denn was?

Die Begriffe *Supervision, Coaching* und *Mentoring* werden oft synonym verwendet, dabei gibt es entscheidende Unterschiede in ihrer Zielsetzung, Methodik und Praxis. Gerade in der Sozialen Arbeit, wo Reflexion, Weiterentwicklung und strukturelle Veränderung essenziell sind, sollte eine präzise Abgrenzung erfolgen. Während Supervision sich auf die prozesshafte Reflexion beruflicher Herausforderungen konzentriert, steht beim Coaching die zielgerichtete Erweiterung von Handlungskompetenzen im Vordergrund. Mentoring wiederum ist eine langfristige berufliche und persönliche Förderung, die oft durch eine erfahrene Fachperson erfolgt.

Doch es bleibt eine Herausforderung. Der Sprachgebrauch ist von Branche zu Branche unterschiedlich. In wirtschaftlichen Kontexten wird Coaching oft synonym mit Supervision genutzt, während im sozialen Bereich die Unterscheidung klarer gefasst ist. Das führt zu Definitionsüberlagerungen – ein Umstand, der insbesondere in interdisziplinären Teams zu Missverständnissen führen kann.

Um Klarheit zu schaffen, lohnt sich ein Blick auf die einzelnen Konzepte:

Supervision – Reflexion und Perspektivwechsel

Supervision ist ein berufsbegleitender Reflexionsprozess, der durch eine externe Moderation angeleitet wird. Die zentrale Idee besteht darin, die eigene Praxis kritisch zu hinterfragen, Perspektiven zu wechseln und methodische Ansätze weiterzuentwickeln. Ziel ist es, neue Handlungsoptionen zu erschlie-

M. Boehm, *Ist es normal, nur weil alle es tun?,*
https://doi.org/10.1007/978-3-662-73190-1_62

ßen, Ressourcen zu aktivieren und professionelle Herausforderungen bewusst zu steuern. Supervision kann individuell oder im Team erfolgen und deckt unterschiedliche Schwerpunkte ab.

Teamsupervision – kooperatives Handeln stärken

Ein funktionierendes Team ist mehr als die Summe seiner Einzelpersonen. Teamsupervision fördert das Miteinander im beruflichen Kontext, stärkt Kommunikation und Koordination und unterstützt dabei, gemeinsame Werte und Ziele zu etablieren. Sie dient dazu, Dynamiken innerhalb des Teams zu verstehen und Arbeitsprozesse zu verbessern. Besonders in interdisziplinären oder heterogenen Teams hilft sie, unterschiedliche Perspektiven zu verbinden und Konflikte konstruktiv zu bearbeiten.

Fallsupervision – methodische Arbeit an aktuellen Herausforderungen

Hier steht die gemeinsame Reflexion konkreter Fallbeispiele im Mittelpunkt. In einer geschützten Umgebung werden professionelle Handlungen hinterfragt, neue methodische Ansätze erprobt und Hypothesen gebildet. Fallsupervision ermöglicht nicht nur individuelle Weiterentwicklung, sondern trägt auch dazu bei, fachliche Standards in der Organisation zu verbessern. Dies geschieht oft in einem strukturierten Prozess, der auch kollegiale Fallberatung integriert.

Einzelcoaching und Einzelsupervision – Reflexion individueller Prozesse

Einzelcoaching und Einzelsupervision bieten eine individuelle Auseinandersetzung mit der beruflichen Rolle und der eigenen Biografie. Neben der professionellen Weiterentwicklung können dabei auch persönliche Werte, Normen und Erfahrungen reflektiert werden. Besonders für Fachkräfte, die in anspruchsvollen sozialen Feldern arbeiten, kann dies eine wichtige Ressource zur Selbstfürsorge und Burnout-Prävention sein.

Coaching – zielgerichtete Weiterentwicklung von Kompetenzen

Coaching ist eine praxisorientierte Begleitung in Veränderungsprozessen, die sich oft auf Führungskräfte und Organisationen konzentriert. Während Supervision einen offenen Reflexionsprozess ermöglicht, verfolgt Coaching oft einen klaren Ziel- und Umsetzungsfokus. In sozialen Berufen kann Coaching als Ergänzung zur Supervision sinnvoll sein, um konkrete Kompetenzen gezielt weiterzuentwickeln.

Mentoring – berufliche und persönliche Förderung

Mentoring ist eine langfristige Begleitung durch eine erfahrene Person, die systematische Entwicklungsmöglichkeiten bietet. Die Mentorin oder der Mentor agiert unabhängig von Hierarchien und unterstützt dabei, fachliche und persönliche Potenziale zu entfalten. Anders als Supervision oder Coaching ist Mentoring oft eine ungezwungene, aber gezielte Förderung, die Wissenstransfer und Persönlichkeitsentwicklung verbindet.

Fach-Coaching – Supervision mit Weiterbildungsfunktion

Eine besondere Form des Coachings ist das Fach-Coaching, das Reflexion und Weiterbildung verbindet. In der Sozialen Arbeit dient es dazu, die „geschulte Intuition" mit einem wissenschaftlichen Fundament zu unterlegen. Es ermöglicht die Verknüpfung weicher Fähigkeiten und harter Fertigkeiten der Pädagogik und trägt dazu bei, die Kompetenzen der Fachkräfte gezielt weiterzuentwickeln.

Fach-Coaching ist keine klassische Supervision und kein reines Coaching, sondern eine dynamische Mischung aus beiden – ergänzt durch gezielten Fachinput. Es verbindet theoretisches Wissen mit praktischer Anwendung und schafft so einen Raum, in dem fachliche Expertise nicht nur vermittelt, sondern direkt in den Arbeitsalltag integriert wird.

Dabei folgt Fach-Coaching einer klaren Struktur. Jede Sitzung hat eine konkrete Aufgabenstellung, die den Fokus auf praxisnahe Themen lenkt. Fachliche Expertise wird nicht nur als Hintergrundwissen betrachtet, sondern aktiv in die Reflexion eingebracht. Gleichzeitig bleiben die Sitzungen offen für individuelle Schwerpunktsetzungen, sodass Teilnehmer:innen die Möglichkeit haben, eigene Fragen und Herausforderungen einzubringen.

Ein zentraler Bestandteil ist die aktive Umsetzung neuer Kompetenzen. Gelerntes bleibt nicht auf einer theoretischen Ebene, sondern wird direkt erprobt und anschließend reflektiert. Durch gezielte Fragestellungen und praxisnahe Anwendungen entstehen messbare Ziele, die nicht nur das Verständnis vertiefen, sondern auch die berufliche Weiterentwicklung spürbar machen.

Reflexion braucht Struktur

Alle genannten Ansätze haben ihre Berechtigung. Entscheidend ist, welche Methode für welche Situation geeignet ist. Während Supervision langfristige Reflexionsprozesse begleitet, bietet Coaching eine zielgerichtete Weiterentwicklung. Mentoring wiederum schafft eine persönliche und berufliche Begleitung über einen längeren Zeitraum. Fach-Coaching verbindet die Stärken dieser Methoden mit einer strukturierten Weiterbildung und fördert so eine nachhaltige Professionalisierung in sozialen Berufen.

In der Praxis sind die Übergänge oft fließend, doch genau darin liegt die Stärke. Wer die Unterschiede kennt, kann gezielt die richtige Methode für den jeweiligen Kontext wählen – sei es in der Selbstreflexion, der Teamarbeit oder in der Weiterentwicklung von Fachkompetenzen.

63

Eine Gruppe ist kein Team

Teams als soziale Organismen – mehr als eine bloße Struktur
In der heutigen Arbeitswelt wird oft von „Teams" gesprochen, doch nicht jede Gruppe von Menschen ist tatsächlich ein Team. Der Begriff wird inflationär genutzt, weil Arbeitgeber und Organisationen erwarten, dass „Teams" funktionieren. Doch eine funktionierende Gruppe ist nicht automatisch ein funktionierendes Team. Ein Team ist ein komplexes, lebendiges System. Es ist mehr als die Summe seiner Einzelteile – es ist ein sozialer Organismus mit eigener Dynamik, eigenen Regeln und einer tief verankerten neurobiologischen Grundlage.

Neurowissenschaft – Warum unser Gehirn Teams braucht … und sie gleichzeitig schwierig sind
Menschen sind soziale Wesen. Unser Gehirn ist darauf ausgelegt, in Gruppen zu interagieren, sich anzupassen und zu kooperieren. Dabei greifen verschiedene neurobiologische Mechanismen ineinander, die unser soziales Verhalten prägen.

Eine zentrale Rolle spielen die **Spiegelneuronen** (GIACOMO RIZZOLATTI 1990er). Sie ermöglichen es uns, Emotionen und Handlungen anderer intuitiv nachzuempfinden. Dadurch reagieren wir auf Stimmungen im Team, spüren Unsicherheiten oder erkennen unausgesprochene Signale. Doch genau das kann auch überfordern – wer sich zu sehr in die Emotionen anderer hineinziehen lässt, verliert schnell die eigene Abgrenzung.

© Der/die Autor(en), exklusiv lizenziert an Springer-Verlag GmbH, DE, ein Teil von Springer Nature 2026
M. Boehm, *Ist es normal, nur weil alle es tun?*,
https://doi.org/10.1007/978-3-662-73190-1_63

Auch das **limbische System** (Schwarmhirn), die emotionale Steuerzentrale unseres Gehirns, hat großen Einfluss auf unsere Impulskontrolle und soziales Empfinden. Es entscheidet, ob wir uns in einer Gruppe sicher fühlen oder nicht. Positive Bindungen stärken das Gefühl von Zugehörigkeit, während Konflikte oder Unsicherheiten Stressreaktionen auslösen.

Der **präfrontale Kortex** (Subjekthirn, Kollektivhirn) steuert schließlich das, was Teams wirklich leistungsfähig macht. Es sind vorausschauendes Denken und die Fähigkeit, verschiedene Perspektiven einzunehmen. Ein gut funktionierendes Team schafft Strukturen, die diesen Bereich aktivieren, sodass Kommunikation produktiv bleibt und Konflikte konstruktiv gelöst werden können.

Unser Gehirn ist also nicht nur auf Zusammenarbeit ausgelegt – es braucht sie. Die Art, wie wir miteinander umgehen, beeinflusst nicht nur unsere Emotionen, sondern auch unsere kognitiven Fähigkeiten und unser Wohlbefinden.

Team oder doch eine Gruppe?

Es ist wichtig zu erkennen, dass eine Gruppe nicht automatisch ein Team ist. Eine Gruppe kann hervorragend funktionieren, ohne dass sie ein echtes Team bildet. Gerade in von außen gesteuerten Arbeitsprozessen kann eine gut abgestimmte Gruppe ein wertvolles Ziel sein. Doch in der Sozialen Arbeit ist oft mehr gefragt. Es geht um Vertrauen, emotionale Sicherheit und echte Zusammenarbeit – und genau das macht die Entstehung von Teams so anspruchsvoll.

Das Individuum als Basis eines Teams – Synergie statt Addition

Ein Team entsteht nicht einfach durch die bloße Zusammenstellung von Personen, sondern durch die Verbindung von Persönlichkeiten, Fähigkeiten und Fertigkeiten. Es ist mehr als die Summe seiner Einzelteile – es besitzt verblüffende Eigenschaften, die über die Einzelkompetenzen hinausgehen. Ein echtes Team hat mehr Fähigkeiten und Fertigkeiten, als alle Teilnehmenden des Teams zusammengenommen. Diese Synergie entsteht durch Austausch, gegenseitige Inspiration und die Fähigkeit, Wissen und Erfahrungen zu kombinieren, sodass neue Lösungen möglich werden, die für einzelne Personen unerreichbar wären.

Ein echtes Team zeichnet sich durch drei zentrale Merkmale aus:

1. *Selbststeuerung:* Teams regeln ihre Abläufe zunehmend eigenständig, ohne dass eine übergeordnete Instanz jede Entscheidung vorgeben muss.
2. *Verantwortung:* Ein Team übernimmt Verantwortung für Prozesse und Ergebnisse – nicht nur individuell, sondern als gesamte Einheit.
3. *Selbstheilung:* Ein Team kann Rückschläge, Konflikte und Veränderungen verarbeiten und sich aus eigener Kraft weiterentwickeln.

Teams brauchen Bindung – und können Bindungsschäden aufweisen
Soziale Dynamiken sind in Teams nicht zufällig – sie folgen bindungstheoretischen Prinzipien. Ein sicheres Team ist wie eine sichere Bindung. Es bietet Halt, Orientierung und die Möglichkeit zur Exploration. Menschen in funktionierenden Teams trauen sich, Risiken einzugehen, neue Ideen und auch Kritik zu äußern, ohne Angst vor negativen Konsequenzen zu haben.

Unsichere Bindungsmuster in Teams weisen darauf hin, dass Zusammenarbeit auch scheitern kann.

Nicht jedes Team funktioniert harmonisch, und nicht jede Zusammenarbeit ist wirklich ein Miteinander. So wie Menschen individuelle Bindungsmuster entwickeln, können auch Teams unsichere Bindungsdynamiken ausbilden, die das Miteinander belasten.

In **unsicher-vermeidenden Teams** werden Konflikte um jeden Preis vermieden. Probleme werden nicht offen angesprochen, sondern unter den Teppich gekehrt. Statt echter Kooperation arbeiten die Teammitglieder eher nebeneinander her – jeder für sich, ohne echtes Vertrauen in die anderen.

Bei **unsicher-ambivalenten Teams** ist die Atmosphäre von Schwankungen geprägt. Mal herrscht ein Zusammengehörigkeitsgefühl, dann wieder Unsicherheit und Konkurrenzdenken. Hierarchiekämpfe, unklare Rollen und fehlendes Vertrauen führen dazu, dass sich keine stabile Zusammenarbeit entwickelt.

Die **desorganisierten Teams** sind geprägt von einem Wechselspiel aus Kontrolle, Chaos und Orientierungslosigkeit. Es gibt keine klaren Strukturen. Verantwortlichkeiten sind diffus. Die Stimmung schwankt zwischen Überforderung und Misstrauen. Zusammenarbeit wird zum Kampf statt zur Lösung.

Doch genau wie eine sichere Bindung in der Kindheit Entwicklung ermöglicht, schafft eine Teamkultur, die Sicherheit gibt, den Raum für echtes Wachstum. Wenn Teammitglieder wissen, dass sie sich aufeinander verlassen können, entsteht eine Atmosphäre, in der Kreativität, Produktivität und langfristige Zusammenarbeit gedeihen können.

Die vier Phasen der Teamentwicklung – ein neurobiologischer und sozialpsychologischer Blick

Jedes Team durchläuft in seiner Entwicklung vier zentrale Phasen (angelehnt an die Teamphasen nach Tuckman – siehe englische Begriffe). Wer diese Phasen kennt, kann gezielt steuern, wie sich das Team formt.

1. Orientierungsphase („Forming") – Unsicherheit und Suche nach Struktur

Diese Phase ist von Unsicherheit geprägt. Die Teammitglieder sind höflich, zurückhaltend und tasten sich vorsichtig aneinander heran.

Neurobiologische Sicht: Der präfrontale Cortex (Zukunftsplanung) arbeitet auf Hochtouren, während das limbische System (Emotionen) wachsam bleibt. Diese „scanning phase" entspricht einer biologischen Abwägung: „Ist das hier sicher? Kann ich mich einbringen?"

Praxisbeispiel: Ein neues multiprofessionelles Team in der Sozialen Arbeit wird zusammengestellt. Die ersten Wochen verlaufen unauffällig, alle verhalten sich diplomatisch. Erst nach einiger Zeit zeigen sich die ersten Spannungen – ein normaler Prozess.

2. Kampfphase („Storming") – Aushandlung von Rollen und Konflikten

Jetzt geht es ans Eingemachte. Wer übernimmt welche Rolle? Wie gehen wir mit Meinungsverschiedenheiten um? Hier entscheidet es sich für viele Teams, ob sie langfristig funktionieren.

Neurobiologische Sicht: Der präfrontale Cortex wird auf die Probe gestellt, während das limbische System oft Alarm schlägt. Der Stresshormonspiegel ist erhöht – typische Reaktionen sind Rückzug, Aggression oder Vermeidung. Die bewusste Entscheidung offen in komplexe Situationen zu gehen, zeigt den Unterschied zum „tierischen Verhalten".

Praxisbeispiel: Ein Jugendhilfe-Team diskutiert über Zuständigkeiten. Zwei Teammitglieder geraten regelmäßig aneinander. Die Leitung versucht, zu schlichten, doch Spannungen bleiben bestehen. Erst durch gezielte Supervision werden die unausgesprochenen Konflikte bearbeitet.

3. Organisationsphase („Norming") – Routinen entstehen, Vertrauen wächst

In dieser Phase beginnen sich die Strukturen zu stabilisieren. Teammitglieder haben gelernt, mit Konflikten umzugehen und die Zusammenarbeit wird effizienter.

Neurobiologische Sicht: Das Stressniveau sinkt, das limbische System verknüpft positive Erfahrungen mit dem Team. Vertrauen führt zu größerer Offenheit und Experimentierfreude.

Praxisbeispiel: Ein interdisziplinäres Beratungsteam entwickelt eine gemeinsame Strategie für die Fallarbeit. Durch regelmäßige Reflexionsrunden und den Austausch von Wissen werden blinde Flecken im Team offensichtlich und durch Reflexion minimiert.

4. Integrationsphase („Performing") – Autonomie und Effizienz

Das Team ist nun in der Lage, sich selbst zu regulieren. Konflikte werden konstruktiv gelöst, Entscheidungen schnell und effizient getroffen.

Neurobiologische Sicht: Das limbische System ist wenig aktiviert, der präfrontale Cortex übernimmt die Steuerung. Die Teammitglieder sind in der Lage, analytisch zu denken, ohne von negativen Emotionen blockiert zu werden.

Praxisbeispiel: Eine Wohngruppe für Jugendliche funktioniert so gut, dass die Fachkräfte flexibel auf neue Herausforderungen reagieren. Durch eine starke Teamkultur bleibt das Team auch bei schwierigen Situationen stabil.

Ein starkes Team braucht Zeit – und den bewussten Willen zur Entwicklung
Teams sind keine festgelegten Einheiten – sie sind in ständiger Bewegung. Manche Teams bleiben in der Kampfphase stecken, andere durchlaufen die Phasen schneller als erwartet. Doch echte Teamarbeit braucht Zeit, Reflexion und ein Bewusstsein für die Dynamiken, die im Hintergrund wirken.

Wer versteht, dass ein Team nicht einfach „funktionieren" kann, sondern dass es durch Prozesse, emotionale Bindungen und neurologische Reaktionen geformt wird, kann aktiv an einer Teamkultur arbeiten, die nicht nur effizient ist, sondern auch langfristig menschlich und nachhaltig bleibt.

64

Schräge Vögel erleben gemeinsam

Es gibt eine englische Redewendung, die ich sehr mag: „Birds of a feather flock together." Sie existiert seit dem 16. Jahrhundert und wird oft langweilig mit „Gleich und gleich gesellt sich gern" übersetzt. Doch diese Übersetzung wird dem eigentlichen Bild nicht gerecht. Wörtlich bedeutet es: „Die Vögel mit gleichen Federn tun sich zusammen."

Wer den Satz etwas freier überträgt, kann ihn noch viel schöner lesen: „Ähnliche Vögel schwärmen gemeinsam aus." Und genau hier liegt die tiefere Bedeutung. Vögel sind nicht nur elegante Flieger, sie sind auch manchmal schräge Vögel. Und „schwärmen" bedeutet nicht nur, sich in der Gruppe zu sammeln, sondern auch, sich gemeinsam auf den Weg zu machen – etwas zu erkunden, Neues zu entdecken oder sogar die Welt ein Stück zu verändern.

In der Sozialen Arbeit begegnen wir immer wieder Menschen, die sich als „schräge Vögel" fühlen – nicht weil sie tatsächlich seltsam wären, sondern weil sie sich nicht in die Normen der Gesellschaft einfügen. Aber ist das nicht genau das, was Vielfalt ausmacht? Die schönsten Veränderungen entstehen, wenn sich Menschen mit ähnlichen Visionen, Erfahrungen oder Eigenheiten zusammentun und einander nicht nur akzeptieren, sondern bereichern.

Vielleicht ist das eine der wertvollsten Erkenntnisse in der Arbeit mit Menschen:

Niemand muss allein fliegen. Jeder hat seinen Schwarm – manchmal findet man ihn einfach nur dort, wo man ihn nicht erwartet hätte. Und wer weiß, vielleicht sind die schrägsten Vögel am Ende die, die den weitesten und schönsten Weg fliegen. (siehe Abb. 64.1)

M. Boehm, *Ist es normal, nur weil alle es tun?*,
https://doi.org/10.1007/978-3-662-73190-1_64

Abb. 64.1 Birds of a Feather (Ölkreide auf Leinwand Miniatur – C.J. Boehm)

65

Die Verrücktheit der Fachkräfte – Warum „nicht normal" die beste Voraussetzung ist

Ihr habt Gründe, warum ihr euch für die Soziale Arbeit entschieden habt. Selten ist es eine lediglich rationale Wahl, oft ist es eine biografisch geprägte Entscheidung. Menschen, die in diesem Beruf tätig sind, haben häufig eigene Erfahrungen mit Krisen, Biografiebrüchen oder dem Gefühl, nicht in ein gesellschaftliches Raster zu passen. Diese „Verrücktheit" – im Sinne von Anderssein, vom vorgezeichneten Weg abweichen oder eigene Pfade zu beschreiten – ist keine Schwäche. Sie ist eine der größten Stärken in diesem Beruf.

Fachkräfte in der Sozialen Arbeit sind oft selbst durch herausfordernde Lebensphasen gegangen. Manche haben ein schwieriges Elternhaus erlebt oder mussten früh Verantwortung übernehmen. Andere haben eigene psychische oder körperliche Erkrankung bewältigt oder akzeptiert. Wieder andere hatten das Gefühl, dass sie in konventionellen Strukturen nicht aufgehen konnten. Das Wissen um diese eigenen Erfahrungen – und die Reflexion darüber – kann ein entscheidender Schlüssel für die Arbeit mit Klient:innen sein.

Von der „normalen Karriere" zum echten Weg

Viele, die in der Sozialen Arbeit landen, haben erst versucht, „etwas anderes" zu machen. Ein Studium oder eine Ausbildung in einem wirtschaftlich sicheren oder gesellschaftlich anerkannten Bereich. Vielleicht war es eine berufliche Richtung, die sich „richtig" anfühlte, weil sie Sicherheit bot oder den Erwartungen von Familie und Umfeld entsprach. Doch irgendwann wurde klar: „Das ist nicht mein Weg."

M. Boehm, *Ist es normal, nur weil alle es tun?*,
https://doi.org/10.1007/978-3-662-73190-1_65

Der Wechsel in die Soziale Arbeit kommt oft mit einer tiefen Erkenntnis. Sie lautet, dass das eigene Anderssein kein Defizit ist, sondern eine Ressource. Die Fähigkeit, sich in andere Lebensrealitäten hineinzuversetzen, kommt nicht nur aus Büchern oder Seminaren. Sie wächst aus gelebter Erfahrung.

Warum Reflexion über die eigene Biografie kein Luxus ist

In Ausbildung und Studium wird oft betont, dass Soziale Arbeit „professionell" sein muss – was in manchen Kontexten so interpretiert wird, dass persönliche Erfahrungen herausgehalten werden sollen. Doch dieser Ansatz blendet aus, dass auch Fachkräfte immer als Menschen agieren.

Wer sich seiner eigenen Bindungen, Stärken, Schwächen und Brüche bewusst ist, kann die Dynamiken in der Arbeit mit Klient:innen viel besser durchdringen. Jede soziale Interaktion ist ein Wechselspiel. Das Verhalten von Menschen in Krisen ist nie isoliert zu betrachten – es ist immer auch eine Reaktion auf das Gegenüber – also uns. Wer sich selbst gut kennt, kann auf dieser Basis professioneller und authentischer agieren.

Verrücktheit als Schutzfaktor

Diese „Verrücktheit" ist nicht nur eine wertvolle Kompetenz – sie ist auch ein Schutz. Menschen, die ihre eigene Geschichte reflektiert haben, verfügen über eine höhere Resilienz. Sie wissen, wie es sich anfühlt, am Rande gesellschaftlicher Normen zu stehen, sich unverstanden zu fühlen oder kämpfen zu müssen. Und gerade deshalb können sie auf andere mit einer Echtheit zugehen, die nicht gelehrt, sondern nur erlebt werden kann.

Das Paradoxon der Sozialen Arbeit

Vielleicht liegt genau hier das große Paradoxon der Sozialen Arbeit. Während von Fachkräften erwartet wird, dass sie hochgradig strukturiert, methodisch fundiert und professionell arbeiten, sind es oft die unkonventionellen, intuitiven und biografisch geprägten Elemente, die den Zugang zu Klient:innen ermöglichen.

Soziale Arbeit ist keine standardisierte Dienstleistung. Sie ist eine lebendige, individuelle und zutiefst menschliche Profession. Sie funktioniert nicht *trotz* der Eigenarten der Fachkräfte – sondern gerade *wegen* ihnen. Und vielleicht macht genau diese „Verrücktheit" den Beruf so besonders (schön).

66

Ist es wirklich schon soweit?

Es gibt noch so viel mehr zu sagen, so viele Gedanken, Theorien und Perspektiven, die in diesem Buch keinen Platz gefunden haben – aber irgendwann muss Schluss sein. Und mit knapp 60.000 Wörtern und über 300 Seiten ist dieser Moment wohl gekommen.

Das war eine Reise durch Konzepte, Modelle und Ansätze, die in der Sozialen Arbeit oft übersehen oder nur am Rande behandelt werden. Ein Streifzug durch Wissenschaft und Praxis, durch Philosophie, Psychologie und Neurowissenschaft – immer mit einem Blick auf das große Ganze, also der transkonnektiven Sozialen Arbeit. Es ging darum, neue Wege zu denken, alte Muster zu hinterfragen und das, was als „normal" gilt, mit einer gesunden Skepsis zu betrachten.

Vielleicht lesen wir uns ja wieder – sei es in einem weiteren Buch, in einem Fachartikel oder in einer Diskussion über genau die Themen, die hier angerissen wurden. Die Arbeit mit Menschen ist eine, die niemals fertig ist. Sie ist voller Fragen, voller Herausforderungen, aber auch voller Sinn.

Und bevor es ganz vorbei ist, möchte ich noch einen kleinen Service bieten. Eine zitierfähige Aussage, falls euch jemals danach ist, mich in einem wissenschaftlichen Kontext zu erwähnen, zum Beispiel, wenn die Hausarbeit nicht rechtzeitig fertig wird oder der Bericht einfach nicht nach der Person klingt, die ihr gerade beschreibt oder als kurzer Hinweis im Übergabebüchlein, wenn die Schicht mal nicht so entspannt verlief:

© Der/die Autor(en), exklusiv lizenziert an Springer-Verlag GmbH, DE, ein Teil von Springer Nature 2026
M. Boehm, *Ist es normal, nur weil alle es tun?*,
https://doi.org/10.1007/978-3-662-73190-1_66

„Ich bin mit der Gesamtsituation unzufrieden. Ich stecke da in einer Scheißsituation."
(Kurzbeleg: Boehm 2026.)

Gern geschehen.
Marco Boehm

Achtung, Kunst!

Alle entsprechend gekennzeichneten Kunstwerke stammen vom bildenden Künstler *CARSTEN J. BOEHM* (1942–2020).

Ich habe die Auswahl der Werke meines Vaters nach persönlichen Präferenzen durchgeführt. Die Namen der Kunstwerke habe ich zum Teil übernommen, vielfach aber mit dem dazugehörigen Kapitel verbunden.

In der Print-Ausgabe werden die meisten Kunstwerke in Schwarz-Weiß abgedruckt sein, womit viel der Idee und des Charakters verloren geht. Dennoch bleibt die Ausdruckkraft erhalten. (siehe Abb. A.1)

© Der/die Herausgeber bzw. der/die Autor(en), exklusiv lizenziert an Springer-Verlag GmbH, DE, ein Teil von Springer Nature 2026
M. Boehm, *Ist es normal, nur weil alle es tun?*, https://doi.org/10.1007/978-3-662-73190-1

Abb. A.1   Arbeitssituation 1994

Glossar (Erklärungen einiger neuer Begriffe in diesem Buch)

3U-Problematik Bezeichnet ein Muster der Wahrnehmungsverzerrung und Kommunikation, bei dem Menschen die *Ursachen und Umstände* für Schwierigkeiten vorzugsweise im *Umfeld* suchen und die eigene Verantwortung ausklammern. Die Abkürzung 3U steht weiterhin für drei sie begünstigende Faktoren: Unsicherheit, Unverbindlichkeit und Unzufriedenheit. Diese Faktoren treten häufig gemeinsam auf und verstärken sich gegenseitig – z. B. führt Unsicherheit zu Zögern, mangelnde Verbindlichkeit zu Misstrauen und fortwährende Unzufriedenheit zu innerem Rückzug. Die 3U-Problematik fungiert oft als unbewusster Selbstwert-Schutzmechanismus. Indem Fehler und Probleme anderen oder den Umständen zugeschrieben werden, bleibt das eigene Selbstbild intakt, allerdings auf Kosten realistischer Selbstreflexion. In professionellen Kontexten (etwa der Sozialen Arbeit) kann dieses Muster Zusammenarbeit erschweren, da Missverständnisse und Konflikte zunehmen und Veränderungsprozesse blockiert werden. Erkennt man jedoch die 3U-Problematik, lässt sie sich als diagnostischer Hinweis nutzen – z. B. um gezielt Unsicherheiten abzubauen, klare Absprachen zu treffen und Wertschätzung zu vermitteln, damit Eigenverantwortung wieder übernommen werden kann.

Absolutes Gefühl Bezeichnet eine außergewöhnliche Form sozialer Wahrnehmung, die in ihrer Präzision dem absoluten Gehör in der Musik ähnelt. Menschen mit dieser Fähigkeit – häufig beschrieben im Kontext der sogenannten *White-Coat Psychopathen* – erkennen in kürzester Zeit emotionale Spannungen, unausgesprochene Konflikte und innere Bewegungen ihres Gegenübers.

Die Grundlage dieses Phänomens liegt in einer Kombination aus tief vernetztem Wissen über Körpersprache, Habitus und Mikromimik sowie in einer ausgeprägten kognitiven Empathie. Entscheidender Unterschied zur klassischen

M. Boehm, *Ist es normal, nur weil alle es tun?*, https://doi.org/10.1007/978-3-662-73190-1

Empathie ist dabei die emotionale Distanz, die eine klare, unverfälschte Wahrnehmung ermöglicht. Eigene Gefühle oder moralische Wertungen werden dabei kaum in die Beobachtung eingeblendet womit Biases minimiert werden – die Wahrnehmung bleibt sachlich, analytisch und präzise.

In der Praxis zeigt sich das Absolute Gefühl als eine intuitive, hochsensible Diagnostikfähigkeit. Wo gewöhnliche psychologische Verfahren Zeit, Daten und Testinstrumente benötigen, erfassen diese Personen komplexe emotionale Dynamiken in wenigen Minuten – nicht erratend, sondern erkennend. Das Absolute Gefühl ist somit keine emotionale, sondern eine kognitiv-sensorische Intelligenz, die sich jenseits klassischer Diagnostik bewegt und deren Genauigkeit dort besonders hoch ist, wo andere Wahrnehmungsformen durch emotionale Beteiligung getrübt wären.

Amy & Ip Amy und Ip sind personifizierte Darstellungen zweier zentraler Gehirnstrukturen: Amy steht für die Amygdala, das Zentrum für emotionale Bewertung, und Ip für den Hippocampus, der für das Speichern, Einordnen und Verknüpfen von Informationen verantwortlich ist. In erzählerischer Form vermitteln sie die neurokognitiven Prozesse, die bei der Reizaufnahme, Bewertung und Reaktion ablaufen – etwa im Umgang mit Sinneseindrücken oder der Regulation von Impulsen. Ihre symbolische Darstellung erleichtert das Verständnis komplexer neurologischer Vorgänge und macht deutlich, wie eng Emotion, Gedächtnis und Verhalten miteinander verwoben sind. In der Diagnostik und Sozialen Arbeit bieten sie ein zugängliches Modell, um neurobiologische Grundlagen sichtbar und reflektierbar zu machen.

Beam-Stream Bezeichnet ein Strukturprinzip, das aus dem Cluster-Vortex-Modell abgeleitet wird, bei dem Inhalte in einem dynamischen Netzwerkfluss vermittelt werden, anstatt strikt linear aufgereiht zu sein. Im *Beam-Stream*-Konzept gehen Themenbereiche fließend ineinander über, nehmen wechselseitig Bezug und verstärken sich gegenseitig. Ähnlich einem gebündelten Lichtstrahl *(Beam)* der durchleuchtet oder einem Strom, der verschiedene Zuflüsse vereint, verbindet dieser Ansatz einzelne Kapitel oder Gedanken zu einem zusammenhängenden Ganzen. Wissen wird hier als vernetztes Gefüge präsentiert. Die klassischen Kapitelgrenzen verschwimmen, sodass Leserinnen und Leser die Vielschichtigkeit der Themen erfassen und Querverbindungen herstellen können. Der Beam-Stream steht somit für eine nicht-lineare, vernetzte Darstellungsweise von Inhalten, die komplexe Zusammenhänge besser abbildet als eine isolierte Abfolge.

Cluster-Vortex-Modell Ein Modell zur Beschreibung des Gehirns, das anstelle fest umgrenzter Areale ein flexibles, zirkuläres System aus vier interagierenden Dimensionen zeichnet. Diese Dimensionen entsprechen funktionalen *Clustern* (basale Reflexe, emotionale Verarbeitung, kognitive Prozesse und soziale Urteilskraft), deren Grenzen fließend sind und die sich gegenseitig beeinflussen. Jedes Cluster ist mit einer grundlegenden philosophischen Frage verknüpft (angelehnt an Kant, z. B. „Was kann ich wissen?" oder „Was soll ich tun?"), um den Erkenntnishintergrund zu betonen. Das Cluster-Vortex-Modell unterstreicht, dass Denken, Fühlen, Handeln und soziale Interaktion in einem sich selbst verstärkenden Netzwerk zirkulieren. Ein Impuls in einer Dimension kann in eine andere übergehen und von dort vielschichtig verändert zurückkehren. Dieses zirkuläre Zusammenspiel verdeutlicht, dass mentale Prozesse nicht linear ablaufen, sondern als vernetzte Dynamik über verschiedene Ebenen hinweg entstehen.

dynamisches Ritual (Rhytual) Meint ein flexibles, situationsangepasstes Ritual, das die Starrheit traditioneller Rituale mit der Lebendigkeit eines gemeinsamen Rhythmus verbindet. Im Gegensatz zum vorgegebenen Ablauf steht bei einem dynamischen Ritual – auch *„Rhytual"* genannt, um *Rhythmus* und *Ritual* sprachlich zu verschmelzen – nicht die formale Wiederholung im Vordergrund, sondern die konstante Verfügbarkeit einer *bindungsfördernden Geste,* die je nach Situation und Bedarf variieren kann. Solch ein Ritual bleibt in der Grundidee gleich (etwa eine regelmäßige Begrüßung oder gemeinsame Aktivität), passt sich jedoch spontan dem Gegenüber an. Mal ist es ein intensives Gespräch, mal ein stiller Moment oder ein spielerischer Austausch – Hauptsache, es schafft Verlässlichkeit und Nähe. Ein dynamisches Ritual „atmet" somit mit den Beteiligten mit und wird weniger als starre Vorschrift (es muss freiwillig sein) verstanden denn als Haltung. Es bietet Halt durch Wiederkehr, ohne die Echtheit der Begegnung zu opfern. Dadurch trägt es wesentlich zu einer echten Bindung bei, da es sowohl Sicherheit als auch Flexibilität vereint.

Enssource Bezeichnet ein inneres Potenzial oder eine verborgene Fähigkeit, die zwar vorhanden, jedoch (noch) nicht sichtbar oder verfügbar ist. Im Gegensatz zu einem Defizit, das einen tatsächlichen Mangel beschreibt, handelt es sich bei einer Enssource um eine vorhandene Stärke, die bisher nicht zum Tragen kommt. Der Begriff lehnt sich an „ens" (lat. „Sein", innere Existenz) in Abgrenzung zu „res" (das äußerlich Wahrnehmbare) an und erweitert den klassischen Ressourcenbegriff um die Dimension des Unentdeckten. Damit wird deutlich, dass vermeintliche Schwächen oft unerkannte Potenziale sind, die unter den richtigen Bedingungen zur Entfaltung gebracht werden können.

Fenster der emotionalen Entwicklung Bezeichnet den individuellen *Raum,* in dem sich Bindungsfähigkeit, Identitätsbildung und die Fähigkeit zur Eigenständigkeit entwickeln. Dieses Fenster spiegelt wider, wie weit sich jemand in seiner sozioemotionalen Reife entwickelt hat und entwickeln kann – von der frühen Bindung zwischen Kind und Bezugsperson über die Herausbildung eines stabilen Selbstwertgefühls bis hin zur Kompetenz, gesunde Beziehungen zu führen. Ein großes Fenster der emotionalen Entwicklung zeigt sich in sicher gebundenen Menschen, die Vertrauen in sich und andere fassen können, ihre Gefühle einordnen und regulieren und im sozialen Miteinander stabile Muster entwickelt haben. Ein eingeschränktes emotionales Fenster hingegen kann durch unsichere oder gestörte Bindungserfahrungen entstehen – die Person hat dann Schwierigkeiten mit Nähe, Identität oder Abhängigkeit und verharrt länger in früheren Entwicklungsphasen. Die Idee hinter diesem Konzept ist, dass emotionale Reife nicht strikt altersabhängig oder linear ist, sondern von vielen Faktoren beeinflusst wird; und dass begrenzte emotionale Entwicklungsspielräume durch gezielte Unterstützung (z. B. sichere Bindungsangebote, Therapie) erweitert werden können.

Fenster der intellektuellen Möglichkeiten Beschreibt den kognitiven *Spielraum* eines Menschen, wie weit Denken, Lernen und geistige Entwicklung miteinander aktiviert werden können. Dieses „Fenster" ist mehr als ein Intelligenzquotient. Es umfasst das gesamte Potenzial an intellektuellen Fähigkeiten, geprägt durch Anlage *und* Umwelt. Sowohl genetische Faktoren, Störungsbilder, als auch frühkindliche Förderung, Bildung, soziale Unterstützung und Lebenserfahrungen bestimmen, wie weit sich dieses Fenster öffnet oder schließt. Ein weites Fenster der intellektuellen Möglichkeiten bedeutet, dass jemand komplexe Zusammenhänge erfassen und sich flexibel neues Wissen aneignen kann. Ist das Fenster dagegen klein (etwa durch Entwicklungsstörungen oder mangelnde Förderung), stößt die Person kognitiv schneller an Grenzen, was zu Abhängigkeit von Unterstützung und Außenstrukturierung führen kann. Entscheidend ist, dass dieses Fenster kein statisches Maß ist – mit den richtigen Bedingungen (Geduld, Bindung, Struktur, individueller Förderung) lässt es sich erweitern, sodass selbst bei niedrigem Ausgangs-IQ Wachstum und Lernfortschritt möglich sind.

Fenster des selbstregulierenden Handlungsspielraumes Dieses Fenster definiert, wie groß der *Spielraum* einer Person ist, ihr eigenes Verhalten und ihre Impulse zu steuern. Es beschreibt die Fähigkeit zur Selbstregulation – den Abstand zwischen Reiz und Reaktion. Wie gut gelingt es, spontan aufkommende Gefühle und Bedürfnisse mit Bewusstsein (Logik) zu kontrollieren und in sozial angemessene Handlungen umzusetzen? Ein weit geöffnetes Fenster des selbstregulierenden Handlungsspielraums zeigt sich in hoher Impulskontrolle und Flexibilität. Die Person kann innehalten, reflektieren und situationsangepasst reagieren, anstatt impuls- und bedürfnisgetrieben zu handeln. Ist dieses Fenster eng, fällt es schwer, Emotionen zu zügeln oder auf Stressoren besonnen zu reagieren; Betroffene wirken dann „gesteuert" von ihren Gefühlen, mit begrenzter Fähigkeit, ihr Verhalten den Umständen anzupassen. Wie die anderen *Fenster der Persönlichkeitsdimensionen* (intellektuell und emotional) ist auch die Selbstregulation kein isoliertes Talent – sie hängt eng mit emotionaler Sicherheit und kognitivem Verständnis zusammen. Eine stabile Bindung und ein strukturiertes Umfeld können helfen, den Handlungsspielraum zu vergrößern, sodass Menschen mehr autonome Kontrolle über ihr Tun erlangen (Selbstbestimmung).

Der englische Begriff für die *Wunderball-Taktik,* basierend auf dem britischen Namen *Gobstopper* für den mehrschichtigen Dauerlutscher. Diese Taktik folgt demselben Prinzip eines lagenweisen Bindungsaufbaus. Stück für Stück wird Vertrauen geschaffen, indem man zuerst grundlegende Bedürfnisse und Sicherheit gewährleistet und darauf aufbauend immer tiefere Ebenen der Beziehungsgestaltung erreicht. Die *Gobstopper-Tactic* verdeutlicht, dass Beziehungsarbeit in pädagogischen oder therapeutischen Kontexten nicht durch einen einzigen großen Schritt gelingt, sondern durch viele kleine, aufeinander abgestimmte Schritte. Die Metapher des Gobstoppers (wörtlich „Maulstopfer") unterstreicht dabei auch, dass in der intensiven Phase des Genusses bzw. des Beziehungsaufbaus andere Aktivitäten – wie etwa viel zu reden (bis Verbalisierung) – in den Hintergrund treten. Die Beziehung „spricht" gewissermaßen für sich durch gemeinsame Erlebnisse und aufgebautes Vertrauen.

Hin-Zu-Von-Weg-Problematik Bezeichnet eine Kommunikations- und Motivationsdynamik zwischen Personen, die etwas *anstrebend* gegenüberstehen, und jenen, die davor *flüchten. Hin-Zu-Personen* sind enthusiastisch „auf etwas hin" orientiert – sie ziehen beispielsweise großen persönlichen Sinn aus einer Tätigkeit oder Institution (etwa sportbegeisterte Trainer oder lehrfreudige Lehrkräfte). *Von-Weg-Personen* dagegen möchten „davon weg" – sie empfinden dieselbe Situation (Training, Schule etc.) als unangenehm oder nutzlos und reagieren mit Ablehnung oder Widerstand. Die Hin-Zu-Von-Weg-Problematik zeigt, wie solch gegensätzliche Haltungen zu erheblichen Kommunikationsproblemen führen können. Die Begeisterten erwarten Engagement und können Unwillen schwer nachvollziehen, während die Abgeneigten sich unverstanden oder gedrängt fühlen. Dieses Konzept macht deutlich, warum beispielsweise pädagogische Bemühungen scheitern können, wenn die innere Haltung der Beteiligten auseinanderläuft, und betont die Notwendigkeit, Brücken zwischen *Annäherung* und *Vermeidung* zu bauen.

Icho Ein Kunstbegriff für das innere Echo psychischer Erfahrungen, das sich in der Wahrnehmung einer Person aufschaukelt. *Icho* beschreibt das Phänomen, wenn Erinnerungen, Gedanken oder traumatische Eindrücke im Inneren widerhallen und mit jeder gedanklichen Wiederholung lauter und drängender werden. Je mehr *innere Leere* oder ungelöste Konflikte jemand in sich trägt, desto intensiver kann dieses Echo anschwellen – bis zur Unerträglichkeit. Das Icho ist kein klinischer Fachbegriff, zeigt aber Parallelen zu bekannten Störungsbildern. Etwa intrusive, sich aufdrängende Gedanken bei posttraumatischer Belastung, zwanghaftes Grübeln oder die bohrende innere Unruhe in depressiven Phasen. Man kann es sich vorstellen wie ein Echo, das nicht nach außen tritt, sondern nach innen hallt – Zweifel, Ängste und Erinnerungsfragmente, die sich entkoppelt von der aktuellen Realität immer wieder im *eigenen Ich* zurückmelden. Dieses innere Geräusch verstummt nicht von selbst; es erklärt, warum manche Menschen unter einem überwältigenden inneren Lärm leiden, der das Alltagsleben zur Herausforderung macht.

Kakao-Kultur Ein Beispiel für ein *dynamisches Ritual,* bei dem das gemeinsame Trinken von heißem Kakao in einer Betreuungs- oder Gruppensituation als bewusst eingesetzte Bindungsaktivität dient. Diese *Kultur des Kakao-Trinkens* schafft mit einfachen Mitteln eine Atmosphäre von Geborgenheit und Vertrautheit. Das warme, süße Getränk ruft unwillkürlich frühe Kindheitserinnerungen wach – an Muttermilch oder abendlichen Kakao – und löst dadurch beruhigende biochemische Reaktionen aus (der Milchzucker wirkt auf einer basalen, emotionalen Ebene sicherheitsstiftend). Durch ein solches Ritual, das regelmäßig und zuverlässig stattfindet, erhalten die Beteiligten einen *sicheren Rahmen,* in dem soziale Bindung erleichtert wird. Die Kakao-Kultur zeigt, wie vermeintlich kleine gemeinschaftliche Handlungen wie das gemütliche Zusammensitzen bei einer Tasse

Kakao als „legales Doping" in der Bindungsarbeit fungieren. Sie fördern sofortiges Vertrauen, emotionale Entspannung und ein Gefühl von Zusammengehörigkeit.

Kognition Im Cluster-Vortex-Modell die dritte Dimension des menschlichen Bewusstseins und steht für das Denken, Verstehen und Reflektieren. Sie ist dem **Subjekthirn,** also dem **Neocortex,** zugeordnet – jener Region, in der sich Wahrnehmung, Sprache, Logik und Selbstreflexion bündeln. Hier entsteht das bewusste „Ich", das nicht nur reagiert, sondern sein eigenes Denken beobachten kann. Während *Ruach* den Ursprung und *Sensorik* das Fühlen beschreibt, formt *Kognition* das Verstehen. Sie ist die Ebene, auf der Informationen zu Bedeutung werden und aus Sinneseindrücken Zusammenhänge entstehen. In ihr begegnen sich Erfahrung und Erinnerung, Analyse und Vorstellungskraft. Philosophisch knüpft Kognition an Kants dritte Grundfrage an: *Was darf ich hoffen?* Sie beschreibt die Fähigkeit, über das Gegebene hinauszudenken – sich eine Zukunft, eine Möglichkeit, ein Noch-nicht-Seiendes vorzustellen. Hoffnung ist damit kein Gefühl, sondern eine kognitive Leistung, die das Gehirn als Projektionsraum nutzt. Kognition ist also mehr als Intellekt. Sie ist das Bindeglied zwischen innerer und äußerer Welt, das Spiegelbewusstsein des Menschen. In ihr ordnen wir das Chaos der Wahrnehmung, suchen Struktur und erschaffen Bedeutung. Doch auch sie bleibt Teil des Wirbels – nie statisch, sondern ständig in Bewegung zwischen Wissen, Zweifel und Erkenntnis.

Kommunikation Bildet im Cluster-Vortex-Modell die vierte Dimension des menschlichen Bewusstseins. Sie steht für Vernunft, Urteilskraft und das, was Kant in seiner letzten Grundfrage beschreibt: *Was ist der Mensch?* Kommunikation ist hier nicht bloß Austausch von Information, sondern die Fähigkeit, sich selbst im Anderen zu erkennen. Neurobiologisch entspricht sie dem **Kollektivhirn,** also den **präfrontalen Strukturen,** in denen soziale Kognition, moralisches Urteilen und Empathie verankert sind. Hier entstehen Kooperation, Perspektivübernahme und Sprache – jene Mechanismen, die individuelles Denken in gemeinsames Verstehen überführen. Während *Ruach* das Sein, *Sensorik* das Fühlen und *Kognition* das Denken beschreibt, steht *Kommunikation* für das In-Beziehung-Treten. Sie ist die Bewegung vom Ich zum Wir, das dialogische Prinzip, das soziale Wirklichkeit überhaupt erst ermöglicht. Kommunikation ist damit kein Abschluss, sondern ein Rückfluss: Das, was erkannt und gefühlt wurde, kehrt in den sozialen Raum zurück und formt dort neue Impulse für Erkenntnis. In ihrer reifsten Form ist Kommunikation nicht nur Ausdruck, sondern Bewusstsein in Resonanz – eine sich selbst reflektierende Vernunft, die Verbindung schafft, ohne Verschmelzung zu erzwingen. Sie ist das geistige Atemholen der Gemeinschaft, der Moment, in dem Denken und Menschsein zusammenfallen.

Menschen-Gehege Ein metaphorischer Begriff für soziale Einrichtungen oder Milieus, in denen Menschen isoliert oder am Rande der Gesellschaft leben, vergleichbar mit Tieren im Gehege eines Zoos. Er verdeutlicht, dass wir als Gesellschaft oft diejenigen in *„menschlichen Gehegen"* unterbringen – etwa Pflegeeinrichtungen, besondere Wohnformen, Gefängnisse – die aus dem normalen sozialen Raster gefallen sind. Gleichzeitig wird darauf hingewiesen, wie entfremdet wir von unserer eigenen Natürlichkeit sind. Während wir bei Zootieren charakteristische Gerüche als *normal* akzeptieren, empfinden wir den unverfälschten menschlichen Geruch in solchen Einrichtungen häufig als störend oder befremdlich. Das Konzept *Menschen-Gehege* fordert Fachkräfte der Sozialen Arbeit heraus, über die offensichtlichen Sinneseindrücke hinauszusehen und das *Menschliche* in jedem Kontext anzuerkennen – selbst dort, wo Außenstehende vielleicht nur „Gestank" oder „Verwahrlosung" wahrnehmen. Es mahnt zu professioneller Reflexion und den Blick auf die Metaebene, um jenseits von Stigmata das Wesen und die Bedürfnisse der Betroffenen wahrzunehmen.

Periverbale Phase Sie beschreibt einen entwicklungssensiblen Abschnitt im frühen Spracherwerb, in dem Kinder beginnen, Sprache aktiv zur Verständigung einzusetzen – jedoch noch nicht über die kognitiven und metasprachlichen Fähigkeiten verfügen, um verbale Inhalte bewusst zu reflektieren oder in abstrakten Kontexten anzuwenden. Die Phase liegt typischerweise zwischen dem 18. Lebensmonat und etwa dem 4. Lebensjahr, wobei individuelle Unterschiede auftreten können.

Kinder in der periverbalen Phase verwenden erste Wortkombinationen, z. B. Zwei- bis Dreiwortsätze („Mama da", „Ich auch Ball"), entwickeln einfache grammatikalische Strukturen und erweitern ihren aktiven Wortschatz oft sprunghaft (sogenannter *vocabulary spurt*). Gleichzeitig ist ihre Sprache noch stark an konkrete Situationen, unmittelbare Bedürfnisse und Handlungskontexte gebunden. Der Satzbau ist häufig noch fehlerhaft oder kreativ vertauscht, die Artikulation unstet, aber funktional. Aus entwicklungspsychologischer Perspektive markiert diese Phase den Übergang von der präverbalen (vor-sprachlichen) zur voll sprachlich-symbolischen Kommunikation. Kinder können nun intentionale Mitteilungen formulieren, verfügen aber noch nicht über eine verbalisierte Selbstreflexion, also die Fähigkeit, über Sprache (Metasprache) oder über innere Zustände in differenzierter Weise zu sprechen. Emotionale Regulation und Beziehungsaufbau verlaufen daher weiterhin primär über nonverbale Kanäle – Körpersprache, Tonfall, Mimik – und einfache Sprachmuster.

Ein bedeutsames Merkmal der periverbalen Phase ist ihre limbische Gedächtnisstruktur: In dieser Zeit – wie bereits in der präverbalen Phase – sind kaum bewusst abrufbare Erinnerungen vorhanden. Das episodische Gedächtnis ist noch nicht ausgereift, weshalb Erlebnisse meist nicht bewusst erinnert, sondern parabewusst im limbischen System gespeichert werden. Besonders basale Reize wie Gerüche, Geschmäcker, Körperempfindungen oder emotionale Atmosphären werden tief eingebettet, bleiben aber sprachlich oft unzugänglich. Das erschwert im späteren Leben die Einordnung von Gefühlen, inneren Bildern oder Erinnerungsclustern. Aktuelle Forschungen zur sogenannten frühkindlichen Amnesie zeigen, dass autobiografische Gedächtnisinhalte vor dem vierten Lebensjahr in der Regel nicht bewusst erinnert werden können, da Strukturen wie der Hippocampus erst im Verlauf der frühen Kindheit ihre volle Funktionsfähigkeit erlangen. Sie scheinen jedoch (teilweise) gespeichert zu werden.

Gerade deshalb können traumatische Erfahrungen oder bindungsrelevante Störungen aus dieser Phase besonders wirksam und tiefgreifend sein – ohne dass sie bewusst erinnert oder sprachlich verarbeitet werden können. Ihre emotionale „Energie" bleibt erhalten und kann im späteren Leben unbewusst wirksam werden, etwa in Form diffuser Ängste, Beziehungsabbrüche oder körperlicher Symptome ohne klaren Auslöser. In der Bindungsdiagnostik und frühen Entwicklungspsychologie ist die periverbale Phase deshalb von besonderem Interesse: Sie markiert eine Zeit intensiver emotionaler Prägung, aber eingeschränkter kognitiver Verarbeitung – eine Kombination, die sowohl Risiken als auch Chancen birgt.

Reversed Dunning-Kruger-Effekt Beschreibt einen umgekehrten Fehlschluss im Umgang mit dem bekannten Dunning-Kruger-Effekt (der besagt, dass Inkompetente die eigene Kompetenz überschätzen). Beim *umgekehrten Dunning-Kruger* liegt die Verzerrung darin, dass Menschen die Kenntnis dieses Effekts selbstgefällig einsetzen und damit ihre eigene Urteilsfähigkeit überschätzen. Konkret neigen manche dazu, andere vorschnell als unwissend oder inkompetent abzustempeln, indem sie rufen „Typisch Dunning-Kruger!", wodurch sie sich dadurch automatisch als die Überlegenen fühlen. Ironischerweise begehen sie damit selbst einen Wahrnehmungsfehler. Sie unterschätzen die Fähigkeiten oder Argumente des Gegenübers und wiegen sich in falscher intellektueller Sicherheit. Der *Reversed Dunning-Kruger-Effekt* macht deutlich, dass das Wissen über kognitive Verzerrungen nicht davor schützt, ihnen zu erliegen – insbesondere wenn es dazu dient, sich rhetorisch über andere zu erheben, statt wirklich inhaltlich auf sie einzugehen. In hitzigen Debatten oder sozialen Medien führt diese Haltung dazu, dass komplexe Sachverhalte und echte Expertise unter den Teppich gekehrt werden, weil die schnelle Arroganz obsiegt, jemanden anhand des Effektnamens zu diskreditieren.

Ruach Ist der Begriff für den ersten Cluster im Cluster-Vortex-Modell und steht für den Ursprung, den Keim und die Herkunft allen Seins. Der Begriff entstammt dem Hebräischen und bedeutet wörtlich *Atem*, *Wind* oder *Geist* – im Alten Testament bezeichnet er die schöpferische, belebende Kraft Gottes, die über den Wassern schwebte und der Materie Leben einhauchte. In diesem Sinn symbolisiert *Ruach* den Übergang zwischen dem Unbegreiflichen und dem Entstehenden, zwischen Energie und Bewusstsein. Im Kontext des Cluster-Vortex-Modells steht *Ruach* für das **Objekthirn (Rhombencephalon)** – die tiefste, entwicklungsgeschichtlich älteste Struktur unseres Gehirns. Hier liegen Atmung, Reflexe, Kreislauf und vegetative Prozesse. Es ist das Zentrum des Überlebens, das noch keinen Begriff von Ich kennt, sondern reines Dasein ist. *Ruach* verkörpert also die Grundschwingung des Lebens, bevor Denken und Bewerten einsetzen – das „erste Wissen", das in Körperempfindung und Existenz verankert ist. Philosophisch betrachtet bildet *Ruach* die Antwort auf Kants erste Grundfrage: *Was kann ich wissen?* Doch dieses Wissen ist nicht kognitiv, sondern intuitiv – ein Wissen, das fühlt, bevor es denkt. *Ruach* steht somit am Beginn des menschlichen Bewusstseinsstroms: Es ist der Atem, aus dem Erkenntnis wächst, und die Bewegung, die alles Lebendige trägt.

Selbststigmatisierung Beschreibt den inneren Prozess, in dem eine Person eine Diagnose oder Zuschreibung so stark verinnerlicht, dass sie sich selbst über diese Einschränkung definiert. Eine Diagnose, die ursprünglich zur Entlastung oder Orientierung gedacht war, wird dann zur eigenen Grenze. Selbststigmatisierung bedeutet, dass Menschen die Zuschreibung eines Defizits annehmen und sie als festen Bestandteil ihrer Identität erleben. Sie sagen: „Ich kann das nicht, weil ich … bin", und nehmen sich damit unbewusst die Möglichkeit, Entwicklung als Veränderung zu begreifen. Aus dem erklärenden Verständnis einer Diagnose wird eine Entschuldigung, aus Entlastung wird Selbstbegrenzung. In der Sozialen Arbeit zeigt sich Selbststigmatisierung häufig dort, wo Diagnosen zu Etiketten werden – nicht nur durch die Gesellschaft, sondern durch die Betroffenen selbst. Sie verlagert Verantwortung nach außen und erschwert Selbstbestimmung. Präventiv wirkt hier eine Haltung, die Diagnosen als Werkzeug zur Unterstützung und nicht als Definition des Selbst versteht.

Sensorik Bezeichnet im Cluster-Vortex-Modell die zweite große Dimension menschlicher Erfahrung. Sie steht für das Wahrnehmen, Fühlen und Reagieren – für die Schnittstelle zwischen innerer Bewegung und äußerer Welt. Neurobiologisch entspricht sie dem **Schwarmhirn,** also dem **limbischen System,** das Emotionen, Motivation und Verhalten steuert. Hier entsteht die Dynamik zwischen Instinkt und Resonanz, zwischen Impuls und Gefühl. Während *Ruach* den Atem des Lebens verkörpert, bringt *Sensorik* diesen Atem in Kontakt mit der Umwelt. Es ist der Bereich der Funktion und Leistung, in dem sich Empfindungen in Handlung übersetzen. Im Cluster-Vortex-Modell stellt Sensorik die Bewegung von „Ich spüre" zu „Ich reagiere" dar – eine neuronale und zugleich existentielle Schwelle. Philosophisch knüpft Sensorik an Kants zweite Grundfrage an: *Was soll ich tun?* Die Antwort entsteht nicht aus Moral oder Norm, sondern aus der leiblich erfahrenen Intuition. Emotionen, Gerüche, Klänge und Körperreaktionen sind keine Störgrößen rationaler Erkenntnis, sondern elementare Botschaften des Organismus.

Sensorik bildet damit den Schwarmanteil unseres Denkens – ein feines, kollektives Netzwerk von Wahrnehmung und Resonanz. Sie ist das System, das uns spüren lässt, bevor wir verstehen, und das uns in Bewegung bringt, bevor wir entscheiden. In ihr verdichtet sich die Beziehung zwischen Körper, Umwelt und Bewusstsein – die pulsierende Mitte des Lebendigen.

Smiling-Clock-Bias Ein beobachtetes Muster (bei KI-generierten Bildern), bei dem Zifferblätter von Uhren überproportional häufig auf 10:10 Uhr gestellt sind – ähnlich einem „lächelnden" Gesicht. Dieses Phänomen tritt auf, weil Uhren in Werbematerialien traditionell auf 10:10 Uhr stehen (die Symmetrie wirkt freundlich und einladend), was ein Algorithmus aus seinen Trainingsdaten als Norm übernimmt. Der *Smiling-Clock-Bias* illustriert, wie künstliche Intelligenzen – wie auch Menschen – durch häufige Wiederholung bestimmter Darstellungen eine verzerrte Wahrnehmung von Normalität entwickeln. Es handelt sich um eine spezifische Form von Wahrnehmungsverzerrung, die zeigt, dass vermeintlich objektive Maschinen wie unser eigenes Gehirn gleichermaßen anfällig dafür sind, kulturell geprägte Muster unreflektiert als gegeben zu übernehmen.

Soziale Psychopathie Beschreibt ein Persönlichkeitsprofil, das durch hohe soziale Intelligenz, strategisches Denken und emotionale Distanz geprägt ist. Menschen mit diesen Eigenschaften – im Buch (in voller Ausprägung) auch als **White-Coat-Psychopath** bezeichnet – verstehen es, andere präzise zu lesen und Situationen gezielt zu steuern. Diese Fähigkeit kann in professionellen Kontexten funktional sein. Sie ermöglicht klare Entscheidungen unter Druck, Manipulationsresistenz und Stabilität in Krisen. Doch dieselben Mechanismen bergen auch eine Schattenseite. Wo Kontrolle und Kalkül überwiegen, kann aus professioneller Steuerung subtile Manipulation werden. Besonders in hierarchischen Strukturen kann dies zu einem Machtungleichgewicht führen, das schwer erkennbar, aber hochwirksam ist. Soziale Psychopathie ist damit ein doppeltes Phänomen. Sie vereint analytische Präzision und emotionale Schutzfunktion mit dem Risiko, andere zu instrumentalisieren. In ihrer extremen Form kippt sie von professioneller Klarheit in strategischen Machtmissbrauch – und wird dort zur ethischen Herausforderung für jede Form sozialer Arbeit.

Syngnostik Bezeichnet einen Kernbestandteil der transkonnektiven Sozialen Arbeit, der eine kooperative und vielperspektivische Herangehensweise an diagnostische Prozesse fordert. Der Begriff setzt sich aus den griechischen Wurzeln *syn* (zusammen) und *gnosis* (Erkenntnis) zusammen und signalisiert, dass Wissen gemeinsam und interdisziplinär gewonnen werden sollte. Syngnostik geht über klassische Diagnostik hinaus, indem unterschiedliche Fachrichtungen methodisch verknüpft werden, um eine neue Qualität der Erkenntnis zu ermöglichen. Dieser Ansatz überwindet starre Kategorien zugunsten dynamischer, kontextbezogener Perspektiven. Dadurch wird die Gefahr von stigmatisierenden Schubladendiagnosen verringert und gleichzeitig eine passgenaue Unterstützung für Betroffene ermöglicht.

Technische Bindung Beschreibt eine Form professioneller Beziehungsgestaltung, bei der Nähe nicht über Emotion, sondern über Struktur, Berechenbarkeit und Kontrolle entsteht. Im Gegensatz zur klassischen Bindung, die auf emotionaler Resonanz und Schutz beruht, basiert technische Bindung auf Verlässlichkeit, Rollenklarheit und gezielter Steuerung der Interaktion. Sie ist eine Fachkompetenz, die vor allem in Arbeitsfeldern erforderlich wird, in denen emotionale Einbindung zur Überforderung oder zur Manipulierbarkeit führen würde – etwa im Umgang mit dissozialen, gewaltbereiten oder stark grenzverletzenden Klient:innen. Fachkräfte, die technische Bindung beherrschen, schaffen Stabilität, ohne in emotionale Verstrickungen zu geraten. Sie bleiben empathisch, aber nicht identifikatorisch; sie reagieren mit Präsenz, aber nicht mit Mitleid.

Diese Bindungsform erfordert ein hohes Maß an Selbstreflexion, Emotionskontrolle und manipulationspsychologischem Wissen. Sie ist kein Ausdruck von Kälte, sondern von professioneller Klarheit. Technische Bindung bedeutet, Vertrauen über Berechenbarkeit zu schaffen – eine verlässliche, steuerbare Beziehung, die Halt bietet, ohne Nähe zu erzwingen.

tempus vivendi Lateinisch für „Lebenszeit" – hier ein Modell, das die verfügbare Zeit eines Menschen in sieben unterschiedliche Kategorien einteilt. Dieses Siebenteilungs-Modell geht über die übliche Zweiteilung von Arbeit und Freizeit hinaus und spiegelt die Komplexität moderner Zeitnutzung. Es unterscheidet beispielsweise Arbeitszeit *(tempus laborandi)*, Regenerationszeit *(tempus redintegrandi* für echte Erholung), Pflichtzeit *(tempus officiorum* für notwendige Verrichtungen wie Haushalt oder Behördengänge), Mußezeit *(tempus otii* – zweckfreie, kreative Freizeit), soziale Zeit *(tempus conveniendi* für zwischenmenschliche Kontakte), Spielzeit *(tempus ludorum* – spielerische, explorative Aktivitäten) und Leerzeit *(tempus perditum* – Phasen scheinbarer Untätigkeit oder Langeweile). *Tempus vivendi* verdeutlicht, dass jeder dieser Zeittypen wichtige Funktionen für Wohlbefinden und Entwicklung erfüllt – etwa führt echte Muße zu Kreativität und Leerzeit ermöglicht mentale Regeneration. In der heutigen fragmentierten Lebenswelt hilft dieses Konzept dabei, das eigene Zeiterleben bewusster zu reflektieren. Es zeigt, warum viele Menschen trotz mehr Freizeitmöglichkeiten zunehmend gehetzt und fremdbestimmt wirken, und wie ein bewusster Umgang mit den unterschiedlichen *Zeitqualitäten* zu mehr Ausgeglichenheit führen kann.

transkonnektiv Beschreibt ein fachliches Konzept (im Sinne der *transkonnektiven Sozialen Arbeit*), das einen Paradigmenwechsel in der Sozialen Arbeit darstellt. Es genügt nicht mehr, interdisziplinär zu arbeiten; stattdessen werden disziplinäre Grenzen überschritten und verschiedene Denk- und Handlungssysteme systematisch miteinander verknüpft. *Transkonnektiv* bedeutet, dass Soziale Arbeit, Philosophie, Psychologie, Neurowissenschaften, Pädagogik u. v. m. tiefgreifend integriert, anstatt lediglich nebeneinander betrachtet wird. Die Profession agiert als aktive Gestalterin gesellschaftlicher Prozesse. Erkenntnisse aus unterschiedlichen Ebenen des Menschseins (von biografisch-organischen bis hin zu sozialen Systemen) werden verbunden, um komplexen Herausforderungen umfassend zu begegnen. Dieses Konzept fordert eine flexible, reflexive und vernetzte Denkweise, welche die klassischen Trennlinien zwischen Wissenschaft und Praxis auflöst.

White-Coat-Psychopath siehe Soziale Psychopathie

Wunderball-Taktik Eine Strategie zum Beziehungsaufbau und zur Bindungsförderung, die nach dem *Wunderball* (einer vielschichtigen Süßigkeit) benannt ist. Ähnlich wie der bunte Kaugummiball, der Schicht um Schicht über lange Zeit entsteht, versteht diese Taktik Bindung als schrittweisen Prozess mit mehreren aufeinander aufbauenden Phasen. Zu Beginn stehen basale Bedürfnisse und nonverbale Kommunikation im Fokus, danach folgen weitere „Schichten" wie aktive Bindungsangebote, das Setzen von Grenzen und schließlich Förderung von Exploration und Reflexion – analog zu immer tieferen Farbschichten im Wunderball. Die Wunderball-Taktik betont, dass stabile Bindungen Geduld, Zeit und behutsames Vorgehen erfordern. Jede Phase festigt das Fundament für die nächste. Wer versucht, vorschnell vorzugehen „beißt sich die Zähne aus" – scheitert meist. Doch wer die Beziehung behutsam Schicht für Schicht aufbaut, entdeckt im Innersten einer jeden Biografie einen wertvollen Kern, wertvoll für echtes Vertrauen und Verbundenheit. (siehe auch Gobstopper-Tactic)

Literatur

Ader, S. (2022). Analytischer „Scharfsinn" und geschulte intuition im dialog. *Sozial Extra, 45*(4), 1–6. https://doi.org/10.1007/s12054-021-00394-8

Ainsworth, M. D. S., Blehar, M. C., Waters, E., & Wall, S. (1978). *Patterns of attachment: A psychological study of the strange situation*. Erlbaum.

Alderete, J., & O'Shaughnessy, D. (2021). Reduplication. In M. Aronoff (Hrsg.), *Oxford research encyclopedia of linguistics*. Oxford University Press.

Andresen, S., Lips, A., Stange, W., & Ziegenhain, U. (2012). *Kinderschutz in Institutionen*. Deutsches Jugendinstitut.

Babiak, P., & Hare, R. D. (2006). *Snakes in suits: When psychopaths go to work*. HarperBusiness.

Berger, P., & Luckmann, T. (1966/2003). *Die gesellschaftliche Konstruktion der Wirklichkeit: Eine Theorie der Wissenssoziologie (Gesellschaften)*. Fischer-Verlag.

Boehm, M. (2012). *Von der Freizeitpädagogik zur Freizeitwissenschaft? Eine metatheoretische Reflexion*. Books on Demand.

Boroditsky, L. (2001). Does language shape thought? Mandarin and English speakers' conceptions of time. *Cognitive Psychology, 43*(1), 1–22. https://doi.org/10.1006/cogp.2001.0748

Bowlby, J. (1951). *Maternal care and mental health*. WHO.

Bowlby, J. (1969). *Attachment and loss* (Bd. 1). Hogarth Press.

Breitenbach, E. (2020). *Diagnostik. Eine Einführung*. Springer VS.

Brisch, K. H. (2013). *SAFE – Sichere Ausbildung für Eltern*. Klett-Cotta.

Campbell, W. K., & Foster, C. A. (2007). The narcissistic self. In C. Sedikides & S. J. Spencer (Hrsg.), *The self* (S. 115–138). Psychology Press.

Chapman, L. J. (1967). Illusory correlation in observational report. *Journal of Verbal Learning & Verbal Behavior, 6*(1), 151–155. https://doi.org/10.1016/S0022-5371(67)80066-5

Christian, D. (2018). *Origin story: A big history of everything.* Penguin.

Cialdini, R. B. (2007). *Influence: The psychology of persuasion* (Rev. Aufl.). HarperCollins.

Csikszentmihalyi, M. (1990). *Flow: The psychology of optimal experience.* Harper & Row.

Damasio, A. (2021). *Feeling & knowing: Making minds conscious.* Pantheon.

Deegener, G., & Körner, W. (2005). *Kindesmisshandlung und Vernachlässigung. Ein Handbuch.* Hogrefe.

Dewey, J. (1938). *Experience and education.* Macmillan.

Dion, K. K., Berscheid, E., & Walster, E. (1972). What is beautiful is good. *Journal of Personality and Social Psychology, 24*(3), 285–290.

Doidge, N. (2007). *The brain that changes itself: Stories of personal triumph from the frontiers of brain science.* Viking Penguin.

Došen, A. (2018). *Psychische Störungen und Verhaltensauffälligkeiten bei menschen mit intellektueller Beeinträchtigung* (2., überarb. Aufl.). Hogrefe.

Downing, L. (2007). Reduplication: Doubling in morphology, Sharon Inkelas, Cheryl Zoll. Cambridge university press, Cambridge (2005). *Lingua, 117,* 1144–1149. https://doi.org/10.1016/j.lingua.2006.04.006

Eagleman, D. (2020). *Livewired: The inside story of the ever-changing brain.* Pantheon.

Eagly, A. H., Ashmore, R. D., Makhijani, M. G., & Longo, L. C. (1991). What is beautiful is good, but…: A meta-analytic review of research on the physical attractiveness stereotype. *Psychological Bulletin, 110*(1), 109–128. https://doi.org/10.1037/0033-2909.110.1.109

Elias, N. (1984). *Über die Zeit: Arbeiten zur Wissenssoziologie I.* Suhrkamp.

Ekman, P. (2004). *Emotions revealed: Recognizing faces and feelings to improve communication and emotional life.* Henry Holt.

Erikson, E. H. (1950). *Childhood and society.* Norton.

S. Ertl, P. Düppre, & M. Boehm (2025). Die ALIES-Methode: Analyse individueller Selbstmuster und Umsetzungspotenziale (Version 2, November 2025) (2.0). Zenodo. https://doi.org/10.5281/zenodo.17510762

Foucault, M. (1988). *Die Geburt der Klinik: Eine Archäologie des ärztlichen Blicks (Figuren des Wissens/Bibliothek).* Suhrkamp.

Foucault, M. (1975). *Überwachen und Strafen: Die Geburt des Gefängnisses.* Suhrkamp.

Freedberg, D., & Gallese, V. (2007). Motion, emotion and empathy in aesthetic experience. *Trends in Cognitive Sciences, 11*(5), 197–203. https://doi.org/10.1016/j.tics.2007.02.003

Fromm, E. (1955). *The sane society.* Rinehart & Company.

Galuske, M. (2013). *Methoden der Sozialen Arbeit: Eine Einführung.* Beltz Juventa.

Gardner, H. (2011). *Creating minds.* Basic Books.

Gazzaniga, M. S. (2018). *The consciousness instinct: Unraveling the mystery of how the brain makes the mind.* Farrar.

Giddens, A. (1991). *Modernity and self-identity: Self and Society in the Late Modern age*. Polity Press.

Glasl, F. (1982). *Konfliktmanagement: Ein Handbuch für Führungskräfte, Beraterinnen und Berater*. Haupt Verlag.

Grossmann, K., & Grossmann, K. E. (2023). *Bindungen – Das Geflecht emotionaler Sicherheit* (9. Aufl.). Klett-Cotta.

J. Habermas (1981). Theorie des kommunikativen Handelns. Band I: Handlungsrationalität und gesell. Rationalisierung. Band II: Zur Kritik der funktionalistischen Vernunft. Suhrkamp.

Hinte, W., & Godehardt-Bestmann, S. (2025). *Sozialraumorientierung – Vom Fachkonzept zur Handlungstheorie. Transdisziplinäre Grundlagen einer Theorie Sozialer Arbeit*. Lambertus.

Hüther, G. (2011). *Was wir Sind und was wir sein könnten: Ein neurobiologischer Mutmacher*. Fischer.

Ingham, H., & Luft, J. (1955). *The Johari window: A graphic model of interpersonal awareness*. UCLA Western Training Laboratory in Group Development.

Jantsch, E. (1972). *Towards Interdisciplinarity and Transdisciplinarity in education and innovation*. OECD.

Jaspers, K. (1973). *Allgemeine Psychopathologie* (8. Aufl.). Springer.

M. Johnson (2017). *Embodied mind, meaning, and reason: How our bodies give rise to understanding*. The University of ChicaogPress. https://doi.org/10.7208/chicago/9780226500393.001.0001

Jones, D. N., & Paulhus, D. L. (2014). Introducing the short dark triad (SD3): A brief measure of dark personality traits. *Assessment, 21*(1), 28–41. https://doi.org/10.1177/1073191113514105

Jung, C. G. (2018). In C. G. (Hrsg.), *Archetypen: Urbilder und Wirkkräfte des Kollektiven Unbewussten* (Edition. Aufl.). Pathmos.

Jütte, W. (2020). *Erwachsenenbildung und Professionalisierung: Perspektiven der Transformationsgesellschaft*. Springer VS.

Juul, J. (2018). *Das kind in mir ist immer da. Mein Leben für die Gleichwürdigkeit*. Beltz.

Juul, J., & Jensen, H. (2010). *Vom Gehorsam zur Verantwortung. Für eine neue Erziehungskultur* (3. Aufl.). Beltz.

Kahneman, D. (2011). *Schnelles Denken, langsames Denken*. Pantheon.

Kandel, E. R. (2019). *Was ist der mensch?: Störungen des Gehirns und was sie über die menschliche Natur verraten*. Pantheon.

Kandel, E. R. (2007). *Auf der Suche nach dem Gedächtnis. Die Entstehung einer neuen Wissenschaft des Geistes* (6. Aufl.). Pantheon

Kant, I. (1781/1998). *Kritik der reinen Vernunft*. Meiner.

S. Krawietz, A. Tamplin (2011). Walking through doorways causes forgetting: Further explorations. *Quarterly journal of experimental psychology, 64*, 1632–1645. https://doi.org/10.1080/17470218.2011.571267.

Lawrence, P. (1988). *Is my child stupid?. A parent's guide to the understanding of specific learning disabilities – Including dyslexia.* United Writers.

Lieber, R. (2021). Phonological and morphological aspects of reduplication. In *The Oxford encyclopedia of morphology.* Oxford University Press.

Lieberman, M. D. (2013). *Social: Why our brains are wired to connect.* Crown.

Linehan, M. M. (1993). *Cognitive-behavioral treatment of borderline personality disorder.* Guilford Press.

Liu, W. W., & Bohórquez, D. V. (2022). The neural basis of sugar preference. *Springer Nature ePub.* https://doi.org/10.1038/s41583-022-00613-5

Luhmann, N. (1990). *Soziale Systeme: Grundriß einer allgemeinen Theorie.* Suhrkamp.

Luhmann, N. (1997). *Die Gesellschaft der Gesellschaft.* Suhrkamp.

McGilchrist, I. (2023). *The matter with things: Our brains, our delusions, and the unmaking of the world.* Perspectiva Press.

MHG-Studie. (2018). *Sexueller Missbrauch an Minderjährigen durch katholische Priester, Diakone und männliche Ordensangehörige im Bereich der Deutschen Bischofskonferenz.* [Langfassung]. Universität Gießen, Universität Mannheim, Universität Heidelberg.

Miller, A. (1983). Am Anfang war Erziehung. In *Neuauflage 2022.* Suhrkamp.

Miller, G. A. (1956). The magical number seven, plus or minus two: Some limits on our capacity for processing information. *Psychological Review, 63*(2), 81–97. https://doi.org/10.1037/h0043158

Mittelstraß, J. (2005). Transdisziplinarität – Wissenschaft zwischen Forschung und Gesellschaft. *Technikfolgenabschätzung – Theorie und Praxis, 14*(2), 18–26.

Nagler, U. K. J., Reiter, K. J., Furtner, M. R., & Rauthmann, J. F. (2014). Is there a "dark intelligence"? Emotional intelligence is used by dark personalities to emotionally manipulate others. *Personality and Individual Differences, 65*, 47–52. https://doi.org/10.1016/j.paid.2014.01.025

Nicolescu, B. (2002). *Manifesto of Transdisciplinarity.* State University of New York Press.

Nørretranders, T. (1994). *Das Spüre-Ich: Über die Intelligenz des Bewusstseins.* Rowohlt.

Nyhan, B., & Reifler, J. (2010). *When corrections fail: The persistence of political misperceptions.* Springer. https://doi.org/10.1007/s11109-010-9112-2

Ober, J. (2008). *Democracy and knowledge: Innovation and learning in classical Athens.* Princeton University Press. https://doi.org/10.2307/j.ctt7s4b6

Oppermann, C., Winter, V., Harder, C., Wolff, M., & Schröer, W. (2018). *Lehrbuch Schutzkonzepte in pädagogischen Organisationen.* Beltz.

Pantuček-Eisenbacher, P. (2019). *Soziale Diagnostik. Verfahren für die praxis Sozialer Arbeit.* Vandenhoeck & Ruprecht.

Paulhus, D. L., & Williams, K. M. (2002). The dark triad of personality: Narcissism, Machiavellianism, and psychopathy. *Journal of Research in Personality, 36*(6), 556–563. https://doi.org/10.1016/S0092-6566(02)00505-6

Perry, B. D., & Winfrey, O. (2022). *Was ist dein Schmerz?. Gespräche über Trauma, seelische Verletzungen und Heilung.* Arkana

Piaget, J. (1954). *The construction of reality in the child*. Basic Books.

Porges, S. W. (2017). *The pocket guide to the Polyvagal theory: The transformative power of feeling Safe. (Norton series on interpersonal neurobiology, band 0)*. Norton.

Pronin, E., Lin, D., & Ross, L. (2002). The bias blind spot: Perceptions of bias in self versus others. *Personality and Social Psychology Bulletin, 28*, 369–381. https://doi.org/10.1177/0146167202286008

Rhodes, G. (2006). The evolutionary psychology of facial beauty. *Annual Review of Psychology, 57*, 199–226. https://doi.org/10.1146/annurev.psych.57.102904.190208

Rizzolatti, G., & Sinigaglia, C. (2008). *Mirrors in the brain: How our minds share actions and emotions*. Oxford University Press.

Rogers, C. R. (1951). *Client-centered therapy: Its current practice, implications, and theory*. Houghton Mifflin.

Rogers, C. R. (1959). A theory of therapy, personality, and interpersonal relationships: As developed in the client-centered framework. In S. Koch (Hrsg.), *Psychology: A study of a science. Formulations of the person and the social context* (Bd. 3, S. 184–256). McGraw Hill.

Rosenberg, M. B. (2016). *Gewaltfreie Kommunikation: Eine Sprache des Lebens* (Überarb. Aufl.). Junfermann.

Ross, M., & Sicoly, F. (1979). Egocentric biases in availability and attribution. *Journal of Personality and Social Psychology, 37*(3), 322–336. https://doi.org/10.1037/0022-3514.37.3.322

Sapir, E. (1929). The status of linguistics as a science. *Language, 5*(4), 207–214. https://doi.org/10.2307/409588

Sappok, T., & Zepperitz, S. (2016). *Das Alter der Gefühle: Über die Bedeutung der emotionalen Entwicklung bei geistiger Behinderung*. Hogrefe.

Sappok, T., Zepperitz, S., Barrett, B. F., & Morisse, F. (2025). *SEED plus: Eine Materialsammlung zur praktischen Anwendung der SEED: Skala der Emotionalen Entwicklung – Diagnostik*. Hogrefe.

Schulz von Thun, F. (2010). *Miteinander reden 1: Störungen und Klärungen. Allgemeine Psychologie der Kommunikation*. Rowohlt.

Senckel, B., & Luxen, U. (2021). *Der entwicklungsfreundliche Blick. Entwicklungsdiagnostik bei normal begabten Kindern und menschen mit Intelligenzminderung* (2. Aufl.). Beltz

Siegel, D. J. (2020). *The developing mind: How relationships and the brain interact to shape who we are* (3. Aufl.). Guilford Press.

Singer, W. (2006). *Vom Gehirn zum Bewusstsein: Die Entstehung kognitiver Prozesse*. Suhrkamp.

Singer, W. (2020). *Ein neues Menschenbild?. Gespräche über Hirnforschung* (Neue Aufl.). Suhrkamp.

Spitzer, M. (2018). *Lernen: Gehirnforschung und die Schule des Lebens* (2. Aufl.). DTV.

Squire, L. R., Berg, D., Bloom, F. E., Lac, du S., Ghosh, A., & Spitzer, N. C. (Hrsg.). (2013). *Fundamental neuroscience* (4. Aufl.). Academic Press.

Staub-Bernasconi, S. (2018). *Soziale Arbeit als Handlungswissenschaft* (4. Aufl.). Lambertus.

Strauß, K., & Franken, T. (2020). *Suchtkrank – Bis alles zerbricht?* Tredition.

Thiersch, H. (Hrsg.). (2014). *Lebensweltorientierte Soziale Arbeit* (9. Aufl.). Beltz Juventa.

Thorndike, E. L. (1920). A constant error in psychological ratings. *Journal of Applied Psychology, 4*(1), 25–29. https://doi.org/10.1037/h0071663

Tomasello, M. (2014). *A natural history of human thinking.* Harvard University Press.

Tronick, E. Z. (2007). *The neurobehavioral and social-emotional development of infants and children.* Norton.

Tuckman, B. (1965a). Developmental sequence in small groups. *Psychological Bulletin., 63,* 384–399. https://doi.org/10.1037/h0022100

Tuckman, B. W. (1965b). Developmental sequence in small groups. *Psychological Bulletin, 63*(6), 384–399. https://doi.org/10.1037/h0022100

Tversky, A., & Kahneman, D. (1974). Judgment under uncertainty: Heuristics and biases. *Science, 185*(4157), 1124–1131. https://doi.org/10.1126/science.185.4157.1124

Unabhängige Kommission zur Aufarbeitung sexuellen Kindesmissbrauchs (UBSKM). (2022). Bericht über Betroffenenanhörungen in sozialen Einrichtungen.

Varela, F. J., Thompson, E., & Rosch, E. (2017). *The embodied mind: Cognitive science and human experience* (überarbeitete Aufl.). MIT Press.

Watzlawick, P. (1984). *Wie wirklich ist die Wirklichkeit? Wahn, Täuschung, Verstehen.* Piper.

Wendt, W. R. (2011). *Lehrbuch Methoden der Soziale Arbeit* (3. Aufl.). Beltz

Winnicott, D. W. (1965). *The maturational processes and the facilitating environment: Studies in the theory of emotional development.* International Universities Press.

Zimbardo, P. G. (2007). *The Lucifer effect: Understanding how good people turn evil.* Random House.

GPSR Compliance
The European Union's (EU) General Product Safety Regulation (GPSR) is a set
of rules that requires consumer products to be safe and our obligations to
ensure this.

If you have any concerns about our products, you can contact us on

ProductSafety@springernature.com

In case Publisher is established outside the EU, the EU authorized
representative is:

Springer Nature Customer Service Center GmbH
Europaplatz 3
69115 Heidelberg, Germany